Hommel Friderich

Geistliche Volkslieder aus alter und neuerer Zeit mit ihren

Singweisen

Hommel Friderich

Geistliche Volkslieder aus alter und neuerer Zeit mit ihren Singweisen

ISBN/EAN: 9783337197858

Printed in Europe, USA, Canada, Australia, Japan

Cover: Foto ©Thomas Meinert / pixelio.de

More available books at **www.hansebooks.com**

Geistliche Volkslieder

aus alter und neuerer Zeit

mit ihren Singweisen

herausgegeben

von

Friderich Hommel,

Bezirksgerichtsrath zu Ansbach.

Leipzig,
Druck und Verlag von B. G. Teubner.
1864.

Der dreifachen Blüte eines edeln Zweiges,

Anna, Adelheid und Agnes,

Töchtern der gottseligen Witwe

Frau Katharina Liesching zu Stuttgart.

Kol. 3, 16.

Unter den natürlichen Gaben welche der heilige Geist verklärt und so zum Dienste der heiligen Kirche verwendet sind nicht die geringsten die der Liederdichtung und des Gesanges, dieses zusammengehörige Paar, von dem jedes dem andern erst die rechte Bedeutung und Wirkung verleiht. Zu allen Zeiten haben sie in der Kirche geblüht, wenn gleich in verschiedener Weise und den verschiedenen Zeiten in mannigfacher Form und Abstufung zugetheilt, von den Hymnen der ersten Jahrhunderte an biß zu den Kirchengesängen der drei letzten herab, mit welchen der HErr ganz besonders die Kirche deutscher Zunge gesegnet hat. In diesen letzteren erweiterte sich der alte Quell heiliger Dichtkunst zu einem mächtigen Strome sowol nach der Zahl der dichterischen Erzeugnisse, nach der Betheiligung aller Alter, Stände und Bildungsstufen an ihrer Hervorbringung, als auch nach den Wirkungen mit denen er die Kirche durchdrungen, befeuchtet, belebt und befruchtet hat. Wie spärlich im Mittelalter die Segnungen des göttlichen Wortes dem Volke zugemeßen waren, wie daher zu Zeiten die Erkenntnis des Heiles in Christo mehr oder minder schwer verkümmert war, so brach doch schon damals was das Volk von der Wahrheit erfaßt und innerlich in seiner belebenden und beseligenden Kraft erfahren hatte in Liedern aus; an diese schloßen sich die Sänger der Reformation an, indem sie den gewonnenen so viel größeren Reichtum an Erkenntnis, an dessen Segnungen so viele theilnahmen, in Liedern und Gesängen kund werden ließen. Das eben ist der geheime Zauber in diesen Gesängen, daß sie von dem überfließen wovon alle die überhaupt Wort und Predigt in sich wirken ließen gleichmäßig erfüllt waren; sie ergehen sich in Dank und Preis der großen Thaten Gottes, offnem Einblick in den durch das göttliche Wort aufgedeckten Abgrund des natürlichen Verderbens und Ergreifung der dargebotenen Gerechtigkeit, der rettenden Gnade durch den Glauben, in Geltendmachung der wiedergefundenen Freiheit der Gläubigen, Durchdringung des Lebens mit der gewonnenen Erkenntnis, in Bereitung und Stählung zum Kampf wider die äußern und inneren Feinde rc. — alles das so wie es jede einfältige Christenseele glaubt, anschaut, erfährt und durchlebt, unmittelbarst und mit voller Kraft der Wahrheit in den Formen und Tönen des Liedes aus der Seele gehaucht und geklungen, ohne Selbstabspiegelung und Reflexion. Der Empfindung entsprechend gestaltete sich Ausdruck und Darstellung wahr, frisch, natürlich, einfach, ungekünstelt. Der einzelne Sänger dachte gleichsam im Namen, in der Seele jedes Mitsängers und der gesamten gläubigen Gemeine, so konnte jeder ohne Mühe sofort einstimmen und das Lied als Gemeingut in sich aufnehmen. Daher die erstaunliche Wirkung dieser Lieder: wie ein Feuer des HErrn fuhr ihr Klang durch die Stämme Deutschlands hin, reißend brach sich die seligmachende Wahrheit Bahn und überwand die tobenden Feinde. Eben damit erscheinen die Lieder jener Zeit als wahre Volkslieder*) im edlen Sinne des Wortes, als geistliche Volkslieder. Mit dem Worte der Dichtung hieng die Melodie unzertrennlich zusammen, wie es eben dem Volkslied eigen ist. Die Singweisen wurden theils unmittelbar oder mit geringerer der Würde des Gegenstands entsprechender Änderung oder auch mittels Umbildung aus dem weltlichen Volksgesang herübergenommen, theils in der Form und Art desselben neugebildet, meist in lebendigem klarem rhythmischen Fluße, leichtfaßlich, dem Texte würdig sich anschließend. Zwar haben bei weitem nicht alle Lieder der Reformationszeit und ihre Weisen gleichen Werth, aber wenigstens eine große Zahl derselben gehört dem echten Volksgesang an, theils solche welche von Anfang an durch das Zeugnis der Kirche beglaubigt wurden, theils aber auch andere minder bekannt gewordene.

Man wird aber zwei Arten geistlichen Volksgesangs unterscheiden müßen:

1) diejenigen Lieder welche theils wirkliche Hymnen sind, theils deren Charakter sich annähern, welche insbesondere zum gottesdienstlichen kirchlichen Gebrauche sich eignen und auch demselben gewidmet worden sind. Dies sind nicht nur die Lieder der Reformationszeit, sondern auch die damals in die Gesangbücher aufgenommenen älteren Lieder.

2) eine Anzahl anderer, welche zwar theils ganz das Gepräge echten Volksgesangs an sich tragen, theils wenigstens ein demselben ähnliches, und volksmäßig sind an Form und Ausdruck, aber doch mehr individueller subjectiver Empfindung entsprungen, gewissermaßen freiere Spiele heiliger Lyrik, vielleicht den geistlichen Liedern Eph. 5, 19 und Kol. 3, 16 vergleichbar, ohne den liturgischen Charakter der ersteren, und deshalb entweder nie in gottesdienstlichen Gebrauch gekommen sind oder sich darin nicht erhalten haben. Dieser Art sind uns viele gar edle, gemüthreiche, zart und lieblich duftende Blüten heiliger Dicht-

---

*) Vgl. die schöne Charakteristik des Volkslieds welche Vilmar in seiner Geschichte der deutschen Nationalliteratur gibt. Die reichste Belehrung über das Wesen des Volksgesangs, seine Geschichte, Inhalt und Ausdrucksweise, Form und beständige Fortbildung im Volke bietet die überaus gründliche, auf tiefem Studium beruhende und aus unmittelbarster Erfahrung des Lebens des Volksgesangs geschöpfte Einleitung des Freiherrn F. W. v. Ditfurth im 2. Theil seiner fränk. Volkslieder (s. hinten das Quellenverzeichnis).

kunſt aus dem Mittelalter aufbewahrt worden, welche erſt neuerdings in
Handſchriften aufgefunden und vornehmlich durch Philipp Wackernagels und
Hoffmanns von Fallersleben Verdienſt wieder ans Licht gekommen ſind. Sie
gehören dem weiten Strome der allen Ständen gemeinſamen Volkspoeſie an, deren
Blütezeit eben im 15. Jahrhundert und Anfangs des 16. war, zugleich helle
Zeugniſſe wie der HErr mitten in der Finſternis ſein Licht und damit ein heili-
ges Volk ſich erhalten hat. Außer dieſen letzteren gibt es noch eine ziemliche
Anzahl ähnlicher und wirklicher Volkslieder, welche hauptſächlich in den älteren
römiſch-katholiſchen Geſangbüchern überliefert worden ſind, deren Urſprung, wenn
auch nicht urkundlich nachweisbar, doch allem Anſchein nach zum Theil in die
Reformationszeit und über dieſelbe hinauf ragt; manche derſelben ſind in den
Geſangbüchern ſchon als alte Lieder bezeichnet. Von den wenigſten wird ſich
nachweiſen laſſen daß ſie in der Kirche beim Gottesdienſt geſungen worden ſind,
mindeſtens wird dies nicht nachhaltig geſchehen ſein, und ein weſentlicher Beſtand-
theil des römiſch-katholiſchen Gottesdienſtes war der Gemeindegeſang ohnehin nie;
aber unzweifelhaft iſt ihre Anwendung bei Wallfahrten, Bittgängen, religiöſen
Volksgebräuchen u. dgl. Mit denſelben ſind auch viele treffliche Volksweiſen auf
uns gekommen, welche zum Theil weltlichen Urſprungs ſind oder ſein mögen.
Es iſt kaum anzunehmen daß ſie den Reformatoren ganz unbekannt geblieben
ſind, vielmehr werden ſie von ihnen, ſoweit ſie ihnen bekannt waren, wegen ihres
weniger ſtreng kirchlichen Charakters nicht aufgenommen worden ſein. Eben um
deswillen glaube ich es einem richtigen Tacte der Väter der folgenden Zeit bei-
meſſen zu dürfen daß ſie die in den älteſten lutheriſchen Geſangbüchern vorkom-
menden Lieder dieſer Art allmählich aus den Geſangbüchern entfernt und ähnliche
in andern Sammlungen erſchienene nicht aufgenommen haben, nur daß dadurch
dieſe Lieder faſt ganz in Vergeſſenheit gekommen ſind. Von demſelben Geſichts-
punct aus bezweifle ich ob es wohlgethan iſt die Wiederaufnahme des herlichen
Volkslieds „Ein neues Lied wir heben an" zu einem Kennzeichen der Kirchlich-
keit eines Kirchengeſangbuchs oder wol gar der Rechtgläubigkeit ſtempeln zu wollen.

Je mehr in der Folgezeit die Volkspoeſie und der Volksgeſang ſich in engere
Kreiſe zuſammenzogen und den höheren und gebildeteren Ständen entfremdeten, bei
denen Reflexion und Kunſt mehr und mehr überwiegenden Einfluß gewannen,
um ſo mehr wurden dieſe auch dem eigentlichen geiſtlichen Volksgeſang entfremdet
und fiel deſſen Pflege und Fortbildung mehr den niedern Ständen anheim. Da
nun in der lutheriſchen Kirche ohnehin größeren Theils zum kirchlichen Gebrauche
gedichtet und geſungen wurde, in der römiſchen aber der geiſtliche Geſang immer
mehr außerkirchlich blieb, ſo läßt es ſich leicht erklären wie der Volksgeſang ſich
vornehmlich in dieſer fortgepflanzt hat; da hat er aber auch biß in die neueſte
Zeit friſche Sproſſen und Blüten getrieben — bei einem Volksſtamm mehr als
bei dem andern; beſonders der fränkiſche zeichnet ſich darin aus. Doch blieb

die volksmäßige Liederdichtung auch der lutherischen Kirche nicht ganz fremd, namentlich weisen die Gesangbücher des 17. Jahrhunderts noch manches hieher
gehörige — auch abgesehen von den mehr rein kirchlichen Liedern — auf.

Staunenswerth ist es an den Volksliedern überhaupt wie so einfache schlichte
kunstlose Gesänge auf die Seele des Sängers und des Hörers einen so unwider-
stehlich fesselnden Reiz auszuüben vermögen. Dies ist aber eben die Macht der
Einfalt wahrer reiner Poesie, welche in ihnen lebt und weht, weshalb sie der
Kunstpoesie beständig Erfrischung und Läuterung zuzuführen vermögen. Der hat
diese Macht voll urkräftigen Lebens und kerniger gesunder Frische nie erkannt
noch erfahren, welcher, wenn von Volksgesang die Rede ist, sogleich nur an Ga-
ßenhauer, Bänkelsängerlieder oder wol gar an Zotenreimereien erinnert wird.
— Wie aber im Volksgesang Text und Melodie innig, ja untrennbar verbunden, vielmehr beide schon aus einer Quelle als eins entsprungen sind (auch
wenn ein Lied nach einer bereits vorhandenen Weise gedichtet wird), so übt er
jene Macht nur in dem Zusammenwirken beider Bestandtheile: das Volkslied will
nicht gelesen oder declamiert sein, sondern gesungen; es entfaltet und offenbart
nur im Gesange sein eigentliches Wesen und seine Wirkung; insbesondere gewinnt
oft ein an sich unbedeutender Text, so wie die ergänzende Sprache der Töne hin-
zutritt, sofort Reiz und Anziehung. Darum legt Herder die Vollkommenheit
eines Liedes in den melodischen Gang der Leidenschaft oder Empfindung und
findet deshalb den Ausdruck „Weise" für die Melodie so treffend.

Bei solcher Zusammengehörigkeit von Text und Melodie scheint es befremdlich
und widersprechend, wie zur Reformationszeit und noch nachher so häufig weltliche Weisen zu geistlichen Liedern verwendet, ja letztere ausdrücklich zu jenen
haben gedichtet werden können. Diese Erscheinung ist wol nicht genügend durch
den äußerlichen Umstand erklärt, daß die weltlichen Weisen so geläufig und be-
liebt waren und „für eine so bewegte, von der Richtung auf geistliche Erneuerung,
sei es des eigenen Innern, sei es aller äußern menschlichen Verhältnisse, so gewaltig durchdrungene Zeit, wie diejenige war in der solches geschah, die Erin-
nerungen welche durch die weltlichen Weisen aufgerufen werden konnten bald
gänzlich verloschen waren;" es muß doch auch schon von vornherein eine innere
Beziehung zwischen Wort und Weise vorhanden gewesen sein welche die Entleh-
nung der letzteren ermöglichte und rechtfertigte. Solch innere Beziehung lag eben
in der Natur des damaligen Volksgesangs überhaupt. Es war eine jener Zeit
verliehene besondere Gabe, vermöge deren auch ihrem weltlichen Volksgesang, so-
fern er reine Ausströmung des Gemüthslebens war, vielfach solche Innigkeit und
Frische, Tiefe und Ernst, ja öfters auch feierliche Würde inwohnte, daß eine gewisse innere Verwandtschaft des natürlichen Elements, soweit es in geistlichen Gesängen gleichermaßen wie in weltlichen sich äußert, nicht verkannt werden darf.
Anders verhält es sich mit den späteren weltlichen Volksmelodieen, deren Charakter

theils in Folge der Verengerung des Volksgesang pflegenden und erzeugenden Kreises, theils wol auch weil die Zeit überhaupt ganz eine andere ward, immer mehr sich von dem eine geistliche Umdeutung und Anpassung an geistliche Lieder zulaßenden Charakter der früheren Zeit entfernte. Um so unglücklicher ist die Verirrung mancher gutmeinenden Neueren sogar rein weltlichen Kunstmelodieen geistliche Texte unterzulegen.*) Freilich gieng es bei der Übertragung weltlicher Weisen auf geistliche Lieder auch damals nicht ohne Mißgriffe ab; umgekehrt aber wurde öfters, wie bereits angedeutet, der Einklang beider durch leichte Änderung einzelner Töne oder melodischer Gänge glücklich hergestellt. Hieburch sowie durch den gewöhnlich richtigen Tact bei unmittelbarer Herübernahme und durch die ebenbürtigen neuen Schöpfungen wurde der Kirche theils für den gottesdienstlichen theils für den außergottesdienstlichen Gebrauch ein so reicher Schatz an herlichen Melodieen gesammelt, der nicht nur für alle Zeiten eine unerschöpfliche Fundgrube bleibt, sondern auch als Muster und Regel für geistlichen Volksgesang beständig geehrt und gepflegt werden muß.

Die Absicht und der Zweck aber weshalb unsere Väter so gerne die feinen weltlichen Weisen beibehielten war neben dem Sinn für ihren inneren Werth hauptsächlich auch daß durch Unterlegung geistlicher Texte die Jugend von den verderblichen weltlichen Liedern abgezogen und ihr zum Gesange heiliger Lieder durch die anmuthigen Weisen Lust und Freude erweckt würde, wie sie denn überhaupt Musik und Dichtkunst vor allem dem Lobe des HErrn, der sie geschaffen und gegeben, und der Erbauung und Beßerung seiner Kirche dienstbar sehen wollten. In demselben Sinne ward in mir schon vor mehr als 20 Jahren der Wunsch rege, daß die alten Schätze unseres Volksgesangs wieder zum Gemeingut derer werden möchten welche in einer Zunge mit mir dem HErrn singen, als Gegengift gegen die Masse gangbarer Gesänge mit denen auch ernster gesinnte Seelen, namentlich aus der heranwachsenden Jugend, die Zeit vertändeln und Geist und Geschmack verderben. Ich fieng daher schon damals an zu sammeln, nahm aber nach langer Unterbrechung erst in den letzten Jahren die Arbeit wieder auf, und nun floß mir der Stoff gesucht und ungesucht überreichlich zu an Liedern und Weisen. Aus diesem Vorrath habe ich eine Anzahl ausgewählt und biete sie insbesondere der Jugend meines Vaterlands zur Ergetzung und zur Förderung in der Gottseligkeit. Weil ein bestimmtes Maß gesetzt werden muste, war ich genöthigt viel schönes und liebliches, namentlich an Singweisen, für jetzt zurückzuhalten.**) — Den Titel „geistliche Volkslieder" hatte ich mir gewählt

---

*) Sehr schön und gut spricht sich darüber des nähern aus E. Ranke in seiner überhaupt sehr beachtenswerthen Einleitung zum „Marburger Gesangbuch von 1549 mit verwandten Liederdrucken herausg. u. historisch-kritisch erläutert von E. R. Marburg, 1862." S. XXII ff.

**) Die Zahl der Lieder beläuft sich auf 254, die der Weisen auf 239. Unter den letztern sind 228 Originalweisen und 11 nachgebildete.

längſt bevor die Sammlung des Freiherrn v. Harthauſen unter gleichem Titel
erſchien und mir bekannt wurde, daher trage ich kein Bedenken es dabei zu be-
laßen.

In vorliegender Sammlung ſind alle Jahrhunderte vom 13. an biß zum gegenwärtigen, dieſes mit noch im Munde des Volkes lebenden Liedern und Weiſen,
vertreten. Eine beſondere Freude gewährt es mir ſie mit den feinen mittelalter-
lichen Liedern zu zieren, von welchen meines Wißens die allerwenigſten noch bißher in Sammlungen zum Zweck des Geſanges aufgenommen ſind; die vier von
Ph. Wackernagel in ſeinem „Kleinen Geſangbuch" (Stuttg. 1860) gegebenen
werden mit ihren zwar intereſſanten, aber gewis nicht anziehenden urſprünglichen
Singweiſen ſchwerlich den wünſchenswerthen Eindruck machen. Ich hoffe mit
meiner Sammlung auch einen Beitrag zur Geſchichte des geiſtlichen Volksgeſangs
und des geiſtlichen Geſanges überhaupt, wenigſtens nach gewiſſen Seiten, geliefert
zu haben, obſchon dies nicht mein nächſter Zweck iſt. Dieſer iſt vielmehr ein
vorwiegend praktiſcher, auf Erbauung und Belebung heiligen Sinnes gerichtet,
die Gemüther der Sänger zur Andacht, zur Anbetung Gottes im Geiſte, zu Lob
und Preis der göttlichen Gnadenwolthaten in Chriſto, zur Liebe Jeſu zu reizen,
durch die ſüßen Töne des Geſanges zu heiliger Freude und Ergetzung zu ſtimmen und die theuern Wahrheiten der göttlichen Offenbarung den Herzen deſto
anmuthiger und lieblicher zu machen, empfindlichere Luſt zur Nachfolge Jeſu zu
erwecken, im Kreuz zu erfriſchen und zu erheitern, kurz in den verſchiedenen
Lagen des chriſtlichen Lebens geiſtliche Stimmung zu fördern und bewahren zu
helfen.

Die Quellen aus denen ich geſchöpft habe ſind für die handſchriftlich erhaltenen Lieder aus dem Mittelalter Wackernagels und Hoffmanns v. Fallersleben
im Quellenverzeichnis bezeichnete Werke, im übrigen hauptſächlich eine große Anzahl Lieder- und Geſangbücher des 16., 17. und auch 18. Jahrhunderts, welche
ich theils ſelbſt in Händen gehabt, theils nach Wackernagels, Hoffmanns, des
Freih. v. Tucher, Kehreins und Meiſters Sammlungen benützt habe, neuere
Sammlungen von Volksliedern, endlich auch einiges Handſchriftliche aus neuerer
Zeit. Alles iſt im angehängten Quellenverzeichnis aufgeführt, darunter auch
einiges was bißher meines Wißens unbekannt war.*) — Ich habe mich beſtrebt
die älteſten Quellen zu erforſchen, ſoweit es mir biß jetzt, ohne den Abſchluß ins
unbeſtimmte zu verzögern, möglich war. Hin und wieder habe ich abſichtlich nicht
die Form der älteſten Quelle aufgenommen, theils aus innern Gründen, theils
weil, wie bei Volksgeſängen natürlich, die ältere Aufzeichnung nicht gerade immer
die echtere iſt; öfters habe ich auch Lesarten aus verſchiedenen Quellen gewählt.

---

*) Manche ſchätzbare Quellen ſind mir durch wolwollende Mittheilung anderer zugefloſſen,
denen, insbeſondere Hrn. Oberappell. G.Rath Frh. v. Tucher in München u. Hrn. Oberbibliothekar
D. Ruland in Würzburg, ich dafür zu beſonderem Dank verpflichtet bin.

Neben dem Quellenverzeichnis habe ich für jedes einzelne Lied und seine Weise den Nachweis der Quellen geliefert in welchen sie sich finden.

Bei der Auswahl habe ich die noch heutzutage in den Kirchengesangbüchern erhaltenen Lieder und Weisen, welche ihrem Charakter nach wol in diese Sammlung gepaßt hätten, fast ganz ausgeschloßen. Dahin gehören namentlich so manche Lieder der Weihnachtszeit, deren Heilsthat mehr als die andrer Festzeiten sich einem jeden im Volke zur Aneignung, Empfindung und Erfahrung aus Herz legt und zu unmittelbarstem Ausquellen des durch die Freundlichkeit und Leutseligkeit Gottes mit Freude erfüllten Herzens anregt. So sind denn auch auf keine der großen Thaten Gottes so viele Lieder gesungen worden als auf das Christfest. Ebendaher wird es nicht auffallen dürfen daß in dieser Sammlung die Zahl der Weihnachtslieder eine unverhältnismäßig größere ist als die der Lieder der übrigen Festzeiten. Umgekehrt ist es eine bemerkenswerthe Erscheinung daß wir aus allen Jahrhunderten so wenig volksmäßige Pfingstlieder haben, weshalb ich, wenn ich nicht die paar allbekannten aufnehmen wollte, nur eines zu geben vermocht habe, — gewis erklärlich aus der dem Volke weniger erfaßbaren Hoheit des Pfingstwunders, so daß der Pfingstsänger weniger aus dem Gesamtbewußtsein und der Gesamterfahrung heraussang wie die Sänger anderer Festzeiten. — Ein Vorwurf der unsern geistlichen Liedern überhaupt gemacht worden ist könnte auch die geistlichen Volkslieder treffen, wenn er überhaupt gegründet wäre, nämlich daß wir viel mehr Kreuz und Trostlieder als Lob und Danklieder besitzen. In der gegenwärtigen Sammlung wird man sogar vergebens den Titel der letzteren suchen. Der Vorwurf scheint mir aber von Oberflächlichkeit nicht frei zu sein: man besehe nur genauer, nicht allein nach den Titeln, dann wird man die Lob und Danklieder auf dem ganzen Gebiete der Lieberdichtung verstreut finden, vor allem in den Festliedern, ja unter den Kreuzliedern wird man Lob und Preis nicht ganz vermißen. Höchstens könnte der Vorwurf sich auf allgemeine Lob und Danklieder beziehen, und damit verliert er seine Spitze.

Damit verwandt ist eine andere Ausstellung welche an vorliegender Sammlung gemacht werden könnte: daß die große Zahl der Festlieder zu der der übrigen in einem zu ungleichen Verhältnis stehe. Allein es ist dies bei Volksliedern überhaupt wol begreiflich, und genau besehen eher ein Lob als ein Tadel, daß vorzugsweise das Leben des HErrn es ist in welches als den die ganze Gemeine gleichmäßig besprengenden Lebensquell sich der einzelne Sänger versenkt, und woraus alle gleichmäßig für die verschiedensten Zustände des innern und äußern Lebens Nahrung und Weide ziehen. Auch müßen die Festlieder nicht gerade ausschließlich zu der bestimmten Kirchenjahrszeit gesungen werden.

Kaum einer Rechtfertigung wird es bedürfen daß ich auch eine Anzahl lateinischer Lieder aufgenommen habe. Selbstverständlich konnten das nur solche sein welche das Gepräge der Volksmäßigkeit an sich tragen, an denen besonders

das 14. Jahrhundert fruchtbar war und deren Melodieen zu den anmuthigsten gehö=
ren. Da die Sammlung nicht bloß den der lateinischen Sprache unkundigen
Sängern vermeint ist, sich vielmehr gerade auch gelehrten Schulen empfehlen
dürfte, so schien es mir nicht unpassend auch solche Lieder nicht auszuschließen.
Sehr gerne hätte ich die Auswahl noch weiter ausgedehnt, wenn mir nicht die
mir für das Ganze gesteckte Grenze das Maß bestimmt hätte; so habe ich mich
auf diejenigen beschränkt von denen ich deutsche Nachdichtungen aufgenommen
habe, oder deren Originale vielleicht auch zum Theil die entsprechenden deutschen
Lieder sind; die Mehrzahl derselben sind Weihnachtslieder.

Der praktische Gesichtspunct muste nicht nur bei der Auswahl, sondern auch
bei der Behandlung des Stoffes maßgeben. Was zunächst die Texte betrifft, so
ist die Zeit Gott Lob so ziemlich vorüber wo auch gläubigen Christen die besten
alten Kirchenlieder wegen ihrer Härten und angeblich unrichtigen, veralteten und
unverständlichen Formen unerträglich schienen; vielmehr hat man wieder gelernt
mit der Werthschätzung des Kernes auch der Schale ihr Recht zu laßen, beides
als ein Ganzes mit Danksagung zu genießen. Gegenüber dem salbungsvollen
Inhalt eines echt poetischen Liedes hält man ihm auch einzelne Freiheiten, Unge=
lenkigkeiten, ja Unrichtigkeiten in Ausdrucksweise, Wortformen und Redefügungen,
Unebenheiten des Versmaßes, unechte Reime gern zu gute und sucht in letzteren
Beziehungen die richtige Ausgleichung und Versöhnung in der Melodie. Zu die=
sem Fortschritt, der freilich immer noch weniger allgemein in der Praxis als im
theoretischen Urtheil Geltung erlangt hat, hat die neuerdings dem Volkslied all=
gemeiner zugewandte Theilnahme gewiß viel beigetragen. Daher habe ich mich auch
schwerlich zu rechtfertigen daß ich bei volksmäßigen geistlichen Liedern der Vor=
zeit im Wesentlichen an der Form nichts geändert habe; um so weniger bedarf
es einer Rechtfertigung, da uns in den noch im Munde des Volkes lebenden
Volksliedern die nämlichen oder ähnliche Formen begegnen. Wo ich gleichwol ge=
ändert habe, that ich es großentheils ungern und möchte lieber darüber getadelt
sein als über das Gegentheil. Dabei verfuhr ich weniger nach voraus festgestell=
ten Grundsätzen als nach dem sich gerade aufdrängenden Bedürfnis, das übrigens
doch unschwer auf gewisse allgemeine Grundsätze zurückgeführt werden könnte. Im
allgemeinen gebe ich die Sprachformen so wie sie heutzutage von jedem, auch den
strengsten Grundsätzen folgenden Herausgeber alter Schriftstücke zum praktischen
Gebrauche mundgerecht gemacht werden, ohne daß dadurch deren sprachliche Eigen=
tümlichkeit als beeinträchtigt angesehen wird, z. B. was st. war, geschach, bleib st.
blieb, kunnte, förchten, leit st. liegt, geit st. gibt, nu, umb rc., wo nicht der Reim
durch die Änderung verletzt würde. Dies kann gar nicht als Änderung be=
zeichnet werden. Wirkliche Änderungen erlaubte ich mir nur in wenigeren Fäl=
len, nämlich an unzweifelhaft misverständlichen Formen, absolut veralteten oder
unverständlichen Wörtern oder Redensarten, durch deren Beibehaltung auch mit

Erklärung gar nichts gewonnen wäre; dagegen schien die Belaßung gewisser an=
terer veralteten Formen und Wörter keinem Bedenken zu unterliegen, solcher
gegen deren Wiederaufnahme zum Theil wenigstens in Dichtungen an sich nichts
einzuwenden wäre, wie denn dergleichen in neuerer Zeit vielfach in die Schrift=
sprache, wenigstens in die poetische, wieder eingeführt worden sind. Solche Aus=
drücke, wenn sie vereinzelt vorkommen oder zu Mißverständnissen Anlaß geben
könnten, sind an den treffenden Stellen in Anmerkungen erläutert, die übrigen s.
unten*). — Ferner sind beseitigt einige wenige lateinische oder auch griechische
Ausdrücke, welche zwar öfters ihre bestimmten, jetzt aber durchaus nicht mehr ge=
läufigen Beziehungen hatten, weßhalb auch kein vernünftiger Grund für ihre
Beibehaltung in einem rein praktischen Werke spricht; ebenso Beziehungen auf
Anschauungs= und Vorstellungsweisen, auch Vergleichungen, die uns völlig fremd
geworden sind; desgleichen die griechischen oder lateinischen Formen alttestamentlicher
Namen. Auch die Singbarkeit war öfters maßgebend, namentlich wo durch be=
quemere Unterlegung des Textes unter die Töne, durch Umstellung einzelner
Wörter, durch Ergänzung einer fehlenden Hebung, oft nur mittels Einsetzung
einer fehlenden Biegungssilbe leicht nachgeholfen werden konnte. Am liebsten
hielt ich mich dabei an wirklich schon in Quellen selbst vorkommende Lesarten.
Öfters sind die Änderungen nur scheinbar, indem offenbar die alten Drucke
ungenau sind oder auch Druckfehler enthalten sowol in Texten als in Melodieen;
solche Ungenauigkeit findet sich besonders häufig bei Unterlegung der Worte un=
ter die Melodie, wo denn ein richtiger Tact nachzuhelfen hat; ebenso finden sich
offenbare Unebenheiten oder Fehler im Rhythmus der Weisen und in Einsetzung
der Pausen. Überhaupt darf nicht außer Acht gelassen werden daß bei uns
gänzlich unbekannten Liedern und Weisen eine andere Behandlung geboten oder
wenigstens zu rechtfertigen ist als bei denen welche als Eigentum der Kirche eine
gewisse Unantastbarkeit anzusprechen haben, zumal wo ohnehin, wie bei den mit=
telalterlichen Liedern, Wörter und Sprachformen zum Theil schon zur Reforma=
tionszeit veraltet waren. Dasselbe gilt noch mehr bei den aus dem Niederdeut=

---

*) Dergleichen sind folgende:

fast = sehr	baß = beßer
ferr = fern	zwar = fürwahr
fron = hochheilig, herrlich	sause, sausa (suse, susa, saus, seus, sus) = su su –
kleiben, bekleiben = kleben, bleiben	ein Laut zum Schweigenmachen u. Einlullen
lieben = belieben	der Kinder.
Minne — Liebe	han = haben, habe, habet
minniglich = lieblich	lan, verlan = laßen, verlaßen 2c.
Urständ = Auferstehung	schlan = schlagen
wesen = sein	geseit = gesagt
bis = sei	geleit = gelegt
beiten = warten	

schen übertragenen Liedern. — Eine unerläßliche Anforderung aber für alle
Änderungen an älteren Liedern ist es daß sie der Sprache des Originals ange-
messen, wenigstens nicht unähnlich seien. Dieser Anforderung glaube ich überall
so ziemlich genügt zu haben; nicht leicht wird eine ganz fremdartige Stelle auf-
stoßen. Wenn ich in der Behandlung der Sprachformen nicht durchgängige
Gleichmäßigkeit beobachtet haben sollte, so mag dies damit entschuldigt sein daß
die Bearbeitung der einzelnen Lieder zu verschiedenen Zeiten stattgefunden hat.
Über alle Änderungen bin ich im Stande vollkommene Rechenschaft zu geben.
Für jetzt hielt ich einen Nachweis derselben sowie der verschiedenen Lesarten
nicht für zweckmäßig.

Mehrfache Abweichungen von der ursprünglichen Gestalt der Lieder erforderte
der Inhalt hauptsächlich der aus dem Mittelalter stammenden und der aus römisch-
katholischen Gesangbüchern geschöpften Lieder, soweit dieselben mit den Wahrheiten des göttlichen Wortes nicht übereinstimmen. Hier mußte nothwendig theils
geändert theils einzelnes weggelaßen werden, welches letztere ich meistens in den
Nachweisen angedeutet habe. So allein konnte es geschehen daß viele herliche
dichterische Erzeugnisse der alten Zeit in der sich allein auf Gottes Wort grün-
denden Kirche wieder eine Heimat finden und als werthe Gaben des Geistes des
HErrn erkannt und gepflegt werden. Wo nur geglaubt und bekannt wird daß
Jesus sei der Christ der in das Fleisch gekommen ist zur Erlösung der Welt, da
weht der Geist des Vaters und des Sohnes, da erkennen und begrüßen wir Gottes Kinder, und nehmen sie als zu uns gehörig auf; was sich ihnen und ihren
Zeugnissen von Irrtum und falscher Lehre angehängt hat übersehen wir nicht,
sondern reinigen sie davon soweit es uns möglich ist, und halten sie dann desto
werther. Alles ist unser was irgendwo auf dem weiten Gebiete wo Jesu die
Kniee gebeugt werden sich an Gaben zum Dienste des Leibes Christi findet.
Sollte ich indessen in solchen oder andern Liedern, auch der Unsern, etwas zuge-
laßen haben was der reinen Lehre nach den Bekenntnissen der lutherischen Kirche
widerstreitet, so werde ich mich gern und dankbar darauf aufmerksam machen laßen.

Zu einer Abweichung von dem Grundsatz auch die Singweisen möglichst echt
nach der mir zugänglichen ältesten Quelle zu geben habe ich mich selten veran-
laßt gesehen; so viel mir bewußt ist geschah es bloß an einigen wenigen Stellen
wo die Notenwerthe mit dem Wortrhythmus in zu grellem Misverhältnis stehen,
wo übrigens öfters schon andere Quellen die Härte ausgeglichen haben. Dies
ist hauptsächlich bei Weisen in viertheiligem Tactmaß der Fall; dagegen den
wechselnden Rhythmus im dreitheiligen Tacte am Schluß eines musikalischen
Satzes oder der ganzen Weise habe ich gerne beibehalten, weil er der dieser Tonart eigenen lebhafteren Bewegung einen beruhigenden Abschluß verleiht. Kaum
ein Paarmal machte die zweite Stimme eine kleine Änderung nöthig, einigemal erforderte sie die Einsetzung chromatischer Zeichen. Bei der Tonhöhe und Vorzeich-

nung habe ich möglichst auf die natürliche mittlere Höhe der Stimme Rücksicht genommen. Die Notenwerthe in den Melodieen der älteren Zeit, wo die Tact= einheit entweder die Semibrevis oder die Minima war, habe ich, wie in der neuesten Zeit gewöhnlich, und auch zur Herstellung einer Gleichmäßigkeit mit den späteren Weisen, verkleinert. Die früher vorherschende lange Anfangsnote bei Melodieen zu jambischen Texten habe ich meist gern beibehalten, weil mir das ruhigere zögernde Anheben häufig gerade recht passend erscheint; seltener habe ich dafür die jetzt üblichere kurze Auftactsnote gewählt. Weil auch diesen älteren Weisen, selbst denen mit dem sogenannten rhythmischen Wechsel, wie Freiherr v. Tucher meines Erachtens unwiderleglich nachgewiesen hat, strenge Tactmäßigkeit eigen und der Tact überhaupt, wie Freih. v. Ditfurth bezeugt, ein Haupterfor= derniß des Volksgesangs ist, so habe ich überall die jetzt üblichen Tactstriche eingesetzt; das eben deswegen statt des früher gebrauchten Beistrichs nöthige Zei= chen der Fermate habe ich zur Andeutung der Ruhepuncte außerhalb der Pausen bei der in den Quellen herschenden Ungleichmäßigkeit oft selbst nach Gutbefinden ergänzt. Das Wiederholungszeichen :|: habe ich sowol zum Anfang als zum Schluße des Textes der zu wiederholenden Zeilen gesetzt.

Die Singweisen der Lieder sind theils diesen ursprünglich eigen oder später ihnen beigegeben, theils andern entlehnt, theils aus dem weltlichen Volksgesang herübergenommen; mehrere Lieder haben gleiche Melodieen, welche ich der Be= quemlichkeit halber jedesmal beigesetzt habe. Hie und da habe ich mir die Frei= heit genommen schlechtere oder weniger passende Weisen durch entlehnte zu er= setzen. Die entlehnte Weise ist fast überall über dem Liede bezeichnet, auch wenn sie eine ursprünglich weltliche ist, da ja wol nirgends mehr eine Spur lebendiger Erinnerung an die Abstammung bei den Sängern zu besorgen steht; nur wenn der Name der Weise schon zu grell hieran erinnern würde, habe ich die Bezeich= nung erst hinten unter den Nachweisen angeführt. Dasselbe ist geschehen bei einigen Weisen von Marien= oder andern Heiligenliedern, deren Bezeichnung schon den unevangelischen Inhalt der Lieder zur Schau tragen würde. Wo über einem Liede schon in den Quellen eine entlehnte Weise angegeben ist, habe ich dies durch das Anführungszeichen „ " angedeutet. Bei einigen wenigen Liedern, deren Weise sich nicht erhalten hat oder noch nicht entdeckt oder mir unbekannt geblieben ist, und für welche ich in meinem großen Vorrath an Weisen keine entsprechende gefunden, habe ich mir erlaubt andere Weisen von Liedern ähnlichen Versmaßes nachzubilden und dies mit den Worten „Weise nach . . . ." bezeichnet. Dies sind die Nrn. 8, 9, 10, 31, 41, 62, 99, 125, 127, 158 und 225; davon sind die Nrn. 10, 31, 62, 99 und 158 Nachbildungen von Weisen die in der Sammlung selbst vorkommen, 10 ist eine ältere Nachbildung, wahrscheinlich auch 31.

Eine Eigentümlichkeit des Volksliedes ist daß es nicht streng die gleiche Zahl der Silben einer Zeile, wie sie das jeweilige Versmaß erfordert, einhält, vielmehr sehr häufig ein Versfuß mehr Silben hat als das Versmaß mit sich bringt, oder, mit andern Worten, in einer Zeile bloß die Hebungen gezählt werden und ihre bestimmte Zahl haben, in den Senkungen dagegen Freiheit herrscht, diese oft mehr Silben zählen, ja auch ganz wegbleiben, wodurch eben der Bau des Volkslieds größere Mannigfaltigkeit und Bewegung erhält. Diese Ungleichheiten werden durch die Melodie ausgeglichen, theils mittels Zertheilung der Notenwerthe nach Maßgabe des Tactes, theils mittels Verbindung mehrerer Noten oder auch Weg= falls einer Note (nämlich zu Anfang einer Zeile); das erstere ist das häufigste. Man hat vor allem auf das einfache Versmaß des ganzen Liedes zu achten und auf die Zahl der Hebungen in jeder Zeile, und danach, wenn nicht schon die erste Strophe dem Versmaß genau entspricht, demselben gemäß die Melodie festzustel= len, so daß z. B. in einem jambischen Versmaß auf jede unbetonte Silbe nur eine Note kommt. Treten dann in einer Zeile mehrere Senkungen ein, so wird entweder die Note der Hebung oder die der Senkung in zwei Hälften zertheilt, je nach dem Wohlklang; beiderlei kommt in älterer und neuerer Zeit vor. Wo der Volksgesang in lebendiger Übung steht weiß man sich leicht zurechtzufinden; außerdem höre man und lerne. Wollte oder könnte man dies unseren Gemeinden beim Kirchengesang zumuthen, so würden aus den ältesten Kirchenliedern für den Gesang manche anstößige Härten verschwinden, die durch Ausstoßen von Grund= lauten entstanden, um den Einklang der Silbenzahl mit der Melodie herzustellen, was beim Volksgesang ganz unnöthig ist. Zur Erleichterung für Ungeübte habe ich nach dem Vorgang anderer in jeder Singweise den Noten welche in irgend einer Strophe zertheilt werden müßen kleinere Noten beigesetzt. Bei einiger Achtsamkeit und Vorbereitung wird man nicht leicht irren. Lieber hätte ich frei= lich von diesem für das Auge unschönen Hilfsmittel Umgang genommen. Bei einigen wenigen Liedern habe ich es für rathsam erachtet den ganzen Text unter die Noten zu setzen.

Um die Einführung dieser Gesänge ins Leben zu erleichtern schien eine harmonische Begleitung wünschenswerth. Die dem deutschen Volksgesang ange= meßenste und natürlichste Begleitung ist die einer zweiten Stimme, welche mit der ersten Stimme „so innig verbrüdert ist daß beide zusammen erst die eigent= liche wahre Melodie zur Erscheinung bringen." Daher habe ich fast sämtliche Weisen zweistimmig gegeben. Zwar werden manche Sänger, noch mehr Sänge= rinnen ungern eine Klavierbegleitung vermißen; aber abgesehen von der Schwie= rigkeit der Ausführung bei Volksliedern, welche dadurch häufig an Lebendigkeit und Frische verlieren, möchte ich sie freundlichst ermahnen ihre Gewöhnung ein wenig zu verläugnen und auf diese anspruchslose Gesangsart einzugehen. Wo möglich suche man sich eine begleitende zweite Stimme; aber auch im einsamen Gesange wird man bald von dem eigentümlichen Reiz dieser melodievollen Weisen

angezogen und gefeßelt werden. Im ganzen habe ich die Begleitungsstimme nach
der Art geseßt wie sie das Volk nach natürlichem Geseße sich bildet (s. darüber
die ausführliche Erörterung bei v. Ditfurth, 2. Th. Einl. S. XXVIII ff.). In
der Regel fügt sie sich leicht, selbst bei den mehr der Kunst angehörigen Weisen;
nur zuweilen reicht die Art des Volkes nicht ganz aus, und da hat einfache Bei=
hilfe der Kunst nicht ausgeschloßen bleiben können. Manche dieser Weisen hat
in Behandlung der zweiten Stimme größere Schwierigkeiten, wenn Tonart und
Charakter der Melodie gewahrt werden sollen und doch das Ganze fließend, mög=
lichst leicht und correct erscheinen will, zumal bei dem vielfachen Hereinragen der
alten Tonarten, denen man nicht Gewalt anthun darf ohne viel zu zerstören. Ich
hoffe aber, daß wirkliche Kenner kaum einem wesentlichen Anstoß begegnen werden,
zumal ich mich der eingehenden Unterstützung eines der vornehmsten unter ihnen,
des Freiherrn v. Ditfurth, zu erfreuen gehabt habe, welchem ich auch öffentlich
meinen wärmsten Dank dafür auszusprechen mich gedrungen fühle. — Einige
wenige Melodieen, welche sich für den zweistimmigen Saß nicht gut eignen, habe
ich mit vierstimmiger Begleitung gegeben; es sind die No. 115, 130 und 158.

Einige Verlegenheit hat mir die Anordnung und Eintheilung des Lieder=
stoffs bereitet. Es widerstrebte mir bei dieser Art von Liedern nach einem dog=
matischen oder moraltheologischen Grundsaß zu verfahren. Daher begnügte ich
mich einfach die Lieder von einerlei oder ähnlichem Inhalt zusammenzustellen, den
Inhalt jeder Abtheilung mit möglichst entsprechender und allgemeiner Bezeichnung
zu versehen und die einzelnen Abtheilungen in die sich von selbst bietende Auf=
einanderfolge zu bringen. Da alles Heil auf den Thaten Gottes an der Mensch=
heit beruht, so stehen, wie auch in den meisten Kirchengesangbüchern, die Feste
voran, doch nicht unter einem zusammenfaßenden Titel, sondern nur als einzelne
Abtheilungen des Ganzen, weil einerseits auch in den folgenden Abtheilungen das
Erlösungswerk Gottes immer wieder durchklingt, andrerseits auch in jenen die
Aneignung von Seiten der Gläubigen und die Wirkung und Ausstrahlung des
angenommenen Heils im Herzen und Leben nicht ausgeschloßen ist. — Auch über
die Vertheilung der Lieder unter die Abtheilungen ließe sich wie bei jedem Kir=
chengesangbuch rechten, wie auch natürlich, da die Lieder nicht gerade für be=
stimmte Fächer gedichtet sind. — Dadurch daß ich bei einzelnen Liedern die ur=
sprüngliche Überschrift gern beibehielt, wurde ich darauf geführt jedem Liede eine
irgendwie seinem besonderen Inhalt oder Hauptgedanken entsprechende Überschrift
zu geben, jedoch ohne allen Anspruch. Die ursprünglichen Überschriften sind
durch Anführungszeichen kenntlich gemacht.

Möge nun der allmächtige ewige Gott diese Gesänge ihren Lauf unter den
Fittichen seiner Gnade und seines Wolgefallens antreten laßen und sich zu ihnen
bekennen, daß seine Ehre und die Erbauung seiner heiligen Kirche dadurch ge=
fördert werde. Mögen sie dazu dienen den süßen Namen Jesu in den Herzen der

Sänger zu verklären und ihnen seine Speise lieblicher und werther zu machen, dagegen die Träberkost der Welt, ob sie auch in lockenden Gesängen dargereicht werde, in ihrer Eitelkeit erkennen zu laßen. Zu Verherlichung des Namens der den Seinigen eine ausgeschüttete Salbe ist mögen sie selbst ein süßer Geruch sein dem HErrn, und ihr zarter Duft das Haus Gottes, seine Gemeine, erfüllen. Dann wird in dem Kranze der Gaben mit welcher der HErr seine Braut ge= schmückt hat auch die des geistlichen Volksgesangs erkannt und Er, von dem, durch den und zu dem alle seine Werke und Gaben sind, um den mannigfaltigen Reichtum seiner Weisheit und Güte auch hierin gepriesen werden. Wenn er einst alles in allen sein wird, möge dann in den Reihen der ewigen Lobsänger von uns allen, die ihm hienieden in Schwachheit singen, in Ewigkeit keines fehlen.

Abgeschloßen am Sonntag Misericorbias Domini 1863.

F. Hommel.

Inhaltsübersicht.

I. Jesu Lauf durch die Welt.

1. „Geistliches Uhrwerk."

Vorwort.

Ich hör ein Glöcklein in weitem Feld, ich möchts wol hö-ren in mei-ner Zell; Es schlägt mir Sünder der Stündlein viel, von Her-zen gern ich sie hö-ren will.

2 Der Stündlein zähl ich wol dreimal acht,
sie thun mir schlagen bei Tag und Nacht;
Es hört nicht auf, sondern immerdar,
schlägt allezeit und durchs ganze Jahr.

3 Voller Geheimniß und auch voll Stärk,
wol wol gezieret ist dies Uhrwerk.
Wir wollen hören das Dreimal-acht;
o Sünder, komm und es nicht veracht.

Freudenreiche Geheimnisse.

Nach der Weise: Wacht auf, o ihr Sünder.

Marien Verkündigung.

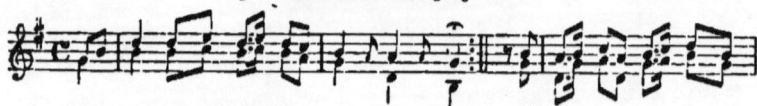

Ge = grü = ßet   seist du, rei=ne Jung=frau,
der hei=lig Geist kommt mit sei = nem Thau.
Aus dir will Christus ge=

bo = ren sein,   will aus dir wer=den ein Kind=lein klein.

Marien Heimsuchung.

2 Zu ihrer Basen in höchster Eil
Maria laufen will gar viel Meil;
Sie will sie grüßen viel hundertmal,
sie will sie grüßen viel tausendmal.

Johannes Zeugung.

3 Bei ihr will sie so lang warten auf,
biß sich anfangen wird Johannis Lauf.
Johannes wird er genennet sein,
in Mutterleib ist er erkennet rein.

Des Messias Geburt.

4 Zu Bethlehem nun geboren bist,
das Kindlein klein, o HErr Jesu Christ.
Des Vaters Zorn er, o Sünder mein,
versöhnen will, ob er zart und klein.

Der Weisen Anbetung.

5 Es werden kommen aus Morgenland
drei weise König ganz unbekannt,
Sie werden fallen aufs Angesicht,
das Kind zu ehrn unterlaßen nicht.

Des Kindleins Darstellung.

6 Zum Tempel läuft Maria geschwind,
Gott will sie opfern das liebe Kind;
Ein angenehm Opfer wird es sein
vor Gott und den lieben Engelein.

Zurückrufung aus Aegypten.

7 Nun lebe wol, o Aegyptenland!
Jesus kommt wieder ins Vaterland.
Erfreue dich, o liebs Jesulein,
zu Nazareth wirst bald kehren ein.

Jesu glückliches Finden.

8 Freu dich, Maria, gefunden ist
der nun drei Tag ganz verloren ist!
O Leid, da Jesus verloren war!
o Freud, da Jesus gefunden war!

Schmerzliche Geheimnisse.

Nach der Weise: Als S. Katharina ein Heidin war.

Blutige Beschneidung.

Das lie = be Kind=lein, acht Tag kaum alt, sein Blut ver=go=ßen schon

man=nig=falt. Wie viel hast du nun, o Je=su=lein, ver=go=ßen also Bluts=

trö = pfe = lein!

Bittere Besegnung.

2 Vor seinem Leiden gesegnet hat
der liebe Jesus sein Mutter zart.
Ach wie viel Tropfen der Wasserflüß
sind da gefallen vor die Füß!

Blutiges Schwitzen.

3 Mein Seel ist traurig biß in den Tod,
sprach Christus Jesus, der liebe Gott.
Den Kelch hätt er gern gebeten ab,
hat ihn getrunken biß in das Grab.

Grausame Geißelung.

4 Mit Geißeln und scharfen Ruthen viel
den HErrn geschlagen sie ohne Ziel,
In seinem Blut sich gewälzet hat:
ist das nicht ein grausames Blutbad?

Dornenkrönung.

5 O scharfe Dörner! o scharfe Kron!
muß Gott dich tragen in solchem Thron?
Da sind kein Perlein, kein Edelgestein,
das rothe Blut muß dein Zierat sein.

Harte Kreuztragung.

6 Must du nun tragen das schwere Bloch,
auf deinem Rücken dies schwere Joch?
Ja freilich bist du ein Erdenwurm,
hast ausgestanden der Juden Sturm.

Klägliche Entblößung.

7 Must du nun stehen, o keuscher Schatz,
nackend und bloß auf diesem Platz?
Siehst vor dir liegen dein hartes Bett?
niemand vorhanden der dich errett!

Schmerzvolle Kreuzigung.

8 Mit scharfen Nägeln man hest dich an.
Jetzt kommt dein Mutter, will bei dir stahn,
Sie sieht dich sterben in großem Schmerz,
vor Angst zerspringen möcht wohl ihr Herz.

1*

Glorwürdige Geheimniſſe.

Nach der obigen Weiſe: Wacht auf, o ihr Sünder.

Herliche Auferſtehung.

1 Freu dich von Herzen, o Sünder mein!
    vom Tod erſtanden der Heiland dein,
    Der Tod und Teufel gebunden iſt,
    die Höll von ihm überwunden iſt.

Freundliche Heimſuchung.

2 Er hat erfreuet die Mutter ſein,
    da ſie geſeßen im Kämmerlein,
    Von ihren Augen die heiße Zähr
    gewaſchen ab, ſie getröſtet ſehr.

Wunderbare Auffahrt.

3 Er iſt gefahren ins Himmelreich
    nach ſeinem Tod, Gott und Menſch zugleich,
    Sein rothe Wunden gezeiget hat
    dem Vater für unſer Miſſethat.

Göttlicher Flamme Sendung.

4 Der heilig Geiſt will uns tröſten all
    in dieſem betrübten Jammerthal,
    Er will uns helfen aus aller Noth,
    er will uns tröſten biß in den Tod.

Der Braut Heimholung.

5 Er hat bereitet ein ſchönen Thron
    der Braut, der liebſten, zu ihrem Lohn;
    Mit Leib und Seel zu ſich nehmen will,
    er wird ihr geben der Gaben viel.

Königliche Krönung.

6 Ein Königin ſoll ſie ſein zugleich
    auf Erden und auch im Himmelreich,
    Er will ſie zieren mit höchſter Kron.
    O Kron! o Lohn! o du Ehrenthron!

Der Lebenden Zuflucht.

7 Weil du uns Sündern in Ewigkeit
    ſolch große Herrlichkeit haſt bereit,
    Ach laß mich dir nun befohlen ſein,
    verbirg mich in die Erbarmung dein.

Der Sterbenden Hort.

8 In meinem Tod gib mir deine Stärk,
    es wird da ſein ja kein Kinderwerk;
    Wann mir der Tod mein Herz brechen thut,
    errette mich aus der Höllen Glut.

Nachwort.

Nach der erſten Weiſe.

1 Dies Uhrwerk hat nun geſchlagen dir
    auf dreimal acht oder zwanzig vier.
    Ach ſtell es in dein Schlafkämmerlein,
    es wird dir allzeit ein Wecker ſein.

2 Es wird dich halten von Sünden ab,
    den Sünden wirds ſein ein tiefes Grab,
    Zur Tugend wird es dich muntern ſehr,
    von Sünden halten je mehr und mehr.

3 Dies Glöcklein wird ſein am leßten End
    zur Seligkeit ein gut Fundament.
    Das leßte Stündlein wird ſchlagen dir:
    Komm, liebe Seel, freue dich mit mir.

---

2. Das Leben Christi, von den Propheten geweißagt.

Nach der Weise: Wir wollen alle singen.

Gott ist auf Erden kommen in diese Dürftigkeit, Und hat an sich genommen die sterbliche Menschheit.

*) 2 O süßer HErr Jesu Christ,
von dir geschrieben ist
Wie ein wunderlich Geschicht,
wie Jesaïa spricht (7, 14):

3 Ein Jungfrau wird empfangen,
gebären einen Sohn,
Darnach wird er erlangen
den allerhöchsten Thron.

4 Aus Marien der reinen
fürwahr geboren ist
In einem klaren Scheine
Der HErre Jesus Christ.

5 Jesus der ist geboren
in einem Häuselein,
Zwei Thiere mit ihm waren
bei einem Krippelein.

6 Geboren auf dem Felde
das liebe Kindelein,
Großen Hunger und Kälte
gelitten, große Pein.

7 O süßer HErr Jesu Christ,
von dir geschrieben ist
Wie ein wunderlich Geschicht,
als der Prophete spricht (Jes. 9, 6):

8 Ein Sohn ist uns gegeben,
ein Kind ist uns geborn,
Daß er uns geb das Leben,
das wir haben verlorn.

9 Am achten Tag beschnitten ward
wahr Mensch und wahrer Gott,
Jesus, das liebe Kindlein zart,
vergoß sein Blut so roth.

10 Das Kindlein war beschnitten,
das in der Krippen lag,
Nach den jüdischen Sitten;
die Tauf bedeut uns das.

11 O süßer HErr Jesu Christ,
von dir geschrieben ist
Wie ein wunderlich Geschicht,
als Ezechiel spricht (36, 25):

12 Ich werde auch ausgießen
ein Wasser also rein,
Das wird thun von mir fließen
zu Trost aller Gemein.

13 Drei König waren kommen
gar fern aus fremdem Land;
Gold, Weihrauch, Myrrhen nahmen,
das gaben sie zuhand.

14 O süßer HErr Jesu Christ,
von dir geschrieben ist
Wie ein wunderlich Geschicht,
als dort Hosea spricht (11, 1):

15 Herodes wollte tödten
der reinen Jungfrau Sohn;
Maria war in Nöthen,
sie zog heimlich davon.

*) Im 2., 7., 11., 14., 16., 17. und 20. Gesätze fällt immer die 1. Note der 1. und 3. Zeile weg, ebenso 19, 1 und 22, 1.

16 Sie zog in Aegyptenland,
da war sie sieben Jahr;
Groß Elend hat sie erkannt,
das ist geschehn fürwahr.

17 O süßer HErr Jesu Christ,
von dir geschrieben ist
Wie ein wunderlich Geschicht,
als Jesaïa spricht (1, 15. 59, 2 ff.?):

18 Sie werden sich erkunden
nach dem HErrn, ihrem Gott,
Und werden ihn nicht finden,
das wird ihn sein ein Spott.

19 Groß Hunger und Kälte
das war das Leben sein.
Die Juden thäten schelten
das gütig Lämmelein.

20 O süßer HErr Jesu Christ,
von dir geschrieben ist   .
Wie ein wunderlich Geschicht,
als David von dir spricht (Ps. 22 u. 69):

21 Sie haben mich versuchet,
sie haben mich verspott,
Sie haben mich verfluchet,
mich wahren ewigen Gott.

22 Ewig Lob sei dir gesagt,
du barmherziger Gott,
Daß du uns, Sohn der reinen Magd,
erlöst vom ewgen Tod.

23 Beim Vater für uns bitte,
all unser Sünd verschon,
Erlang uns Gnad und Güte
und dort die ewig Kron.

---

3. Die drei Rosen.

Im Ton: Der Glaub ist ein beständig Hab.

Ein Jüng-ling schön und aus-er-wählt, von Kö-nigs Stamm ge-bo-ren, Mir
al-le-zeit so wol ge-fällt, hab mir ihn aus-er-ko-ren.

2 Das ist Jesus, der HErre mein,
der mir thut wol gefallen,
Bracht uns drei Rosen also fein,
lieblich vor andern allen.

3 Gott Vater in dem höchsten Thron
sein Boten thät er senden
Zu Maria der Jungfrau schon,
Sanct Gabriel behende.

4 Er grüßt Maria, thät ihr bekannt,
wie daß sie sollt empfahen
Ein Sohn, Immanuel genannt,
den sollt ihr Leib umfahen;

5 Als Jesaïas hat gesagt
und thut uns das bewähren (Jes. 7, 14):
Empfahen wird ein reine Magd,
ein Sohn wird sie gebären.

6 Das ist Maria, die Jungfrau zart,
ein Sohn hat sie geboren;
Aus Gottes Garten also ward
die erste Ros erkoren.

7 Die ander Ros gebrochen ist
aus hohem Paradeise:
Am grünen Donnerstag hat Christ
gebracht des Lebens Speise.

8 Ob dem Nachtmahl aufgesetzt ward
von Christo, unserm HErren,
Das Sacrament von hoher Art,
das uns thut Gnaden mehren;

9 Als Salomon gesprochen hat (Weish. 16, 20):
O HErr, du hast uns geben
Das Brot der Süßigkeit mit Rath,
darin ist ewigs Leben.

10 Christus das Brot sein Jüngern bot:
Nehmt hin zu einer Speise,
Das ist mein Fleisch und Blut so roth
in Sacramentes Weise.

11 O Jesu, edler König zart,
zwo Rosen hast gebrochen:
Die dritte Ros gesehen ward,
am Kreuz ward er durchstochen;

12 Als David auch gesprochen hat (Ps. 22, 17):
Sie haben mir durchgraben
Mein Händ und Füß in großer Noth,
als wir gelesen haben.

13 Christus, der HErr, am Kreuze hieng,
sein Geist thät er aufgeben:
Damit die dritte Ros aufgieng,
schloß auf das ewig Leben.

4. „Der Kämpfer."

Nach der Weise: Es wollt gut Jäger jagen.

Groß Lieb thut mich be-zwin-gen, daß ich muß he-ben an Von ei-nem Käm-pfer sin-gen, der war so wol-ge-than.

2 Den Kämpfer will ich nennen,
daß ihr könnt merken wie
Und eigentlich erkennen,
er ist Gotts Sohne je.

3 Der Kämpfer tugentliche
nahm ihm für einen Sinn,
Aus seines Vaters Reiche
schickt er ein Boten hin

4 Zu einer schön Jungfrauen
wol in dem Niederland,
Die wollt er gerne schauen,
der er sein Boten sandt.

5 Wollet ihr sie auch kennen
die Jungfrau minniglich?
Gabriel thut sie nennen
und spricht gar tugentlich.

6 Da er sie grüßt geschwinde,
sprach: „Willkomm, Jungfrau fein,"
Mit Worten also linde,
„begnadet sollt du fein."

7 Er pflag auch süßer Worte
bei der Jungfrauen rein,
Daß ihm aufschlöß die Pforte
und ließ ihn zu ihr ein.

8 Die Jungfrau griff an ihr Herze
und sprach: „„Ach wer ist der,
Der in fröhlichem Scherze
begehret zu mir her?""

9 Der Bot der antwort schiere:
„Er ist so gewaltiglich,
Er kommt herab zu dire,
er macht euch alle reich."

10 Maria sprach mit Züchten:
„„Ich thu keins Manns begehrn."" —
„Sollt mit mägdlichen Früchten
ein Kind ohn Mann gebärn.

11 Gotts Sohn von Ewigkeite
der kommt herab zu dir."
Sie sprach: „„Ich bin bereite,
nach deim Wort gschehe mir.""

12 Die Welt die stund in Sorgen
mehr denn viertausend Jahr,
In Höllegrund verborgen,
biß kam der Kämpfer klar.

13 Das wollt er widerkehren
der edel Kämpfer werth,
Sein Schweiß um uns verreren, *)
und kam herab auf Erd.

14 Durch uns so ward er junge
wol bei der reinen Maid,
Vom höchsten Thron entsprungen
aus Gottes Ewigkeit.

---

*) Vertröpfeln, vergießen.

15 Bei ihr war er ein Zeite
wol drei und dreißig Jahr,
Eh daß er gieng zu Streite
der edel Kämpfer klar.

16 Darnach ließ er sich spüren
als Gottes Sohn so klar,
Darum thät sich aufrühren
so gar ein große Schar.

17 Sie thäten ihn auch fahen
so gar mit scharfer Wehr,
Er ward auch hart geschlagen
der edel Kämpfer hehr.

18 Mit Geiseln und mit Ruthen,
ein Kron mit scharfem Dorn:
Das litt er durch sein Güte
und sühnt damit den Zorn.

19 Ein Urtheil ward gesprochen
wol zu derselben Zeit;
Sein Seit ward ihm durchstochen,
geschlagn ans Kreuz so breit.

20 Da stund Marie elende
und sah den Kämpfer an,
Sie wand ihr schneeweiß Hände,
sprach: „Wem willt mich hie lan?"

21 Er sprach zu ihr mit Schmerze:
„„Sieh, Weib, das ist dein Sohn.""
Damit brach ihm das Herze. —
Den Kämpfer bitt ich nun,

22 Daß er uns woll behüten
wol vor ewiger Pein.
O HErr, durch deine Güte
mit Hilfe uns erschein!

23 Das sei zu Lob gesungen
dem Sohn der reinen Magd.
Von ihm ist uns gelungen,
des sei ihm Lob gesagt.

II. Advent.

5. „Ein andächtiger Ruf von dem Fall Adams und der Menschwerdung Christi."

Da Gott die Welt er=schaf=fen wollt — hilf, HErre Gott! — viel wei=fer Räth er

da er = wählt. O HErre Gott, hilf uns aus Noth!*)

2 Er macht zum allererften
den Himmel und die Erden.

3 Am Himmel schuf er oben an
die Sonn, die Sternen und den Mon.

4 Auf Erden macht er ein schönen Gart,
ders Paradeis genennet ward.

5 Darin beschuf er einen Mann,
der hat uns allen Schaden gethan.

6 Denn er verbrochen Gottes Gebot,
das bracht uns all in große Noth.

7 Gott schafft ihm er sollt laßen stahn
eins Baumes Frucht, so wollt ers han.

8 Der Teufel in eim Schlangenbild
liftig mit seinem Weibe spielt,

9 Verführts, daß sie ein Apfel nahm
und gab davon auch ihrem Mann.

10 Der Apfelbiß bracht sie zum Tod,
hätt uns auch bracht in die ewige Noth,

11 Wenn nicht der einig Gottes Sohn
mit uns Erbarmung hätt gethan.

12 Er redt sein liebsten Vater an,
daß er uns wollt begnaden thun.

13 „O Vater, liebster Vater mein,
könnt der Mensch der Höll überhoben sein?

14 Sein Schuld will nehmen ich auf mich,
auf daß ich könn versöhnen dich.

15 Ich will werden ein Mensch zugleich,
will kommen auf das Erdreich.

*) Die 2., 4. und 5. Zeile werden bei jeder Strophe wiederholt.

16 Allbort weiß ich ein Jungfrau rein,
   derselben Sohne will ich sein.

17 Ich will leiden ein schweren Tod,
   daß der Mensch werd versöhnt mit Gott."

18 Der Vater ließ ihm gfallen thun,
   daß sein Sohn wollt die Straf bestahn.

19 „„Nun ist mir ja der Mensch so lieb,
   mein Sohn für ihn in Tod ich gib.

20 So schicken wir zu der Jungfrau rein,
   daß sie auch geb ihrn Willen drein."„

21 Da schickt Gott den Engel Gabriel,
   daß er eilt zu der Jungfrau schnell.

22 Die Jungfrau war im jüdischen Land,
   zu Nazareth sie der Engel fand.

23 Verschloßn in einem Kämmerlein
   sie las in einem Büchelein,

24 Wie die Propheten geschrieben han
   daß sollt Mensch werden Gottes Sohn.

25 Ein Jungfrau soll sein Mutter sein,
   das thät die keusch Jungfrau erfreun.

26 „Ein Jungfrau soll Gotts Sohn gebärn,
   wollt Gott, ich sollt ihr Dienerin werdn!"

27 Da sie in den Gedanken war,
   da trat der Engel zu ihr dar.

28 Er kam zu ihr durch verschloßne Thür:
   „„Sei grüßt, der HErre ist mit dir.

29 Gegrüßt seist du, Maria rein,
   du sollt die Mutter Gottes sein."„

30 Die Jungfrau hört des Engels Red
   und sich darob bekümmern thät.

31 „Ach, lieber Engel, wie kann das sein,
   daß ich sollt Gottes Mutter sein?

32 Hab ich doch nie keins Manns begehrt,
   dieweil ich leb auf dieser Erd."

33 Der Engel sprach: „„„Fürcht dich nur nicht,
   der heilig Geist überschattet dich.

34 Der wird aus deim Geblüt so rein
   formiern das schön Gotts Kindelein.

35 Das sollt du nennen Jesus Christ,
   denn es der Welte Heiland ist.

36 Drum, Jungfrau, gib dein Willen drein,
   zu tragen Gottes Söhnelein."„„

37 „Ich bin ein Magd des HErren mein,
   drum geb ich gern mein Willen drein."

38 Der Engel schwang sich auf zu Gott.
   „Sei willkommen, mein lieber Bot.

39 Die Botschaft hast du recht verricht,
   die Jungfrau ist zuwider nicht."

40 Die Jungfrau zart zur selben Frist
   ihrs Kindleins schwanger worden ist.

41 Sie trugs unter ihrem Herzen
   so gar ohn allen Schmerzen.

42 Sie trugs mit großen Sorgen
   biß an den Weihnachtmorgen.

43 Wol an dem heiligen Weihnachttag
   Jesus von ihr geboren ward.

44 Sie wickelt ihn in Windelein
   und legt ihn in ein Krippelein.

45 Globt sei Maria und ihr Kind,
   durch welches wir erlöset sind.

46 Gelobt sei Jesus, Gottes Sohn,
   daß er Maria auserkorn.

47 Also hat dieser Ruf ein End.
   Gott sei mit uns an unserm End.

6. Des Lichtes Aufgang.

Im Ton: Gott zu Lob so wolln wir fingen.

Ich kam auf ei-nen An-ger, auf ei-nen wei-ten Plan, Ich sah einen schönen

En-gel in ho-hen Eh-ren stahn.

2 Sag mir, o lieber Engel,
wol durch den reichen Gott,
Haft du mein Lieb nit gesehen
zu Himmel an dem Hof?

3 Ja ich, mein schöne Jungfraue,
ich sah ihn minniglich
In seines Vaters Herzen
recht brennen als ein Licht.

4 Das Licht war uns verborgen,
verborgen viertausend Jahr;
Nun ist Gott Mensch geboren
und ist uns offenbar.

5 Sag mir doch meinem Liebe,
ich sei im Herzen wund,
Daß er mir käm zu Hilfe,
mach mir mein Herz gesund.

- - - - - -

7. Gott Mensch, dem Vater zu gefallen.

Nun, Va-ter, bin ich kom-men, ge-lobt sei dein Be-
Nun hab' ich an-ge-nom-men der Mensch-heit Leib und

fehl;
Seel. Ift die-ses mei-ne Braut? Ja, will ich kind-lich fal-len, dem

Va-ter zu ge-fal-len, er hat sie mir ver-traut.

2 Ein ungleich Paar zusammen
sich reimen Mensch und Gott;
Von dir hab ich den Stammen,
der Menschheit Stamm ist Koth.
    Ist das mein Adelheit?
so will ich kindlich lallen,
dem Vater zu gefallen,
mein Herz ist schon bereit.

3 Die Menschheit die ich nehme
ist arm und ungestalt;
Der Blößheit ich mich schäme,
ihr Schmuck mir nicht gefällt.
    Ist das mein Hochzeitkleid?
Ja, will ich kindlich lallen,
dem Vater zu gefallen,
sein Will ist meine Freud.

4 Die Hochzeit zu verehren
ein Herberg wird versagt;
Ich muß im Stall einkehren,
zum Vieh bin ich verjagt.
    Ist dieses mein Palast?
Ja, will ich kindlich lallen,
dem Vater zu gefallen,
weil das verordnet hast.

5 Man gibt mir keine Wiegen
von Gold und Elfenbein,
Im Kripplein muß ich liegen,
Heu füllt das Pölsterlein.
    Soll dies das Brautbett sein?
so will ich kindlich lallen,
dem Vater zu gefallen:
wie er will muß es sein.

6 Kein Seidenwerk hier pranget,
kein Sticktapezerei;
In allen Winkeln hanget
der Spinnen Weberei.
    Sind das mein Hofsspalier?
Ja, will ich kindlich lallen,
dem Vater zu gefallen;
was er will dienet mir.

7 Der Stall bedarf das Flicken,
es blast der kalte Wind,
Mit Athem mich erquicken
der Esel und das Rind.
    Ist das mein Hofgesind?
Ja, will ich kindlich lallen,
dem Vater zu gefallen;
dem Vater folgt das Kind.

8 Die Armut soll ich erben,
Durst, Hunger, Hitz und Frost;
Das Kreuz, das Blut, das Sterben
mich diese Hochzeit kost.
    Ist das die Morgengab?
Ja, will ich kindlich lallen,
dem Vater zu gefallen,
gehorsam biß ins Grab!

9 Es steht von mir geschrieben
im Buch am ersten Blatt,
Daß ich soll thun und lieben
was Gott befohlen hat.
    Dein Will gescheh, o Gott;
ins Herz will ich einschreiben,
gehorsam will ich bleiben
im Leben und im Tod.

III. Weihnachten.

8. Das Wort ward Fleisch.

Weise nach: Ewiger Gott, ach Vater mein.

Es ist ein Kin-de-lein ge-born zu Beth-le-hem, Es hat ver-
sühnt seins Va-ters Zorn, Je-ru-sa-lem, in die-sem neuen Jahr.

2 Ihn hat geborn ein Jungfrau fein,
  König Sabaoth, *)
Des ewgen Lichtes Quelle rein,
  wahr Mensch und Gott
  in diesem neuen Jahr.

3 Jesus soll sein des Kindes Nam,
  sprach Gabriel.
Sie hat ihn geborn ohne Scham,
  Emanuel
  in diesem neuen Jahr.

4 Ist es denn nit ein Wunder groß?
  Gott alt und greis
Liegt hie so nackend unde bloß
  in Kindes Weis
  in diesem neuen Jahr.

5 Das Kind das kam von Oberland
  um unser Heil.
Gott Vater der hat uns gesandt
  den höchsten Theil
  in diesem neuen Jahr!

6 Das Wort ist worden Mensch und Gott
  von Engels Gruß,
Hat angezogen Fleisch und Blut
  in Mutter Schoß
  in diesem neuen Jahr.

7 Maria ward im Herzen froh,
  sie nahm das Kind.
Du edle Ros von Jericho,
  kalt weht der Wind
  in diesem neuen Jahr.

*) Zebaoth.

8 Sie legt ihn in ein Krippelein,
    den Fürsten zart,
   Den allerhöchsten Fürsten zart,
    ihn fror so hart
    in diesem neuen Jahr.

9 Da war ein Esel und ein Rind
    in einem Stall,
   Das war des Fürsten Hofgesind
    für Adams Fall
    in diesem neuen Jahr.

10 Er ist des man gewartet hat
    viertausend Jahr;
   Denn Gott die Seinen nit verlat, *)
    ist offenbar
    in diesem neuen Jahr.

---

9. Neujahr der Seligkeit.

Weise nach: Wer steht der schau daß er nicht fall.

1 Zu die-sem neu-en Jah-re zart ein Kin-de-lein ge-bo-ren ward
2 — A-dam

Uns zu Trost, zu Se-lig-keit, der Jung-frau Sohn, uns zu Trost, zu

Se-lig-keit, der Jungfrau Sohn Ma-ri-ä.

2 Adam von dem Apfel aß,
   das ihm ein großer Schaden was, **)
   Den uns abgenommen hat
    der Jungfrau Sohn,
   den uns abgenommen hat
   der Jungfrau Sohn Mariä.

3 Nun bitten wir das Kindelein
   durch all göttliche Liebe sein,
   Daß er uns genädig sei,
    der Jungfrau Sohn,
   daß er uns genädig sei,
   der Jungfrau Sohn Mariä.

---

*) verläßt.   **) war.

10. Freude den Sündern.

Weise nach: Resonet in laudibus.

Nun freu dich, chriſten-li-che Schaar! der him-me-li-ſche Kö-nig klar nahm die

Menſchheit of-fen-bar, den uns ge-bar die rei-ne Maid Ma-ri-a.

2 Es ſollen alle Menſchen zwar
  mit ganzen Freuden kommen dar,
  da man findt der Seelen Nahr,*)
    die uns gebar
     die reine Maid Maria.

3 Uns iſt geborn Emanuel,
  als uns verkündigt Gabriel,
  des iſt Gezeug Ezechiel.
    Gar ſonder Fehl
     dich hat geborn Maria.

4 O ewigs Vaters ewigs Wort,
  wahr Gott, wahr Menſch, der Tugenden Ort,
  in Himml, in Erde, hie und dort
    der Sälden**) Pfort,
     die uns gebar Maria.

5 O ſüßer Jeſu auserkorn,
  du weißt wol daß wir warn verlorn,
  ſtille uns deines Vaters Zorn!
    Dich hat geborn
     die reine Maid Maria.

6 O kleines Kind, o großer Gott,
  du leideſt in der Krippen Noth;
  der Sünder hie vorhanden hat
    der Engel Brot,
     das uns gebar Maria.

11. Der ewige König in Kindleins Weiſe.

1 Ich ha-be vernom-men daß Je-ſus ſei ein viel ſü-ßes Kin-de-
2 Ihm ge-hen vor Che-ru-bim —

*) Nahrung.   **) Seligkeiten.

lein. Nehmt sein war, so mag euch wol ge=lin=gen. Herze, du sollt Trauren lan,

sieh den Auserwähl=ten an, er ist weiß und ro=sen=farb, du sollt ihn in=

nig=lich zu dir zwingen. Er ist geborn aus Lie=bes=kraft, aus des Gei=stes

Mei = ster=schaft, wol dem Her=zen das ihn kann ge=winnen!

2 Ihm gehen vor Cherubim
   und die brennenden Seraphim,
   er ist genannt Emanuel der weise,
   unsers Heiles ein Beginn.
   Ihr Töchter von Jerusalem,

setzt den König von Bethlehem,
wie er kommt in eines Kindleins Weise.
Er liegt in eim Krippelein,
er soll reicher König sein,
er ist der Engel und der Seelen Speise.

---

12. Wolauf gen Bethlehem!

Wol=auf gen Bethle = hem in Eil mit Her=ze, Muth und Sin=nen!

Da fin=den wir der Sün=der Heil: wol=auf wol = auf von hin=nen!

Das Wei = zen=korn ist keusch ge=born, Je=sus, den sollt ihr min=nen!

2 Willkommen, edle Lilje weiß,
  du Rose ohne Doren!
  Du kommst aus hohem Paradeis,
  von einer Magd geboren.
    Dein Schmuck ist süß,
  des ich dich grüß,
  von Ewigkeit erkoren.

3 Wolauf, mein Seel, sei freudenreich!
  Gott ist geborn ein Kinde!
  Sing Lob und Ehr nun ewiglich:
  dein Bruder und dein Freunde
    Der hat in sich
  gekleidet dich
  für alle unser Sünde.

13|14. Euch ist heute der Heiland geboren.

Ma-gnum no-men Do-mi-ni E-ma-nu-el, quod an-nun-ci-
Groß und hehr ist Got-tes Nam E-ma-nu-el, der Ma-ri-en ver-

a-tum est per Ga-bri-el. Ho-di-e ap-pa-ru-it ap-pa-ru
kün-digt ist durch Ga-bri-el. Er ist erschienen am heutigen Tag am heu-ti-gen

it in I-sra-el per Ma-ri-am vir-gi-nem in Beth-le-hem. E-ja!
Tag in J-frael, aus Ma-ri ist Heil ent-sprossen in al-le Welt. Ei-a!

E-ja! Vir-go Do-um ge-nu-it, si-cut di-vi-na vo-lu
Ei-a! Got-tes Sohn vom Him-mel-reich — ist uns Men-schen wor-den

it cle-men-ti-a. Gau-de-te, gau-de-te! Chri-stus na-tus
gleich auf Er-den, ge-bo-ren ein Kind-lein von Ma-ri der

ho - di - e — gau-de - te, gau - de - te! ex Ma - ri - a vir - gi - ne.
Jung-frau rein, ge=bo=ren ein Kind=lein von Ma = ri der Jung=frau rein.

15. Kindlein der Gnaden voll.

Ge = born ist uns   ein   Kin = = de=lein   von ei = ner Jung=

frau rei = ne. Gott Va=ter, Sohn,   Gott heili=ger Geist, die sind ge=reist

mit Ma=ri=a   all = ei = = ne.

2 Wir wolln Gott lobn in Ewigkeit,
daju das Kindlein kleine,
Das uns mittheilt durch Gottes Rath
sein ewige Gnad
vom Schoß der Jungfrau reine.

3 Freu dich, Maria, in Ewigkeit,
darum du hast empfangen
Ten Spiegel der Dreifaltigkeit
voll Herrlichkeit,
zu dem habn wir Verlangen.

4 Das Kindlein ist der Gnaden voll,
es gibt uns gute Lehre;
Sein Gnad niemand aussprechen kann,
ist sonder Wahn:
wir dankn ihm seiner Lehre.

5 Es hat gelitten den bittern Tod
für unser Sünden alle,
Und gibt den Sündern guten Trost,
hat uns erlöst
von dem ewigen Falle.

6 O Herr, halt uns in deiner Hut,
daß wir nit mögen sterben
In unser Sünd und Missethat;
o ewiger Gott,
dein Gnad hilf uns erwerben.

7 Wir bitten, vor unserm letzten End,
wann wir von hinnen scheiden,
Dein Leichnam aus deines Dieners Hand
werd uns gesandt,
der mög uns wol geleiten.

16. En natus est Emanuel.

Ge=born ist der Im=ma=nu=el, der HErr Christ, als ver=kün=digt Ga=bri=
el. Der HErr Christ un=ser Hei=land und Se=lig=ma=cher ist.

2 Hier liegt er in dem Krippelein,
der HErr Christ;
doch ist Gott dies Kindelein.
Der HErr Christ
unser Heiland und Seligmacher ist.

3 Es leuchtet uns ein heller Schein,
der HErr Christ,
von Maria der Jungfrau rein.
Der HErr Christ
unser Heiland und Seligmacher ist.

4 Gott Vater, Sohn gelobet sei,
Der HErr Christ,
und zugleich der heilig Geist.
Der HErr Christ
unser Heiland und Seligmacher ist.

17. Ruf zur Krippe.

Ein gro=ße Freud ver=künd ich euch und al-len Völkern auf Fr=e=den=
reich. O Christ, wach auf, steh auf und lauf! zum Kind=lein, zum
Kripplein, zum Müt=ter=lein lauf!*)

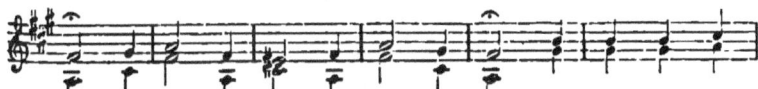

*) „O Christ, wach auf ꝛc." wird in jeder Strophe wiederholt.

2*

2 Auf! auf! keiner sich säumen soll,
denn Himmel und Erd ist Freuden voll.

3 Lauft mit den Hirten, säumt euch nicht,
der Welt Heiland wird heut geschickt.

4 Das ewig Wort ist worden Fleisch,
empfangen von dem heilgen Geist.

5 Bei Mitternacht ins Krippelein
kommt er zum Öchslein und Eselein.

Auf! lobet ihn mit Freudenschall
im spitzigen Heu und kalten Stall.

7 Auf! auf! keiner heut trauren soll,
denn Himmel und Erden sind Freuden voll.

8 Gebt Gott die Ehr im Himmelreich,
er gibt uns Frieden auf Erdenreich.

9 Auf! Sünder, lauf nach Bethlehem,
zu Joseph, zu Maria renn.

10 Dort wirst du finden das höchste Gut,
wie uns der Engel verkündgen thut.

11 Mit Lob, mit Preis wirst wiederkehrn,
ein tugendsam Leben beim Kindlein lern'n.

12 Auf! auf! lauf, lauf, eil, lieber Christ,
so lieb dir Christus Jesus ist.

18. Der König der Himmel — ein Kind.

Ein Kind ist uns ge-bo-ren zu Beth-le-hem,
Ein Kö-nig aus-er-ko-ren der Him-me-len.
Die Jungfrau wie das Wort
nahm groß Wun-der wie daß sie schwan-ger sei,
Fleisch sei wor-den, Gott und auch Mensch da-bei,
Ge-wick-let ge-legt aufs
in gar schlech-te klein Tüche-lein,
Heu in Krip-pe beis E-se-lein.

2 Ein Kind ist uns geboren
zu Bethlehem,
Ein König auserkoren
der Himmelen.
   Den Hirten bei den Schafen
des Nachts bei ihrer Wacht

aus den engelischen Scharen
einer zu ihnen sagt:
Eur Schöpfer und Erlöser
geboren ist,
den thut mit Freud anbeten
zu dieser Frist.

3 Ein Kind ist uns geboren
  zu Bethlehem,
Ein König auserkoren
  der Himmelen.

   Ein Ochs und ein Esel kannten
diesen Erschöpfer sein,

erwärmten mit dem Athem
das liebe Jesulein.
Der Jungfrau, seiner Mutter,
Brust sauget er,
mit welchem Gott der Vater
schuf alles Heer.

19|20. Der Spiegel der Dreifaltigkeit.

En Tri - ni - ta - tis spe - cu - lum il - lu - stra - vit sae - cu - lum.
Der Spie-gel der Drei-fal-tig-keit er-leucht der Welt Fin-ster-heit.

E - ja cor - di - a - li - ter ju - bi - le - mus pa - ri - ter! ta - li - ter hi-
Ei-a, lie-be Christenheit, mit Lob-ge-sang sei du bereit, mit Fröhlichkeit, mit

la - ri - ter in - fan-tu-lo con-ci-ni-te, Chri-sto in car-na-to,
                De - o hu-ma na-to.*)
In-nig-keit dem Kin-de-lein in E-wig-

keit. Laßt uns dem Kin-de-lein sin-gen!**)

*) Die 4 letzten Zeilen von talitor an } werden bei jedem Gesätze wiederholt.
**) „ 5 „ „ „ „Eia" „ }

2 En virgo Dei filium
  parit primogenitum.
  Eja cordialiter
  jubilemus pariter.

3 Hic jacet in cunabulis
  puer admirabilis, ·
  De coelo laudabilis
  et nobis amabilis.

4 Ab angelis concinitur
  gloria et pax dicitur.
  A pastoribus quaeritur,
  matris lacte pascitur.

2 Gottes Mutter sonder Pein
  hat geborn ein Kindelein.

3 Hie liegt es in dem Krippelein
  das Wunderkindlein hübsch und fein.

4 Die Engel singen Ehr und Preis
  dem Kindelein vom Himmelreich.

---

21. Ecce nova gaudia.

Der Menschen Heil, ein klei=nes Kind, in ei=nem Stall ihr lie=gen
Das Kin=de=lein ist Got=tes Sohn, uns füh=ren will zu sei=nem

1 2
findt;
    Thron.   Der=hal=ben laßt uns zu=sam=men mit Fröh=lich=keit, mit

In=nig=keit, mit Luft=bar=keit, mit Her=zen=freud dem Kindlein sin=gen. *)

2 Sein Mutter ist ein Jungfrau zart,
  das Kindelein von Wunderart,
  Ein kleines Kind, das alle Welt
  auf seinem kleinen Finger hält.
    Derhalben laßt ꝛc.

3 Das Kind ist Gott und Mensch zugleich, —
  o Menschheit, o wie gnadenreich!
  Die Gottheit aus der Menschheit blitzt,
  gleichwie die Sonn durch Wolken glitzt.
    Derhalben laßt ꝛc.

---

*) Der Abgesang wird in jedem Gesatze wiederholt.

4 Ei' freuet euch, all Land und Leut,
weil uns das Kind geboren heut!
O gülden Tag! o gülden Jahr!
kein Tag, kein Jahr nie beßer war.
Derhalben laßt rc.

22. Redemtor orbis natus est.

Ge-bo-ren ist uns ein Kin-de-lein von Ma-ri-a der Jung-frau rein.

O du hoch-lieb-stes Je-su-lein! o freu-den-rei-ches Kin-de-

lein! Hal-le-lu-jah! Hal-le-lu-jah! Heut ist die freu-den-rei-che

Zeit, da Je-sus in dem Kripp-lein leit. Hal-le-lu-jah! Hal-le-lu-jah!

2 Im wüsten Stall — o Wunder groß! —
wird Gott geboren arm und bloß.
O gnadenreiches Jesulein!
o holdseliges Kindelein!
Hallelujah! Hallelujah!
O Welt, dein Pracht in einer Nacht
dies Kindelein zu Schanden macht.
Hallelujah! Hallelujah!

3 Dies Kind aus lauter Gütigkeit
bringt Freuden, Fried und Seligkeit.
O herzigliches Jesulein!
o wunderschönes Kindelein!

Hallelujah! Hallelujah!
Ihr Cherubim, deckt eur Gesicht
vor Gott, der in dem Kripplein liegt!
Hallelujah! Hallelujah!

4 Die Englein jubilieren schon,
die Himmel preisen Gottes Sohn.
O du herzliebes Jesulein!
o freudenreiches Kindelein!
Hallelujah! Hallelujah!
Zur Krippen eilends kommen dar
vom Feld die fromme Hirtenschaar!
Hallelujah! Hallelujah!

5 Frohlocket jetzt mit Freudenschall,
　ihr abgestorbnen Seelen all!
　　O du herzliebstes Jesulein!
　　o wunderschönes Kindelein!
　　Hallelujah! Hallelujah!
　Es ist heut kommen in die Welt
　der euer Seeln zufrieden stellt, —
　　Hallelujah! Hallelujah!

6 Der uns erlöst, der uns erhält,
　der unsern Feind, den Teufel, fällt.
　　O du siegreiches Jesulein!
　　o güldenschönes Kindelein!

Hallelujah! Hallelujah!
Gelobt sei Gott im höchsten Thron,
der uns geschenkt hat seinen Sohn.
　　Hallelujah! Hallelujah!

7 Preis sei dem Kindlein hochgeborn
　der keuschen Jungfrau auserkorn.
　　O zuckersüßes Jesulein!
　　o tausendschönes Kindelein!
　　Hallelujah! Hallelujah!
Heut ist gestillet Gottes Zorn,
weils Jesulein ist Mensch geborn.
　　Hallelujah! Hallelujah!

23. Freude mit den Engeln.

Uns ist ge-born ein Kin-de-lein, ist kla-rer als die Son-ne, Das

soll der Welt ein Hei-land sein, da-zu der En-gel Won-ne.

2 Erfreu, erfreu dich, Jungfrau fein,
　freu dich mit allen Frommen,
　Daß du den süßen Jesum Christ
　in deinen Schoß genommen.

3 Du wandst ihn in die Tüchelein
　mit dein schneeweißen Händen,
　Du legst ihn in das Krippelein,
　den Fürsten aller Lande.

4 Nun saus, nun saus, mein liebes Kind,
　mein Gott, mein Heil, mein HErre!
　Du bist mein und ich bin dein,
　des Himmels bist du ein HErre.

5 Des solln wir singen und fröhlich sein
　samt allem Himmelsheere,
　Mit Psalterspiel und Harfen fein,
　Jesu zu Lob und Ehre.

6 Hätt ich Flügel von Seraphin!
　wie fröhlich wollt ich fliegen
　Wol mit den Engeln schon dahin
　bei Jesu, meim Geliebtsten!

24. Das Schiff mit schöner Last.

Uns kommt ein Schiff ge = fah = ren, es bringt ein schö=nen Last, Dar=

auf viel En=gel schau = ren, und hat ein gro=ßen Mast.

2 Das Schiff kommt uns geladen,
  Gott Vater hats gesandt;
  Es bringt uns große Gnaden,
  Jesum, unsern Heiland.

3 Das Schiff kommt uns geflossen,
  das Schifflein geht am Land,
  Hat Himmel aufgeschlossen,
  den Sohn herausgesandt.

4 Maria hat geboren
  aus ihrem Fleisch und Blut
  Das Kindlein auserkoren,
  wahr Mensch und wahren Gott.

5 Es liegt hie in der Wiegen,
  das liebe Kindelein;
  Sein Gsicht leucht wie ein Spiegel:
  gelobet mußt du sein!

6 Maria, Gottes Mutter,
  gelobet mußt du sein!
  Jesus ist unser Bruder,
  das liebe Kindelein!

7 Möcht ich das Kindlein küssen
  an sein lieblichen Mund!
  Und wär ich krank, für gwisse
  ich würd davon gesund.

25. In dulci jubilo.

a.

Mit ei = nem sü=ßen Schall nun fröh=lich sin = get all: Un=sers Her=zen

Won = ne liegt in der Kripp im Stall, Und leuchtet als die Son = ne im

jung-fräu-li-chen Saal, A und O zu-mal, A und O zumal, — Und

leuch-tet als die Son-ne im jung-fräu-li-chen Saal.

b.

Mit ei-nem sü-ßen Schall nun fröh-lich sin-get all: Un-sers

Her-zen Won-ne liegt in der Kripp im Stall, Und leuch-tet als die

Son-ne im jung-fräu-li-chen Saal, A und O zu-mal,

A und O zu-mal.

2 O liebes Jesulein,
bei dir da wolln wir sein;
Tröst uns unser Gmüthe,
o herzigs Kindelein,
Durch deine große Güte.
Du bist der HErr allein;
:|: wollst uns gnädig sein! :|:

3 Des Vaters Lieb und Gunst
hast geben uns umsonst;
Wir wären sonst verloren
durch unser Sünden hart,
So hast du uns erworben
die himmlisch Freud aus Gnad.
:|: Eia wärn wir da! :|:

4 Bei dir ist Wonn und Freud,
auch Lust in Ewigkeit;
Die Engel thun uns singen
von deiner Herlichkeit;
Das Lob das muß erklingen,
wie Gott dir hat bereit
:|: durch die Welt weit und breit. :|:

26. Gott und Mensch zugleich ist er.

O ihr Him=mel, schauet an was die Lieb doch wir=ten kann! Schaut, ein klein un=

mün=dig Kind sich an = heut zu Bethlem findt; Wie ein Schäf=lein auf der Streu

liegt es auf dem Stroh und Heu; vol=ler Schmerz ist sein Herz. Wer ist er?

Gott ist er, Gott und Mensch zu=gleich ist er.

2 Kommt, ihr Engel, kommet all,
kommt nach Bethlem in den Stall!
Kommt und saget ohne Scheu
wessen Sohn dies Kindlein sei.
Wie ein Bettler liegts alldort,
glaubt es ist doch Gottes Wort —
ohne Kron, ohne Thron.
Wer ist er? Mensch ist er,
Gott und Mensch zugleich ist er.

3 O ihr Menschen, groß und klein,
bleibt nicht aus! euch ist allein
Heut geborn ein Kindlein zart,
dessen Erd und Himmel ward.
Euer Heiland liegt allhier,
Himmel und der Erden Zier,
arm und bloß auf dem Schoß.
Wer ist er? Gott ist er,
Gott und Mensch zugleich ist er.

27. Psallite Unigenito.

*) Psal - li - te   U - ni - ge - ni - to, Chri-sto De-i   fi - li - o;   psal - li - te
Singt und klingt   Jesu, Gottes Kind und Marien Söhnelein;   singt und klingt

re-dem - to - ri Do-mi-no,   pu - e - ru   lo ja - cen-ti   in prae-se-pi-o.
unserm lie-ben Jesu-lein im   Krip-pe-lein beim Öchslein und beim E-se-lein.

Ein klei-nes Kin-de-lein liegt in dem Krip-pe-lein;   al - le   lie - be

En-ge-lein die-nen dem Kin-de-lein.   Psal - li - te   U - ni - ge - ni - to,
Singt und klingt   Jesu, Gottes Kind

Chri-sto De-i   fi - li - o;   psal - li - te   re-dem - to - ri Do-mi - no, pu-
und Ma - ri-en Söhne-lein;   singt und klingt   unserm lie-ben Jesu-lein im

e - ru - lo   ja - cen-ti   in prae-se-pi - o.
Krip-pe-lein beim Öchslein und beim E-se-lein.

---

*) Das Lateinische kann einfach weggelaßen werden; will man es aber singen, so bleiben die
entsprechenden deutschen Worte weg.

28. Gegrüßet seist du, o Jesulein!

Ge-grü-ßet seist du, o Je-su-lein, schöns Kin-de-lein! Ach laß mich
dein ganz ei-gen sein, herz-lie-bes Je-su-lein!

2 Wie bist du so arm in diesem Stall,
reichs Kindelein!
Dein Reichtum ziert des Himmels Saal,
o armes Jesulein!

3 Wie bist du so schwach auf dieser Welt,
starks Jesulein!
Dein Stärk die ganze Welt erhält,
o schwaches Kindelein!

4 Wie bist du so gar allhie veracht,
schöns Kindelein!
Veracht hat dich dein Lieb gemacht,
herzliebes Jesulein!

5 O treue Lieb, o große Gunst,
liebs Kindelein!
Zünd an in mir der Liebe Brunst,
liebreiches Jesulein!

6 Nimm hin mein Herz, gib mir das dein,
schöns Herzelein!
Laß beider Herzen ein Herz sein,
o herzigs Jesulein!

7 Was dir mißfällt sei weit von mir,
schöns Kindelein!
Was dir gefällt das gib du mir,
holdseligs Jesulein!

8 Alls was du liebst soll mir lieb sein,
liebs Kindelein!
Alls was du hassest dem will ich feind sein,
o reines Jesulein!

9 Ohn dich leben soll sein mein Tod,
o Leben mein!
Mit dir sterben will ich, mein Gott,
meins Lebens Schöpferlein!

10 Der Will ist gut, gib du das Werk,
schöns Kindelein!
Und mich mit deiner Allmacht stärk,
o gütigs Jesulein!

11 Ehr sei dem Vater im höchsten Thron,
dem Kindelein,
Seim lieben eingebornen Sohn,
dem schönen Jesulein.

12 Ehr sei dem heiligen Geist zugleich,
dem Tröster rein,
All drei Personen im Himmelreich,
dem lieben Vater mein,
dem lieben Heiland mein,
dem Heiligmacher mein.*)

13 Jesu, wir singen dir allzugleich,
liebs Kindelein!
Von uns an unserm End nicht weich,
o liebes Jesulein!
o schönes Kindelein!
herzliebes Jesulein!
o güldnes Kindelein!
meins Herzen Trösterlein!
Jesu, o Jesulein!

*) Diese 2 letzten Zeilen, sowie in der 13. Strophe alle der 4. Zeile folgenden Zeilen, so viel deren man singen mag, werden in der Melodie der 4. Zeile gesungen.

29. Triumph der Liebe.

Dein gro=ße Lieb, o Je=su=lein, hat dich ganz ü=ber=wunden, hat

dich ge=legt ins Krip=pe=lein, Händ und Füß=lein bun=den. Gib

daß ich dich auch her=zig=lich, daß ich dich lieb in=brün=stig=lich, — daß

ich dich lieb be=stän=dig=lich.

2 Aus Lieb bist du vom Himmelssaal
  zu uns herabgestiegen,
  Aus Lieb hast du im kalten Stall
  auf dem Heu wolln liegen.
    Gib daß ich dich all Tag und Stund,
  daß ich dich lieb von Herzengrund, —
  :|: daß ich dich lieb mit Herz und Mund. :|:

3 Dein zartes feurigs Herzelein
  thut dir vor Lieb ganz brennen,
  Vor Lieb die beiden Augelein
  reichlich überrinnen.

    Gib daß ich dich lieb wie du mich,
  daß ich alleinig liebe dich, —
  :|: gib daß ich lieb von Herzen dich. :|:

4 O Kind, erzeig mir diese Gunst,
  laß mich ein Gnad erwerben,
  Zünd an mein Herz mit deiner Brunst,
  aller Sünd zu sterben.
    Gib daß ich dich niemal betrüb,
  daß ich die Tugend fleißig üb, —
  : : gib daß ich dich lieb mehr denn mich. :|:

30. Mein Herz will ich ihm schenken.

1 Zu Bethle=hem ge=bo=ren ist uns ein Kin=delein, Das hab ich aus=er=lo=

ren, sein Ei=gen will ich sein. Ei = a! ei = a! sein Eigen will ich sein.

2 In seine Lieb versenken
 will ich mich gar hinab;
 Mein Herz will ich ihm schenken
 und alles was ich hab,
  Eia! eia!
 und alles was ich hab.

3 O Kindelein von Herzen,
 dich will ich lieben sehr,
 In Freuden und in Schmerzen,
 je länger mehr und mehr,
  Eia! eia!
 je länger mehr und mehr.

4 Dazu dein Gnad mir gebe,
 bitt ich aus Herzengrund,
 Daß ich allein dir lebe,
 jetzt und zu aller Stund,
  Eia! eia!
 jetzt und zu aller Stund.

5 Dich wahren Gott ich finde
 in meinem Fleisch und Blut,
 Darum ich dann mich binde
 an dich, mein höchstes Gut,
  Eia! eia!
 an dich, mein höchstes Gut.

6 Laß mich von dir nicht scheiden,
 knüpf zu, knüpf zu das Band
 Der Liebe zwischen beiden,
 nimm hin mein Herz zu Pfand,
  Eia! eia!
 nimm hin mein Herz zu Pfand.

31. Beim Kindelwiegen.

Im Ton: Resonet in laudibus mit Magnum nomen Domini.

Da Ga=bri=el der En=gel klar von Him=mel=reich ge=sen=det ward,

da er die Maid all=ei=ne fand, Gott sei mit dir! sprach er zu=hand, Ma=

ri = a! Chor. Sau=sa Min=ne, Got=tes Minne! nun schweig und ruh! Wenn du

willt, so wollen wir dei=nen Wil=len thun. Hochge=lob=ter Fürst, nun schweig und

wein auch nicht, und wein auch nicht. Thust du das, so wißen wir daß uns wol geschicht.

2 Da sie die Botschaft gar vernahm,
des Engels Red sie sehr erkam,
sie sprach: Die Red ist mir unkund.
Gott sei mit dir an dieser Stund,
    Maria!
  Chor. Uns ist geborn
    und auserkorn
    ein werthes Kind.
    Loben es alle Menschen die hie zu=
      sammen sind!
    Er ist geborn in Bethlehem :|: und
      liegt allhie. :|:
    Loben ihn alle Menschen und fal=
      len auf ihre Knie!

3 Der Engel sprach: Ich bins sein Bot
von Himmelreich ohn allen Spott;
ich sag dir daß du schwanger wirst
eins Kindes des die Welte ist,
    Maria!
  Chor. Jung und alt
    und wolgestalt
    ist dieses Kind,
    älter denn sein Mutter und alle
      Menschen sind.
    Er ist gewesen je und je :|: und
      immer ist, :|:
    er ist geheißen Jesus, der viel hei=
      lig Christ.

4 Da sie erhört die solche Mär,
daß ihr da Gott so gnädig wär,
sie sprach: Ich bins Gotts Dirnelein,

an mir geschehe der Wille dein.
    Maria.
  Chor. Von Maria kam
    der hohe Nam
    Emanuel,
    als uns hat verkündt der Engel
      Gabriel.
    Er ist uns erschienen heut :|: in
      Israel, :|:
    wißt daß wir nit größers Königs
      konntn erwähln.

5 Und da das Kindlein ward geborn,
das ihm Gott selber auserkorn,
da kamen dar der Engel Spiel
und hatten Freud und Kurzweil viel.
    Maria.
  Chor. Jung und alt
    und wolgestalt
    ist dieses Kind,
    älter denn sein Mutter und alle
      Menschen sind.
    Er ist gewesen je und je :|: und
      immer ist, :|:
    er ist geheißen Jesus, der viel hei=
      lig Christ..

6 Das Kindlein in der Krippen lag
die lange Nacht biß an den Tag.
Wer war die Frau die da pflag sein?
Das war die hehre Mutter rein,
    Maria.
  Chor. Sausa Minne,

Gottes Minne!
nun schweig und ruh!
Wenn du willt, so wolln wir dei=
nen Willen thun.

Hochgelobter Fürst, nun schweig
:|: und wein auch nicht.:':
Thust du das, so wißen wir daß
uns wol geschicht.

32|33. Quem nunc virgo peperit.

Quem nunc vir - go pe - pe - rit vi - tam mun - do per - tu - lit
Den ge = bo = ren hat ein Magd hat der Welt das Le = ben bracht

Sa - ta-namque de - pu - lit a po - te-sta - te pri - va - tum. Ver-la-zu-zu-
Und den bö=sen Feind ver=jagt und aller sei=ner Macht beraubt. Su su su su

zu! ver - la - zu - ze nyn - no! *)
su! schlaf, mein lie=bes Kindelein! *)

2 Si quis mala fecerit
et contritus fuerit,
Indulgebit puer hic,
nam mitis est velut agnus.

3 Natus est in Bethlehem,
passus in Jerusalem,
Sustulit pauperiem,
nam humilis est Dominus.

4 Nunc rogemus puerum,
ut det nobis gaudium
Secum in perpetuum,
nam omnium est dominus.

2 Wer gesündet hat sein Tag
und thut deßen schwere Klag,
Dem verzeiht das Kindelein,
weil es gütig wie ein Lämmlein.

3 Ist geborn zu Bethlehem
und getödt zu Jerusalem,
Hat gelitten Armut viel,
zu sein demüthig war sein Will.

4 O du liebes Kindelein,
wollst doch unser Freude sein
Nun an und in Ewigkeit,
denn du bist unser Herr allzeit.

*) Die zwei letzten Zeilen werden in jeder Strophe wiederholt.

34. Wiegenlied an der Krippe.

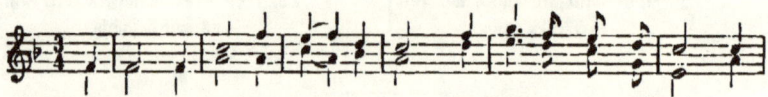

Kommt her, ihr Kin = der, sin = get fein — nun wie = gen wie = gen wir — dem

al = ler = lieb = sten Je = su = lein! Nun sin = get all mit Schall dem Kin = de =

lein, dem lie = ben Je = su = lein, dem hei = li = gen Christ, Ma = ri = ä, Ma = ri = ä Sohn.*)

2 Das neugeborne Kindlein —
  nun wiegen wiegen wir —
  das liegt in einem Krippelein.
  Nun singet all mit Schall ꝛc.

3 Bis uns willkomm, du Kindlein zart!
  Wie liegst du so elend und hart!

4 O liebes Kindlein, bloß und arm,
  dich unser aller heut erbarm.

5 Wir wollen dir auch hulden gern
  als unserm lieben Christ und HErrn.

6 Machn wir dem Kind ein Wiegelein
  in unser Herz und Glauben rein!

7 In aller Welt kein Heiland ist
  ohn dich, du Kindlein Jesu Christ.

8 Hilf uns, du werthes Kindelein,
  daß wir dein Schwestern und Brüder sein.

9 Lob, Ehr und Preis, auch Herrlichkeit
  sei der heilgen Dreifaltigkeit.

35. Wiegenlied an der Krippe.

Laßt uns das Kind = lein wie = gen, das | uns im Geist er =
Herz zum Kripp = lein bie = gen! Laßt | Kind = lein be = ne =

*) Die zweite Zeile und die fünf letzten werden bei jedem Gesatze wiederholt.

freu = en, das
bei = ... = en! O' Je = su = lein füß! o Je = su = lein füß!*)

2 Laßt uns dem Kindlein neigen,
ihm Lieb und Dienst erzeigen!
Laßt uns doch jubilieren
und geistlich triumphieren!

3 Laßt uns dem Kindlein singen,
ihm unser Opfer bringen,
Ihm alle Ehr beweisen
mit Loben und mit Preisen!

4 Laßt uns das Kindlein speisen!
es wird uns Gnad beweisen
Und zum Wolleben führen,
das Frommen thut gebüren.

5 Laßt uns das Kindlein tränken,
ihm Zuckermilch einschenken!
Es wird uns wol bedenken,
in seine Freud versenken.

6 Laßt uns das Kindlein grüßen
und fallen ihm zu Füßen!
Laßts uns demüthig ehren
als unsern Gott und Herren!

7 Laßt uns sein Mündlein küssen,
die Händlein mit den Füßlein!
Seht wie sein Äuglein fließen
und Pfeil der Lieb ausschießen!

8 Laßt uns zum Kindlein bücken,
sein naße Äuglein trücknen!
Laßt uns bei ihm erscheinen,
so wird es nicht mehr weinen.

9 Laßt uns das Kind umfangen!
nach ihm steht all Verlangen;
Sein Äuglein laßt anschauen
im Schoß der edlen Jungfrauen!

10 Laßt uns sein Diener werden,
weil wir hie lebn auf Erden!
Es wird uns wol belohnen
mit der himmlischen Kronen.

11 Laßt unser Stimmlein schallen!
es wird dem Kindlein gfallen;
Laßt ihm ein Freudlein machen!
das Kindlein wird eins lachen.

12 Laßt uns thun alls zu Ehren
was wir könn diesem Herren!
Im Himmel wirds erschallen,
vergelten wird ers allen.

---

*) Dieser Ruf wird bei jeder Strophe wiederholt. — Von den nachfolgenden Strophen können auch bloß die 2., 3., 6. u. 11. gesungen werden.

36. Wiegenlied an der Krippe.

O Je=su=lein zart,
das Kripplein ist hart!
O Je=su=lein zart,
wie liegst du so hart!
Ach schlaf, ach thu die
schlaf und gib uns die

Au=ge=lein zu,
e=wi=ge Ruh!
O Je=sulein zart,
wie liegst du so hart!
O Je=su=lein zart, das Kripplein ist hart!

2 Schlaf, Jesulein, wol!
nichts hindern soll;
Ochs, Esel und Schaf
sind alle im Schlaf.
    Schlaf, Kind, schlaf, thu dein Auge=
               lein zu,
schlaf und gib uns die ewige Ruh!
Ochs, Esel und Schaf
sind alle im Schlaf;
nichts hindern soll,
schlaf, Jesulein, wol!

3 Dir Seraphim singt
und Cherubim klingt;
Viel Engel im Stall
die wiegen dich all.
    Schlaf, Kind, schlaf, thu dein Auge=
               lein zu,
schlaf und gib uns die ewige Ruh!
Dir Seraphim singt
und Cherubim klingt;
viel Engel im Stall
die wiegen dich all.

4 Sieh, Jesulein, sieh:
Sanct Joseph ist hie;
Ich bleib auch hiebei:
schlaf sicher und frei!
    Schlaf, Kind, schlaf, thu dein Auge=
               lein zu,
schlaf und gib uns die ewige Ruh!
Sieh, Jesulein, sieh:
Sanct Joseph ist hie;
ich bleib auch hiebei:
schlaf sicher und frei.

5 Schweig, Eselein, still!
das Kind schlafen will;
Ei, Öchslein, nicht brüll!
das Kind schlafen will.
    Schlaf, Kind, schlaf, thu dein Auge=
               lein zu,
schlaf und gib uns die ewige Ruh!
Schweig, Eselein, still!
das Kind schlafen will;
ei, Öchslein, nicht brüll!
das Kind schlafen will.

37|38. Omnis mundus jucundetur!

{ O - mnis mundus ju - cun - de - tur na - to Sal - va - to - re, }
{ Ca - sta ma - ter quem con-ce-pit Ga-bri - e - lis o - re, } { So - no - ris
{ Seid fröh=lich und ju = bi=lie=ret Je = fu, dem Mef=fi = a, } { fin=ce = ris
{ Der die gan=ze Welt re=gie=ret ift ein Sohn Ma=ri = a, } { Und liegt im
{ beim Ochfen und

vo - ci - bus, } { Ex - sul - te-mus et lae - te-mur ho - di - e ho - di - e
men - ti - bus. } { Chri-stus na - tus ex Ma - ri - a vir - gi - ne vir - gi - ne
Krip=pe=lein, } { Sau = fe, fau=fe! fau = fe, fau=fe, Kin=de=lein! du bift mein,
E = fe=lein. } { Jauchzt und fpringet, klingt und fin=get: Ho = di = e*) ho = di = e

ho - di - e: } { vir - - - - - - - vir - gi - ne. Gau-de - te,
vir - gi ne, } { Gau-de-a-mus et lae - te-mur i - ta-que i - ta - que
ich) bin dein. } { ift ge=bo=ren Chrift, das Söhnlein Ma=ri = a, Ma=ri = a,
ho=di = e } { und hat von uns weg = ge=nom=men al=les Weh, al=les Weh,

gau - de - te, } { i - ta i - ta i - ta i - ta i - ta-que.
i - ta - que, }
Ma=ri = a, } { Hilf daß wir bald zu dir kom=men, o Chri=fte!
al = les Weh. }

*) Zu deutfch: heute.

39. Die Engel an der Krippe.

Im Ton: Puer natus in Bethlehem (Ein Kind geborn zu Bethlehem) Eia!

Vom Him=mel hoch, o En = gel kommt! Ei = a! Ei = a! Su=fa=ni! Su=fa=ni!

Su! Su! Su! Kommt, singt und klingt, kommt, pfeift und trommt! Hal = le = lu=

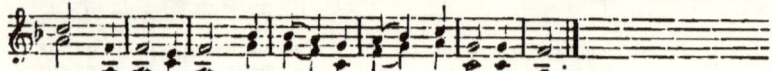

jah! Hal=le=lu=jah! Von Je = su singt, Ma=ri=en Kind! *)

2 Kommt ohne Instrumente nit,
bringt Lauten, Harfen, Geigen mit.

3 Laßt hören euer Stimmen viel
mit Orgel= und mit Saitenspiel.

4 Hie muß die Musik himmlisch sein,
weil dies ein himmlisch Kindelein.

5 Die Stimmen müßen lieblich gehn
und Tag und Nacht nicht stille stehn.

6 Sehr süß muß sein der Orgelklang,
süß über allen Vogelgsang.

7 Das Saitenspiel muß lauten süß,
davon das Kindlein schlafen müß.

8 Singt Fried den Menschen weit und breit,
Gott Preis und Ehr in Ewigkeit.

40. Die Nachtigall soll Jesu singen.

Wach, Nach=ti=gall, wach auf! wach auf, du schö=nes Vö=ge=lein auf

je=nem grü=nen Zwei=ge=lein, wach hur = tig ohn Verschnauf! Dem Kin=de=

lein aus=er=ko=ren, heut ge=bo=ren, halb er=froren, sing dem zar=ten Je=su=lein.

*) Die Rufe „Eia! zc." „Hallelujah! zc." und die letzte Zeile werden in jedem Verse wiederholt.

2 Flieg her zum Krippelein,
flieg her, gefiedert Schwesterlein!
blas an dein beinen Pfalterlein!
fing, Nachtigall, gar fein!

  Dem Kindelein
fröhlich finge,
lieblich klinge,
Flüglein schwinge,
fing dem füßen Jesulein.

3 Stimm, Nachtigall, stimm ein,
den Tact gib mit dein Flügelein,
auch freudig schwing die Federlein,
erstreck dein Hälselein!

  Der Schöpfer dein
Mensch will werden
mit Gebärden
heut auf Erden.
Sing dem werthen Jesulein.

4 Sing, Nachtigall, fing klein!
Haft du kein sonders Liedelein,
fing nur mit einem Seufzerlein:
Ach herzigs Jesulein!

  Mein Tröfterlein

in dem Kripplein
bei dem Öchslein
und dem Eislein
liegt in schlechten Windelein.

5 Sing, Nachtigall, ohn End,
zu taufend taufend taufendmal
das Kindlein lobe ohne Zahl,
dein Stimmlein nicht abwend.

  Dem Schätzelein,
das ich meine,
fing alleine,
nichts verneine,
fing meim lieben Jesulein.

6 Nicht spar das Züngelein,
Freud bringen wirst den Engelein,
dein zuckerfüßes Stimmelein.
Gelobt will Jesus fein.

  Dem Heiland mein
Ehr beweise,
lob und preise,
dich befleiße;
fing meim schönen Jesulein.

41. Jesus der HErre mein der war das Kindelein.

Weise nach: In unico trias Deo oder: Ins einem Gotts Dreifaltigkeit.

In ei = nem Kripplein lag ein Kind, da stund ein E = sel und ein
Kind, Da = bei war auch ein Jungfrau klar, Ma = ri = a, die das Kind ge=
bar. Je = fus, der HEr = re mein, der war das Kin = = de = lein.

2 Da sungen ihm der Engel Chor
mit süßer Stimm gar hoch empor:
Gloria, Lob und Würdigkeit
sei Gott im Himmelreich geseit!
  Jesus, der HErre mein,
der war das Kindelein.

3 Dies ward den Hirten schier verkündt,
darum so liesen sie zu Stund
Gen Bethlehem und fundens da,
das edle Kind, und wurden froh.
  Jesus, der HErre mein,
der war das Kindelein.

4 Zu Stund entbrannt ein Sternenschein,
daß es ward kund den Köngen drein,
Die aus dem fernen Morgenland
mit ihrer Gab kamen zu Hand.
  Jesus, der HErre mein,
der war das Kindelein.

5 Sie fielen nieder auf die Erd,
sie opferten dem Kinde werth
Gar edel Myrrhen, Weihrauch, Geld,
dem Kindlein wurden sie gar hold.
  Jesus, der HErre mein,
der war das Kindelein.

6 Da dies vernahm Herodes Muth,
er dacht wie er vergieß sein Blut.
Viel tausend Kind tödt er zu Hand,
Jesus floh in Ägyptenland.
  Jesus, der HErre mein,
der war das Kindelein.

7 Hienach wol über dreißig Jahr
da ward das Kindelein fürwahr
Durch unser ewig Seligkeit
ertödt und in ein Grab geleit.
  Jesus, der HErre mein,
der war das Kindelein.

8 Darnach zuhand am dritten Tag
erstund es nach der Lehrer Sag
Und fuhr auf in seins Vaters Land,
da sitzt es zu der rechten Hand.
  Jesus, der HErre mein,.
der war das Kindelein.

---

42. In natali Domini.

Nun zu die-ser Fei-er klar freu-en sich die En-gel gar Und sin-gen mit

Fröh-lich-keit: Lob und Ehr sei Gott be-reit! Ma-ri-a, Mut-ter, Jung-frau

schon, du ge = bie = rest uns Got = tes Sohn und bist Jungfrau e = wig = lich.

2 Die Hirten brachten neue Mär
wie Gott Mensch geboren wär.
Des solln wir alle fröhlich sein,
er wird uns freien von aller Pein.

Maria, Mutter, Jungfrau schön,
du gebierest uns Gottes Sohn,
und bist Jungfrau ewiglich.

3 Die drei Weisen kamen dar
und brachten ihr Opfer klar: |sein
Geld, Myrrhen, Weihrauch, solch Opfer
das sollte Gott genehme sein.

Maria, Mutter, Jungfrau schön,
du gebierest uns Gottes Sohn,
und bist Jungfrau ewiglich.

43|44. Puer nobis nascitur.

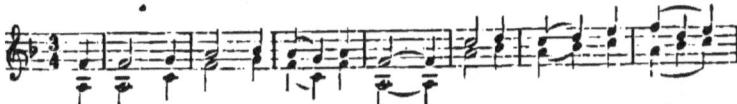

Pu - er no - bis na - sci - tur, re-ctor au - ge - lo-
Uns ist ge=born ein Kin=de=lein von ei=ner Jung=frau rei=

rum, In hoc mundo pa - sci-tur do - mi - nus do - mi - no - rum.
ne, Ma=ri=a ist die Mut=ter sein, sein Va=ter Gott all = ei = ne.

3. ne - eat

2 In praesepe ponitur
sub foeno jumentorum,
Cognovit bos et asinus
Christum regem coelorum.*)

2 In eine Kripp ward er gelegt,
der alle Ding regieret;
Das Öchslein und das Eselein
erkannten Gott den HErren.

*) Nach dieser Strophe kann folgende eingeschaltet werden:

Angeli laetati sunt
etiam de eo,

Cantaverant Gloria
in excelsis Deo.

3 Hinc Herodes timuit
  magno cum tremore;
  Infantes et pueros
  necat prae dolore.

4 Qui natus ex Maria
  die hodierna,
  Perducat nos cum gratia
  ad gaudia superna.

5 Nos de tali gaudio
  cantemus in choro,
  In chordis et organo
  benedicamus Domino.

3 König Herodes das verdroß,
  viel Kindlein ließ er tödten;
  Er wüth und tobt ohn alle Maß:
  des ist er nun in Nöthen.

4 Der von Maria ward geborn
  an diesem heutgen Tage,
  Der woll sein liebes Himmelreich
  uns nimmermehr versagen.

5 Darum seid fröhlich allermeist,
  lobsingt und jubilieret!
  Gott Vater, Sohn und heilgem Geist
  dem sei Preis, Dank und Ehre.

IV. Die unschuldigen Kindlein.

45. Die Märtyrerblümlein.

Gott grüß euch, Märtrer = blü = me=lein, die ihr so jun = ge Kind=lein klein Er=

lan = get habt die Mar = tyr = kron, weil Christ ge = bo = ren, Got = tes Sohn.

2 Ihr seid das erste Opfer zart,
welchs Christo aufgeopfert ward;
In Unschuld und Einfältigkeit
habt ihr erlangt die ewig Freud.

3 Gelobt sei die Dreifaltigkeit!
Kraft, Ehr und Sieg hat sie bereit;
Die gibt die Kron den Zeugen schon
in Ewigkeit ins Himmels Thron.

46. Der Kinder zu Bethlehem Triumph.

„Auf den Ton: Ein Kind geborn zu Bethlehem, lætetur."

Ihr Kin=der von Je = ru = salem, — lae=te=tur con = ci = o!*) kommt fröhlich
(es freu sich groß und klein!)

*) Nach jeder Zeile jeder Strophe werden die lateinischen Worte oder die entsprechenden deut=
schen wiederholt.

ab nach Bethle = hem. Lae - te - tur chorus ho - di - e, lae - te - tur
(All Welt soll heu=te fröh = lich sein, der Kin=der

pu - e - ro - rum cho - rus ho - di - e can - ti - co - rum
Schar soll heut sich freun und fröh = lich sein, Lob und Preis in

can - ti - cis lae - ti - ti - ae!
ho = her Freud Gott sin=gen sein!)

2 Kommt zum Triumph, die Wieg laßt stehn,
zum Triumphwagen müßt ihr gehn.

3 Herodes euch den Palmzweig bringt;
fürcht nicht, weil er ins Harnisch springt.

4 Er spielt mit euch ein Ritterspiel,
euch all jung Ritter machen will.

5 Zu diesem Spiel seid wolgemuth,
es allen bringt groß Ehr und Gut.

6 Der Goldschmid macht von rothem Gold
viel Kleinod, so ihr haben sollt.

7 Der Marterzweig, das Palmenreis
kommt frisch und grün vom Paradeis.

8 Vom Himmel kommt die Marterkron
und Triumphwagen wunderschön.

9 Herodes kommt, — ihr Kinder, auf!
zur Kron, zur Palm mit ganzem Hauf!

10 Die Wieg laßt stehn, — stehn wo sie steht;
durch Spies zum Triumphwagen geht.

11 Heut werdt ihr himmlisch Ritter sein,
zum Himmel triumphieren ein.

V. Beschneidung Jesu und Neujahr.

47. Auf die Beschneidung Christi.

Mit die=sem neu=en Jah=re wird uns all of=fen=ba=re wie

daß ein Jung=frau frucht=ba=re die gan=ze Welt hat hoch er=freut. Ge=

lo=bet muß sein das jü=ße Kin=de=lein, ge=eh=ret muß sein die Jungfrau

rein nun, e=wig und zu al=ler Zeit.

2 Maria, der Jungfraun Krone,
  gieng schwanger mit Gottes Sohne,
  geboren hat sie die Sonne,
  Jesum, Gotts Sohn gebenedeit.
    Gelobet muß sein ꝛc.

3 Wie wol war ihr zu Muthe,
  da sie in Fleisch und Blute
  ansah ihrs Herzen Hute,
  Jesum, Gotts Sohn gebenedeit.
    Gelobet muß sein ꝛc.

4 Jesus begunnt zu karmen,*)
er lag mit bloßen Armen;
er wollt sich unser erbarmen,
Jesus, Gotts Sohn gebenedeit.
   Gelobet muß sein ꝛc.

5 Demnach acht Tag verlitten,
da ward das Kindle beschnitten,
als nach der Juden Sitten,
Jesus, Gotts Sohn gebenedeit.
   Gelobet muß sein ꝛc.

6 Die Engel sungen schone
Gloria in dem Throne,
zu loben Gottes Sohne,
Jesum, Gotts Sohn gebenedeit.
   Gelobet muß sein ꝛc.

7 Also hat Jesus begunnen
zu suchen zu allen Stunden
sein Schäfle, die ihm entrunnen,
Jesus, Gotts Sohn gebenedeit.
   Gelobet muß sein ꝛc.

8 Gott Vater, Gott Sohn, Gott heiliger Geist,
wir bitten von dir allermeist,
ach schenk uns dein köstlichen Schweiß,
Jesum, Gotts Sohn gebenedeit.
   Gelobet muß sein ꝛc.

48. Jesus.

Jo=seph, Jo=seph, Jo=seph! wie heißt das Kin=de=lein, Jo=seph! Ge=wi=ckelt

in die Win=de=lein, mein her=zig=lieb=stes Kin=de=lein?   Meinhold=se=mein Schä=tze=

li=ges Trösterlein,   das e=del gülden Kindelein   Je=sus, Je=sus das
lein, mein Herzelein,   soll al=lezeit mein Eigen sein.

*) s. v. a. klagen, winseln.

ist sein Nam, heil-wär-tig er vom Him-mel kam.

2 Jesus, Jesus, Jesus,
so heißt das Kindelein, Jesus.
Mein Herz verlanget mit Begier,
o Jesu, süßer Nam, nach dir.
 Ich ruf dich an mit Innigkeit:
sperr auf mein Herze weit und breit,
erfüll mit Lieb und Süßigkeit,
verbind es dir in Ewigkeit.
:|: O Jesu mein Lieb! o Jesu, mein Lieb! :|:

3 Jesus, Jesus, Jesus,
so heißt das Kindelein, Jesus.
Und dieser Nam ist auserwählt,
er bringt das Heil der ganzen Welt,
 Verändert unser Traurigkeit
in Fried und Freud, in Sicherheit;
wer haben will sein Herze rein,
stell sich bei deinem Namen ein,
:|: o Jesu, mein Lieb! o Jesu, mein Lieb! :|:

4 Jesu, Jesu, Jesu!
ich ruf mein Kindelein Jesu.
Wann dich angreift Angst, Schmerz u. Pein,
ruf Jesum in das Herze dein,
 Und laß ihn ins Herzkämmerlein:
du wirst voll Freud und Jubel sein.
Ach drück ich dich nur tief hinein,
wie wol sollt meiner Seelen sein!
:|: o Jesu, mein Lieb! o Jesu, mein Lieb! :|:

5 Jesu, Jesu, Jesu!
was rufen kann das ruf Jesu!
Bei Jesu die Lieb flammt und brinnt,
den wahren Trost man bei ihm findt.
 Ein schöner Brunn, so stark mit Gnad,
wird springen biß an jüngsten Tag;
hie schöpf täglich wer schöpfen mag.
Den Gnadenbrunn uns nicht versag,
:|: o Jesu, mein Lieb! o Jesu, mein Lieb! :|:

49. Neujahr der Gnaden.
Weise nach: Puer natus in Bethlehem in hoc anno.

Ein Kind ist geborn zu Beth-lehem zu die-sem neuen Jahr, des freu-et sich Je-ru-sa-lem. Zu die-sem neu-en seid bereit: lo - bet des Kindleins Würdigkeit und seid in Herzen froh! Dem Kindelein sei Lob geseit hie in Ge-sang al-so.

2 Durch Gabriel, den Boten sein,
zu diesem neuen Jahr
empfieng die Magd das Kindelein.
   Zu diesem 2c.

3 In Blut und Fleisch ist es bekleidt
zu diesem neuen Jahr,
des Vaters Wort in Ewigkeit.
   Zu diesem 2c.

4 Erkannt hat Esel und das Rind
zu diesem neuen Jahr,
daß Gott der Herre war das Kind.
   Zu diesem 2c.

5 Hier liegt es in dem Krippelein
zu diesem neuen Jahr,
des Reich soll immr und ewig sein.
   Zu diesem 2c.

6 Die König von Saba kamen her
zu diesem neuen Jahr,
Gold, Myrrhen, Weihrauch brachtens dar.
   Zu diesem 2c.

7 Sie giengen in das Häuslein frei
zu diesem neuen Jahr,
den neuen Menschen grüßten sie.
   Zu diesem 2c.

8 Mit Stimm des Herzen wolgemuth
zu diesem neuen Jahr
beten sie an den König gut.
   Zu diesem 2c.

9 Eim Gott und auch Personen drei
zu diesem neuen Jahr
nun Dank und Ehr gesungen sei.
   Zu diesem 2c.

10 Gelobt sei Gott, die Dreifaltigkeit,
zu diesem neuen Jahr,
und sei ihm immer Lob gezeit!
   Zu diesem neuen seid bereit:
freut euch in dieser Gnadenzeit
in Herzenjubilo,
Und danket Gott in Ewigkeit
süß mit Gesange froh!

50. Neujahr an der Krippe.

Im Ton: Puer natus in Bethlehem in hoc anno.

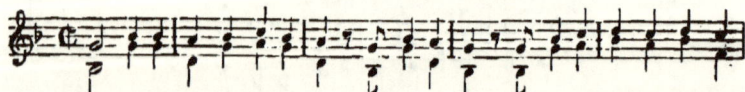

Ein Kind ge=born zu Bethle=hem in die=sem Jahr, des freu=et sich Je = ru = sa =
lem. In*) diesem Jahr, ich sag fürwahr, ist uns ge=born ein Kindlein klar, in

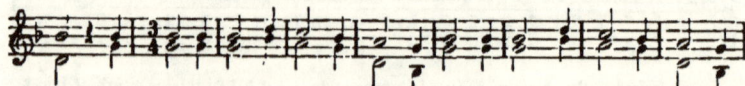

*) Von hier an wird bis zum Schluße schneller gesungen.

diesem neu=en Jahr. Mit frohem Schall Gott lo=bet all, das Kin=de=lein an=be=tet

all in diesem neu=en Jahr.

2 Wär uns das Kindlein nicht geborn
in diesem Jahr,
so wärn wir allzumal verlorn.
In diesem Jahr ꝛc.

3 Dieweil es nun geboren ist
in diesem Jahr,
so lobn wir das Kindlein Jesum Christ.
In diesem Jahr ꝛc.

VI. Erscheinung Christi.

---

51. Der Weisen Pilgerfahrt.

Drei Kö=nig führt die gött=lich Hand mit ei=nem Stern aus Morgen=land Zum Christ=kind durch Je=ru=sa=lem in ei=nen Stall bei Beth=le=hem. Gott führ uns auch zu die=sem Kind und mach aus uns sein Hof=ge=sind.

2 Der Stern war groß und wunderschön,
im Stern ein Kind mit einer Kron,
Ein gülden Kreuz sein Scepter war,
und alles wie die Sonne klar.
O Gott, erleucht vom Himmel fern
die ganze Welt mit diesem Stern.

3 Aus Morgenland in aller Eil
kaum dreizehn Tag viel hundert Meil,
Berg auf, Berg ab, durch Reif und Schnee
Gott suchten sie, durch Meer und See.
Zu dir, o Gott, kein Pilgerfahrt
noch Weg noch Steg laß werden hart.

4 Herodes nicht ein halbe Stund
in seinem Hof sie halten kunnt,
Jerusalem sie laßen stehn
und eilends fort zur Krippen gehn.
Gott laß uns auch nicht halten ab
vom guten Weg biß zu dem Grab.

5 Sobald sie kamen zu dem Stall,
auf ihre Knie sie fielen all;
Die Schätz heraus und Kisten auf,
Gold, Weihrauch, Myrrhn mit ganzem Hauf.
O Gott, nimm auch von uns für gut
Herz, Leib und Seel, Gut, Ehr und Blut.

6 Mit Weihrauch und gebognem Knie
erkannten sie die Gottheit hie,
Mit Myrrhen seine Menschheit bloß,
mit rothem Gold ein König groß.
Gott halt uns auch bei diesem Sinn,
kein Ketzerei laß schleichen ein.

7 Maria hieß sie willkomm sein,
legt ihn ihr Kind ins Herz hinein;
Das trugen sie im Herzen mit,
kein ander Schätz begehrtens nit.
O Gott, von deinem höchsten Thron
uns auch ins Herz leg deinen Sohn.

8 Mit solchem Zehrgeld wol versehn
zum Vaterland sie fröhlich gehn,
Ihr Zehrung das süß Kindlein war,
ihr frei Geleit der Engel Schaar.
Gott geb uns auch am letzten Zug
die Zehrung und Beschützung gnug.

52. Huldigung und Verfolgung.

Im Ton: Maria wollte wandern.

Je = sus ist uns ge = bo = ren in ei = nem Häu = se = lein, Zum

Heil uns aus=er=ko = ren lag er im Krippe=lein.

2 :|: Drei König zu ihm kamen,
gar fern aus fremdem Land, :|:
:|: Gold, Weihrauch, Myrrhen nahmen,
das brachten sie zuhand. :|:

3 :|: Da wollt Herodes tödten
der reinen Jungfrau Sohn; :|:
:|: Maria war in Nöthen,
sie heimlich zog davon. :|:

4 :|: Tröst uns unser Gemüthe,
du liebes holdes Kind! :|:
:|: Nach deiner Gnad und Güte
vergib uns unser Sünd. :|:

4*

VII. Marien Reinigung

oder

Jesu Darstellung im Tempel.

53.

Weise: Maria gieng hinaus.

Ma = ri = a gieng geschwind mit ihrem lie=ben Kind, Sie gieng von Bethlehem zur Stadt Je = ru=salem Und trug zum Tempel ein das zar=te Je=su=lein.

2 Sie opfert diesen Schatz
nach Inhalt des Gesatz;
:|: Sie gab das Kindlein dar,
von Täublein auch ein Paar,
Und löset ab mit Geld
den Herren aller Welt. :|:

3 Hie ließ sich finden bald
Sanct Simeon der alt;
:|: Er nahm mit großer Lust
das Kind an seine Brust,
Davon sein Herz auffsprang
und er vor Freuden sung. :|:

4 Auch kam Sanct Hanna hin,
die fromme Prophetin;
:|: Aufthät sie ihren Mund
und macht das Kindlein kund;
Sie lobt das Kindlein sehr
und sagte wer es wär. :|:

5 O Kind, o Gottes Sohn,
wie froh ist Simeon!
:|: Wie froh Sanct Hanna ist,
daß du hinkommen bist!
Ach komm und mach also
von Herzen alle froh!

VIII. Fasnacht.

54.

(musical notation)

Wir wolln gen die=ser Fa = se=nacht wol frisch und fröh=lich blei = ben!
Ich hab an Got=tes Sohn ge=dacht, der will all Sünd ver=trei = ben.

In die = ser heil=gen Fa = sten so will er bei uns ra = sten: ach

lie=ben zarten Gottes=kind, emp=fa=het die=sen Ga = ste.

3 Laßt alle Freud der Welte sein,
denn Jesus ist all Freude.
Wol zu, ihr lieben Kinde mein,
lernet den Unterscheide,
    Was Freude er will geben
und dazu ewig Leben:
ach lieben auserwählten Kind,
dem sollt ihr euch ganz geben.

4 Wol her, wer fröhlich wolle sein
in Gott mit ganzer Minne,
Der kehre sich zum Himmel hin
und Muth und alle Sinne!
    Da führt Jesus den Reihen
in minniglichem Maien,
da ist es allzeit Fasenacht
mit Freuden mancherlei.

4 Wie möchten wir nun traurig sein,
so wir der Freuden warten?
Jesus muß unser Freude sein,
des wir längst alle harrten.
  In unsers Herzen Springen
so wollen wir ihm singen,
daß er durchs bitter Leiden sein
uns alle Gnade woll bringen.

5 Jesus ist alles Saitenspiel
und aller Orgel Töne,
Jesus der gibt uns Kurzweil viel,
er ist der wunderschöne,
  Der allzeit lieblich lachet,
der alle Freude machet;
sein Augenblick der ist so süß
daß's Herz in Freuden krachet.

IX. Marien Verkündigung

oder

Empfängnis Christi.

---

55. Es fleugt ein Vögelein leise.

Es fleugt ein Vö=ge=lein lei = se zu ei=ner Jungfrau fein In ei=nes Engels

Wei=se wol in ein Kläu=selein: „Grüß dich Gott, du mein auser=wähl = te

Maid! Dein Seel ist wol ge = zie = ret, ge=seg=net ist dein Leib."

2 „Gott hat dich wol begnadet,
  der HErr der ist mit dir;
  Gotts Kraft wird dich umfahen,
  des sollt du glauben mir.   [sterlein!
    Schleuß mir auf deines Herzen ein Fen=
  Jesus wird zu dir kommen,
  mit ihm wirst schwanger sein.

3 Der heilig Geist wird kommen,
  wird wirken durch sein Kraft,
  Denn Gott wird an sich nehmen
  Fleisch und Blut so gar.
    Warum doch? darum thut er aber das,
  daß er wollt wiederbringen
  Adams und Eva Fall."

4 Maria die sprach mit Züchten:
„„Was deutet dieser Gruß?
Mein Reinigkeit hab ich versprochen,
wiewol ich gebären muß; —
   Was deutet das, mein himmelischer Bot?
Mein Reinigkeit hab ich versprochen
dem allmächtigen Gott.

5 Nimm war, ich bin ein Dienerin
des höchsten HErren mein;
Mir gescheh nach deinen Worten,
du seliger Engel rein!"''
   Bald Maria ihrn Willn verhängen
           kunnt:
Jesus ward eingelaßen
wol zu derselbigen Stund.

6 Sie wohnten bei einander,
Jesus und auch die Maid,
Biß an den Weihnachtmorgen,
sie gebar ihn ohn alles Leid, —
   Wahr Gott und wahrer Mensch, HErr
           Jesus Christ.
Doch ist sie Jungfrau blieben,
bleibt immer und ewiglich.

7 Dem HErren Gott von Himmelreich
Lob, Ehr und Preis ich leist,
Gott Vater, Gott dem Sohn zugleich
und Gott dem heiligen Geist.
   Sein Herlichkeit, seine Barmherzigkeit,
Großmächtigkeit und Heiligkeit
sind ewig und ohn End.

56. Denk Jesu nach!

Es steht ein Lind in Himmelreich, da blühen al-le Ä - ste, — geh Je-su nach! — Da schreien al-le En-gel gleich, daß Je-sus sei der be - ste.

2 Es kam ein Bot von Himmel fein
herab auf diese Erde, —
   denk Jesu nach! —
Er gieng zu bschloßner Thüren ein
und grüßte die viel werthe.

3 „Gegrüßet seist du, Maria,
ein Kron ob allen Weiben! —
   denk Jesu nach! —
Du sollt ein Kind gebären, ja!
und sollt ein Magd doch bleiben."

4 „„Wie kann ich gebärn ein Kindelein
und sein ein Magd geheißen? —
Denk Jesu nach! —
Nie Manns begehrt das Herze mein,
das sollt du mich beweisen."""

5 „Das will ich dich beweisen wol,
du edle Gottes Minne: —
denk Jesu nach! —
Der heilig Geiste kommen soll,
der mag das wol vollbringen."

6 Gabriel kehret wieder hin
wol zu der Himmelpforten.
Denk Jesu nach!
„„Ich bin ein Dirn des HErren mein,
mir gscheh nach deinen Worten."""

7 Gabriel kam wieder hinein,
er sagt gar gute Märe,
denk Jesu nach! —
Daß Maria, die Jungfrau sein,
die Gottesmutter wäre.

8 Gabriel kam wieder herab
behüt sie vor allem Schmerzen. —
Denk Jesu nach! —
Maria, die viel reine Magd,
trug Gott in ihrem Herzen.

57. Der geistliche Jäger.

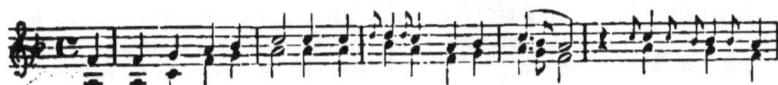

Es wollt gut Jä=ger ja=gen, er jagt vom Himmelsthron. Was begegnet ihm
auf der Hei = den? Ma=ri=a die Jungfrau schon.

2 Der Jäger den ich meine
der ist uns wol bekannt;
Er jagt mit einem Engel,
Gabriel ist er genannt.

3 Der Engel blies ein Hörnlein,
das lautet also wol:
Gegrüßt seist du, Maria,
du bist aller Gnaden voll.

4 Gegrüßt seist du, Maria,
du edle Jungfrau fein:
Dein Leib der soll gebären
ein kleines Kindelein.

5 Dein Leib der soll gebären
ein Kindlein ohn allen Mann,
Der Himmel und auch Erden
einsmals bezwingen kann.

6 Maria die viel reine
fiel nieder auf ihre Knie,
Denn sie bat Gott von Himmel,
sein Will geschehen sei:

7 Dein Will der soll geschehen
ohn alle Pein und Schmerz.
Da empfieng sie Jesum Christum
in ihr jungfräulich Herz.

58. Ave Maria gratia plena.

Ge=grü=ßet seist du, Ma = ri = a voll Gna = be, — — so grüßet die

Jungfrau der himmli=sche Bo = te, als sie im Ge = bet verschloßen saß.

2 Maria, du sollt ein Sohn empfangen, :|:
:|: darnach steht Himmel und Erden Ver=
langen,
daß du ein Mutter des HErrn sollt sein. :|:

3 O Engel, wie sollte das geschehen? :|.
:|: Mein Herz kann keinen Mann erkennen
in dieser weiten Welte breit. :|:

4 Der heilig Geist soll über dich kommen, :|:
:|: gleichwie der Thau fleußt über die
Blumen;
also muß Gott geboren sein. :|:

5 Maria sie hört all solches gerne, :|:
:|: sie sprach: Ich bin ein Dienstmagd des
HErren,
nach deinem Wort geschehe mir. :|:

6 Die Engel hoben und neigten sich alle :|:
:|: und sangen dem Sohne des Vaters mit
Schalle
in süßesten Weisen den Lobgesang. :|:

7 Lieblich sie sangen und klangen mit Freu=
den, :|:
:|: daß Gott erfreuet die Juden und Heiden,
wie er den Vätern versprochen hat. :|:

8 Die Engel flogen als höher und höher. :|:
:|: Seid uns willkommen, ihr himmlischen
Chöre,
daß ihr die Botschaft wol ausgericht. :|:

9 Maria hat nun den Heiland empfangen, :|:
:|: darnach steht Himmel und Erden Ver=
langen;
sie ist ein auserkorne Braut. :|:

10 Maria, du magst wol fröhlich wesen, :|:
:|: daß du allein bist auserlesen,
ein Mutter des Allerhöchsten zu sein. :|:

11 Marien Sohn wir anbeten und bitten, :|:
:|: daß wir auch kommen zun himmlischen
Hütten,
daß wir mit Maria erfreuet sein. :|:

12 Der HErr wird solches uns nicht ver=
sagen, :|:
:|: er wird anhörn unser Weinen und Klagen
und führen uns ins Himmelreich. :|:

13 Nun wollen wir preisen, danken und
loben :|:
:|: den HErrn im Himmel hoch daroben,
daß er uns so gnädig erlöset hat. :|:

X. Leiden des HErrn —

Fastenzeit.

---

59. Bitte durch das Kreuz und Leiden Christi.

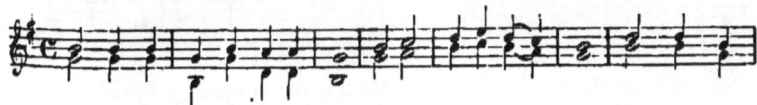

Ach hilf uns, o HErr Jesu Christ! Ky-ri = e e=lei = son! Hilf nun und

hilf zu al=ler Frist. Christe e = lei = son! Hilf nun und hilf zu al=ler

Frist. Ky-ri = e e=lei = son!*)

2 Durch deinen Blutschweiß steh uns bei,
in Ängsten unser Tröster sei.

3 O HErr, durch deine Backenstreich
uns deine Hand in Nöthen reich.

4 HErr, hilf durch deine Geiselung,
durch deine Kron und Kreuzigung.

5 Wir bitten durch dein Kreuz und Pein,
du wollest unser Schirmer sein.

6 Wir bitten durch dein theures Blut;
halt uns, o HErr, in guter Hut.

7 Ach hilf uns, HErr, aus aller Noth,
das bitten wir durch deinen Tod.

*) So „Kyrie eleison," „Christe eleison," Wiederholung der 2. Zeile und „Kyrie eleison!"
in jedem Gesätze.

---

60. „Von Christi Marter und Tod.“

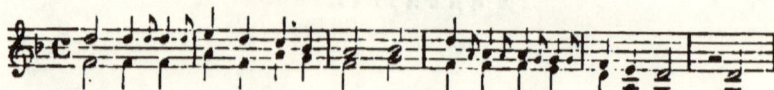

Da Gott der HErr zur Marter trat, wie schön er seinen Vater bat:

Vater liebster Vater mein, möcht ich der Martr übrhoben sein! Kyrie e =

lei = son!

2 Ach nein, du liebster Sohne mein,
der Marter kannst nicht überhaben sein,
Der Marter magst du nicht entbehrn,
die Welt wollt sonst des Teufels werdn.
　　Kyrie eleison!

3 Sie setzten ihm auf das Haupte sein
ein Kron, die war ein scharfe Pein;
Das Blut ihm über sein Augn abrann,
des weinten beid Frauen und Mann.
　　Kyrie eleison!

4 Sie bunden den HErrn wol an ein Säul,
sie schlugen ihm viel Wundn und Beul,
Daß herab rann sein heiligs Blut,
das sei für unser Sünde gut.
　　Kyrie eleison!

5 Sie schlugen den HErrn ans Kreuze
zu Nutz der Christenleute,
Zween Nägel durch die Hände sein,
ein Nagel thät sein Füßen Pein.
　　Kyrie eleison!

6 Sie stachen in seine Seite
ein Wunden groß und breite,
Ein Speer durchstach sein heiligs Herz,
da hatt ein End des HErren Schmerz.
　　Kyrie eleison!

7 Vom Kreuz nahmen sie den Leichnam bloß,
sie legten Marien in ihr Schoß,
Sie bundn ihn in ein weißes Tuch,
drin man den HErrn zu Grabe trug.
　　Kyrie eleison!

8 Man legt ihn in ein neues Grab,
darin niemand geleget ward;
Drin lag er biß an dritten Tag,
da stund er auf ohn alle Klag.
　　Kyrie eleison!

9 Also ist er erstanden
all sein Feinden zu Schanden.
Der helf uns durch sein Angst und Noth,
daß wir entgehn dem ewigen Tod.
　　Kyrie eleison!

61. O Mensch, gedenk allzeit daran!

Da Je = sus in den Gar = ten gieng und sich sein bit = ter Leiden an =

fieng, Da trau = ret al = les das da was, · Da trau=ret Laub und

grünes Gras.

2 Er hat also gestritten hart,
daß sein Schweiß wie Blutstropfen ward,
Vom Leib biß auf die Erden rann.
O Mensch, gedenk allzeit daran.

3 Darnach er viel gelitten hat
mit Streichen, Geiseln und mit Spott
Biß er ans Kreuz geschlagen starb
und uns den Himmel dadurch erwarb.

4 Es kamen die falschen Juden gegangn,
sie nahmen Jesum im Garten gefangn;
Sie haben ihn gegeiselt, getrönt,
sein heiliges Angesicht gar verhöhnt.

5 Sie führten ihn in des Richters Haus,
mit scharfen Streichen wieder heraus;
Sie hiengen ihn an ein Kreuze hoch:
Mariä Herz war betrübet hoch.

6 Maria die hört ein Hämmerlein klingn:
O weh, o weh meins lieben Kinds!
O weh, o weh meins Herzen Kron!
mein Sohn, mein Sohn will mich verlan!

7 Maria kam unters Kreuz gegangn,
sie sah ihr liebs Kind vor ihr hangn
An einem Kreuz, war ihr nicht lieb,
Maria Herz war sehr betrübt.

8 „Johannes, liebster Diener mein,
laß dir mein Mutter befohlen sein;
Nimms bei der Hand, führs weit hintan,
daß sie nicht seh mein Marter an.“

9 „„Ach HErr, das will ich gerne thun,
ich will sie trösten also schon,
Ich will sie trösten also wol,
wie ein Kind sein Mutter trösten soll.““

10 Er nahm sie bei der rechten Hand
und führte sie weit vom Kreuz hintan,
Vom selben Kreuz, war ihr nicht lieb,
Maria war ihr Herz betrübt.

11 „Nun bieg dich, Baum! nun bieg dich, Ast!
mein Kind hat weder Ruh noch Rast.
Nun bieg dich, Laub! nun bieg dich, Gras!
laßt euch zu Herzen gehen das!“*)

*) Statt dieses Gesatzes mag auch folgendes gesungen werden:
Da kam ein blinder Heid gegangn
er führt ein Speer an einer Stangn;

Er führts so stark in seiner Faust,
stach Christum gegen seim Herzen auf.

12 Die Feigenbäum die bogen sich,
bie harten Felsen zerkloben sich,
Die Sonn verlor ihrn klaren Schein,
die Vögelein ließen ihr Singen sein.

13 Lob, Ehr und Dank zu aller Stund
sagen wir Gott aus Herzengrund,
Daß er für uns gelitten hat
und wiederbracht seins Vaters Gnad.

---

62. Ein guter Trost.

Weise nach: Jesus ist ein süßer Nam.

Den liebsten HErren den ich han, der ward an die Säul ge=bun = ben. In=
5. — Da   3. — gar
                  4. — nach

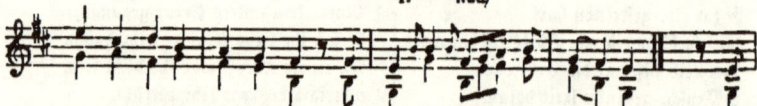

das der gab ihn in den Tod mit sei=ner fal = schen Zun = gen. Chor: Wir

sind er=löst: der HErr ist für uns todt, des han wir ei=nen gu=ten Trost.

2 Der HErr ward geführet für Gericht,
er ward gar sehr geschlagen
Von manchem falschen bösen Wicht,
das schwer Kreuz must er tragen.
Chor: Wir sind erlöst rc.

3 Das Kreuz ward aufgericht in die Luft
gar mit großem Schalle,
Sie steckens in ein steinig Kluft;
der HErr litt für uns alle.
Chor: Wir sind erlöst rc.

4 Der HErr so durstiglichen ward
nach den Sündern allen;
Er ward so bitterlich getränkt
mit Essig und mit Gallen.
Chor: Wir sind erlöst rc.

5 Da der HErr versucht das Trank,
er mocht sein nit getrinken:
Der Tod mit Kräften um ihn rang,
sein Haupt das begunnt ihm sinken.
Chor: Wir sind erlöst rc.

63. „Von dem geistlichen Maien."

1. — Der nun mai=en wol = le, der neh=me Christus war, Dem
2. Der Mai=en den ich mei = ne das ist der sü=ße Gott; Da

zeig ich ei=nen Mai = en, den die Minne ge = bar ge=bar, — —
er gieng auf Erd = rei=che, da litt er manchen Spott — Spott, — —

— — den die Minne ge = bar.
— da litt er man=chen Spott.

2 Der Maien den ich meine
das ist der süße Gott;
Da er gieng auf Erdreiche,
da litt er manchen Spott.

3 Nun gehn wir zu dem Kreuze
und nehmen des Maien war!
Er steht in minnender Blüthe,
den uns die Maid gebar.

4 Nun sehn wir ihn an dem Kreuze
stehn nackend unde bloß,
Mit Blute wol berunnen
das er durch uns vergoß!

5 Nun sehn wir ihm an die Hände!
die sind mit Nägeln durchbohrt:
Daraus ist uns geflossen
der himmlische Hort.

6 Nun sehn wir ihm an die Füße!
ein Nagel ward durchgeschlagn:
Wir sollen Gottes Leiden
in unserm Herzen tragn.

7 Nun sehn wir ihm an die Füße!
die sind von Wunden sehr:
Wir sollen Gottes Minne
vergessen nimmermehr.

8 Nun sehn wir an die Arme!
die hat er weit zerthan:
Er will den armen Sünder
zu seinen Gnaden lan.

9 Nun sehn wir ihm an sein Haupte!
das ist von Dornen wund;
An seinem reinen Leibe
blieb nimmer nichts gesund.

10 Nun sehn wir an die Seiten!
sein Herz ist ihm aufgethan:
Da solln die edlen Seelen
des Morgens maien gahn.

11 Wer durch Gottes Willen
des Morgens zu maien gaht,
Des Seele wird gespeiset
nach des heilgen Geistes Rath.

12 Nun sehen wir den Maien
uns allenthalben an!
So sehn wir nichts das ganz sei,
als jemand kann verstahn.

13 Nun sehn wir seinen edlen Leib!
der ist allenthalben wund,
Von Haupt biß auf die Solen
ist nimmer nichts gesund.

14 An des Kreuzes Ästen
da blühet rother Wein,
Den gibt man lieben Gästen,
die müßen lauter sein.

15 Als in dem Himmelreiche
da schenkt man süßen Wein,
Da solln die edlen Seelen
von Minne trunken sein.

16 Da schauet man den Vater,
den Sohn und heilgen Geist
In göttlicher Minne
mit Freuden allermeist.

17 Die Mägde gehen da zu Tisch.
die Engel singen schön,
Der heilig Geist schenkt da so frisch
der Minne süßen Lohn.

18 Wir sollen Christes Marter
mit Seufzen rufen an,
So werden wir geführet
wol mit der Engel Schaar

19 Als in das Himmelreiche,
da ist viel gute sein,
Da loben wir allzugleiche
den edlen Maien fein.

64. Ein alter Ruf von des HErrn Leiden.

Es sungen drei Engel ein süßen Ge=sang, daß in dem ho = hen
Him = mel klang.

2 Sie sungen, sie sungen alles so wol, :|:
den lieben Gott wir loben solln.

3 Wir heben an, wir loben Gott, :|:
wir rufen ihn an, es thut uns noth.

4 Er speis uns mit dem Himmelbrot, :|:
das Gott seinen zwölf Jüngern bot —

5 Wol über den Tisch da Jesus saß, :|:
da er mit ihn das Abendmahl aß.

6 Judas der stund gar nah dabei, :|:
er wollt des HErrn Verräther sein.

7 Er verrieth den HErrn biß in den Tod, :|:
dadurch der HErr das Leben verlor —

8 Wol an dem Kreuze da er stund, :|:
da er vergoß sein rosinfarbs Blut.

9 HErr Jesus Christ, wir suchen dich, :|:
am heiligen Kreuz da finden wir dich.

10 Da stund der HErr ganz nacket und bloß, :|:
daß ihm das Blut an der Seiten abfloß.
11 Die Seiten ward von Blut so roth, :|:
Marien Kind leidt große Noth.
12 Ach HErr, du Sohn der reinen Magd, :|:
all unser Noth sei dir geklagt.

13 All unser Noth und unser Pein :|:
das wandel uns die Marter dein.
14 Die wandel uns deines Vaters Zorn, :|:
daß unser Seeln nicht werden verlorn.
15 Gott bhüt uns für der Höllen Pein, :|:
daß wir armen Sünder nicht kommen darein.

65. „Mitleiden der Engel und Menschen."

Es weinten die En-gel ein-mü-thig-lich, die Him-mel traureten bit-terlich, Sie weinten, sie traureten al-so sehr, daß nie ge-se-hen noch er-hört.

2 Sie traureten um die Missethat
die Judas an Gott begangen hat,
Da er verkauft den Meister sein,
mit eim Kuß übergab der Juden Pein,

3 Der ihm sein Füß gewaschen hätt,
mit einem Schurz auch trocknen thät,
Und ihm gegeben den Leichnam sein,
zu reißen aus der Höllen Pein,

4 Sie weinten, sie traurten also sehr,
daß Gott von allen verlaßen wär,
Verleugnet von den Jüngern sein,
die ihm verhießen Trost allein,

5 Von ihm zu weichen nimmermehr,
wann schon der Tod zu leiden wär.
Sie seufzten, sie weinten also sehr,
da sie anschauten ihren HErrn,

6 Daß er mit Ketten gebunden hart
nach Jerusalem geführet ward
Und ihm verbunden die Augen sein,
so schöner als der Sonnenschein;

7 Wie sie ihm ausraußten seinen Bart,
verspeiten auch sein Antlitz zart;
Da sie ihn schlugen an seinen Hals,
vorbrachten auch viel Zeugnis falsch;

8 Und legten ihm an ein weißen Rock
vor allem Volk zu Hohn und Spott,
Auch ihn gebunden an ein Säul groß,
geschlagen ward sein Leichnam bloß —

9 Mit Ruthen, mit Geiseln überall,
verwundet war ohn alle Zahl.
Sie weinten, sie traurten also schon,
da sie auf sahen die dörne Kron,

10 So in das Haupt gedruckt sehr hart
des Königs aller König zart;
Da auch ausrann das Blut so roth
dem großen HERREN Zebaoth,

11 Daß es ihm über sein Augen rann;
ein Rohr für sein Scepter auch bekam;
Wie sie dann fielen auf ihr Füß
und gaben ihm nur falsche Küß.

12 Auch sie auflegten dem Rücken sein
ein Kreuz, so er muß tragen allein
Aus Jerusalem auf ein hohen Berg;
mit Essig und Gallen da ward er getränkt,

13 Mit Nägeln geheft, ans Kreuz gehenkt,
durchgraben wurden sein Füß und Händ,
Und aufgericht ans Kreuzes Stamm,
verspott war er von jedermann.

14 Vom ganzen Leib floß das heilige Blut,
zertreten ward von der Juden Rott.
Sie weinten, sie traureten inniglich,
da sie es ansahen mildiglich:

15 Wie ihm eröffnet die Seite sein,
mit eim Speer durchstochen das Herze sein.
Maria, sein Mutter, beim Kreuze stund,
vor großem Leid nicht reden kunnt.

10 Dem Johannes der HErr sie übergab,
da er redt von dem Kreuz herab
Die sieben Wort die er da sagt;
am heiligen Kreuz er unser gedacht.

17 Für uns arme Sünder sein Vater bat,
daß er uns sollt mittheilen sein Gnad.
Nach solchem der HErr sein Leben endt,
da traureten alle Element.

18 Hie weinten die Engelein in gemein,
die Sonn verlor auch ihren Schein,
Die Himmel und Erde erzitterten sehr
die harten Felsen zersprungen mehr.

19 Die Welt nahm eine Finsterniß ein:
sollten wir Menschen nit traurig sein?
Betrauren, beklagen unsern Gott,
der für uns gelitten hat den Tod?

20 Den Tod er nur erlitten hat
um unser aller Missethat,
Drum wollen wir auch dankbar sein,
all unsern Erlöser bitten allein.

21 HErr Jesu Christ, wir suchen dich
mit Maria, da finden wir dich,
Und rufen dich an, o HErr und Gott,
wollst uns behüten fürm ewigen Tod.

22 Uns frist wol vor der Höllen Pein,
daß unser Seeln nicht kommen drein,
Sondern nimm auf mit den Gnaden dein
uns zu dir in den Himmel nein.

---

66. Ein „Ruf vom heiligen Sacrament und den heiligen fünf Wunden unsers HErrn."

„Im Ton: Sei hochgelobt und benedeit."

Ge = lobt seist du, HErr Je=su Christ, du wah=rer Gottes Sohn, Der du vom

Him=mel kom=men bist, die Menschheit gnommen an.

2 Darin haſt wolln annehmen
  den herben bittern Tod,
  Damit wir Sünder kämen
  aus der ewigen Noth.

3 Du haſt für uns gelitten
  groß Marter, Schmach und Pein,
  Den böſen Feind beſtritten,
  der wider uns thät ſein.

4 Du haſt auch überwunden
  die Welt, Sünd und den Tod,
  Den Teufel auch gebunden,
  der uns betrogen hat.

5 Das Heil habn wir geſunden
  durchs heilige Leiden dein.
  Globt ſein dein heilige Wunden,
  die du haſt gnommen ein.

6 Globt ſei dein heilger Fronleichnam*) zart
  der ſolche thät empfindn,
  Als er für uns gemartert ward
  von wegen unſer Sündn.

7 Gelobt ſei auch dein heiligs Blut,
  liebſter HErr Jeſu Chriſt,
  Welchs aus dein heiligen Wunden gut
  reichlich gefloſſen iſt.

8 Jeſu Chriſt, unſer Heiland,
  durch die heiligen Wunden dein
  Wollſt du uns Sündern alleſamt
  gnädig und barmherzig ſein.

9 Verleih durch dein göttlich Genad,
  das heilige Leiden dein
  An uns und dein unſchuldiger Tod
  nimmermehr verloren ſein.

10 Den großen Schatz und den wir han
   am Sacramente dein,
   Den könn wir nicht genug verſtahn,
   weil wir im Leben ſein.

11 Drum bitten wir, HErr Jeſu Chriſt,
   gib daß wir gar verachtn
   Alles was hie zergänglich iſt,
   dein Wolthat groß betrachtn.

12 Verleih uns in dieſem Jammerthal
   dein Leiden zu ehren ſchon,
   Daß wir in all unſer Trübſal
   ein ſondern Troſt dran han.

13 O HErr, thu uns einſchließen
   in die Wunden Jeſu Chriſt,
   Laß uns der Kraft genießen
   die daraus entſprungen iſt.

14 Gelobt ſeiſt du, HErr Jeſu Chriſt,
   und das heilige Leiden dein.
   Wenn unſers Lebens End da iſt,
   wollſt uns genädig ſein.

15 Dann wollſt dich zu uns nahen
   im heiligen Sacrament,
   Und unſere Seeln empfahen
   gnädig in deine Händ.

16 Daß wir dein heilige Wunden
   dort in des Himmels Thron,
   Weil wir Gnad durch ſie funden,
   ewiglich loben thun.

---

*) froner Leichnam == hochheiliger Leib.

67. „Ein alter andächtiger Ruf von der Krönung, Kreuzigung und Begräbnis Christi."

Hättn wir so wahr Gotts Hul=de, als uns Chri=stus ver=meint,   Da er

mit großer Ge=dul=de unſer Sünd hat ab = ge = leint!

2 Gar ſehr hat er geſtritten,
damit er uns verſöhnt;
Groß Marter hat er gelitten,
daß er uns Gnad verdient.

3 Schmerzlich ward er gegeiſelt
der HErre auserkorn,
Ein Kron ward ihm bereitet
von Nägeln und auch von Dorn.

4 Sie ſetzten ihms auf ſein Haupte,
wol auf ſein Haupt hinan,
Daß ihm ſein heiligs Blute
über beide Augen abrann.

5 Sie ſchlugen den HErrn ans Kreuze
zwiſchen zwei Schächern an;
Der zu der rechten Seiten
ruft Gott den HErren an.

6 Der zu der rechten Seiten
bat Gott gar fleißiglich:
Gedenk mein, du lieber HErre,
wenn dkommſt in deins Baters Reich.

7 Der HErr der redet gar ſchöne
und redet alſo mit Fleiß:
Heut wirſt du bei mir wohnen
im luſtigen Paradeis.

8 Der auf der linken Seiten
trieb aus dem HErrn ſein Spott:
Mach mich und dich heilwärtig,
ſo glaub ich daß du ſeiſt Gott.

9 Der zu der linken Seiten
wol zu dem HErren ſprach:
Biſt du des wahren Gotts Sohne,
ſo ſteig vom Kreuz herab.

10 Der HErr der redet mit Liebe
wol von dem Kreuz herab:
Alls was von mir iſt geſchrieben
muß völlig werden verbracht.

11 Den HErrn den dürſtet ſehre
wol nach der Menſchheit bloß,
Wol nach den armen Seelen
die in der Vorhöll*) warn.

12 Da reicht man ihm zu trinken
ſo gar ein bitters Trank
Von Eſſig und von Gallen,
ſein Herz das war ihm krank.

13 Drauf neiget er ſein Haupte
wol an des Kreuzes Stamm,
Sein Geiſt hat er aufgeben
in ſeines Baters Hand.

14 Da kam eiur außn Soldaten,
den HErrn todt er anſah,
Mit ſeinem ſcharfen Speere
Chriſto ſein Seite durchſtach.

15 Sie nahmen den HErrn vom Kreuze,
wol von dem Kreuz herab,
Sie legten der Jungfrau Maria
gar traurig auf ihr Schoß.

*) ſ. zu Nr. 74.

16 Sie nahmen ihn von Maria
　legtn ihn in ein weißes Tuch,
　Darinnen man Gott den HErren
　wol zu dem Grabe trug.

17 Man trug ihn in ein Garten
　legt ihn in ein neues Grab,
　Darin ist er gelegen
　biß an den dritten Tag.

18 Darnach ist er erstanden
　wol an dem dritten Tag —
　All diesen Juden zu Schanden,
　ist ihnen ein große Schmach.

19 Dank sei dir, lieber HErre,
　wol für dein Marter und Tod.
　Hilf daß wir uns bekehren,
　so gnießen wirs hie und dort.

---

68. Die „Liebeszeichen Christi.‟
Sach. 13, 6.
„Im Ton: O Christe Morgensterne.‟

HErr, was sind das für Wun = den in dei=nen Händen zart? „Das ha=ben eu=re Sün=den gemacht, daß ich so hart und sehr ge = schlagen ward.‟

2 Dacht ich doch, HErr, wir wären
　als deine lieben Leut,
　Die dich stäts thäten ehren
　und dir zu keiner Zeit
　zufügten einig Leid.

3 „Ich kann nicht anders sagen:
　im Haus der Lieben mein
　Bin ich also geschlagen;
　seht an die Striemen mein
　ob sie nicht von euch sein.‟

4 Ach das ist zu beweinen,
　süßer HErr Jesu Christ,
　Daß du so von den Deinen,
　die du liebst jeder Frist,
　verwundt und gschlagen bist.

5 „Ja mir habt ihr Arbeite
　und große Müh gemacht;
　Für eure Sünd ich leide,
　daß der nicht werd gedacht.
　Solchs nehmt in gute Acht.‟

6 Lob sei dir, HErr, gesungen
　für alle Schmerzen dein,
　Daß dich dein Lieb gezwungen
　für uns in solche Pein.
　Ehr sei dem Namen dein.

---

69. Ich will mit ihm.

Ich will mit ihm — ich will mit ihm von die=ser Welt mich kehren: Nach Jesu, mein

al = ler = liebsten Lieb, nach ihm ist mein Begeh = ren.

2. wur = den
6. un = ter

2 Ich sah den HErrn von Nazareth
auf einem Esel reiten,
Die Kleider wurden ihm unter gebreit,
dazu die grünen Reiser.

3 Ach, edler HErr von Nazareth,
nimm mich in deine Hute.
Du hast mich also theur erkauft
mit deinem heiligen Blute,

4 Ach, edler HErr von Nazareth,
nimm mich in deine Gnade,
Laß nach was ich gesündiget,
vergib mein Missethaten.

5 Ich sah Jesum am Kreuze stahn,
mein allerliebsten HErren;
Ach! daß ich ihm nicht helfen kann,
das kränkt mein Herz so sehre.

6 Ich sah Jesum am Kreuze stehn;
solls da noch lange dauren,
So will ich unter das Kreuze gehn.
und helfen Marien trauren.

70. Jesu, du bist mild und gut.

1. Je = su, du bist mild und gut:　wir bitten dich, HErr, durch dein
2. Je = sus der litt gro = ße Noth,　wol an dem Kreuz den
3. Was setz=tens ihm auf das Haup = te sein?　ein Kron die war scharf von
4. Sie setz=ten das Kreuz in ei = nen Stein　mit Chri=sto dem HErrn, dem
5. Hilf, Chri = ste, Sohn der rei = nen Maid,　er = barm dich ü=ber die
6. Und führ uns in das Him = mel=reich,　dar = in sind wir im=mer und

1. ro = fin farbes Blut, wol durch dein heilgen fünf Wun = den, auf daß wir Chri = ften
2. bit = tern Tod fo gar ohn al = le Schul = den. Wir ru=fen ihn durch fein
3. Dör = nen. Ge = gei = felt und ge = fchla = gen, ein fchwe=res Kreuz be=
4. Schöpfer rein. Ein Kriegsknecht ftach ihn al = fo fehr wol an dem Kreuz mit
5. Chri = ften=heit, ver=föhn uns deins Va=ters Zo = ren. An un=ferm En = de
6. e = wig=lich bei dir, dem Vater und heiligen Geift, wol bei der höchften Drei=

1. all = = zugleich in eim rech = ten Glauben werd er = fun = den.
2. Mar = = ter an, daß wir er = werben fein Hul = de.
3. rei = = tet war, das muft er fel = ber tra = gen.
4. fei=nem fchar=fen Speer, Ma = ri = a wei = net al=fo fehr.
5. wohn uns bei, daß wir nicht wer=ben ver = lo = ren.
6. fal = = tig=keit find wir immer und e = wig fchön be = hal = ten.

71. „Ein alter Ruf von Christi Marter und von der Zerstörung Jerusalems."

Nach der Weise: Da Gott die Welt erschaffen wollt.

Je = fus der gieng ein har = ten Gang — o reicher Gott! — zu fei = ner Marter,

die währt lang. O reicher Gott, hilf uns aus Noth!

2 Zu feiner Marter, der war viel, —
o reicher Gott! —
fie hat gewährt ein langes Ziel.
O reicher Gott,
hilf uns aus Noth!*)

3 Die Juden trieben ein großen Gwalt,
fie marterten den HErrn auf mancherlei
Gftalt.

4 Sie bunden ihm feine Hände,
fie fchlugen fein heilige Lenden.

*) Die 2., 4. u. 5. Zeile werden bei jedem Verfe wiederholt.

5 Sie führten ihn auf, sie führten ihn ab,
sein Marter währet die ganze Nacht.

6 Sie führten ihn hin, sie führten ihn her,
sie marterten den HErrn je länger je mehr.

7 Sie rauften ihm aus sein heiligen Bart
sein Angsicht ihm verspeiet ward.

8 Sie zogen ihm ab all sein Gewand,
der alles bekleidt stund bloß zuhand.

9 Sie bunden ihn an ein Säul gar hart,
der liebe HErr sehr gegeißelt ward.

10 Sie schlugen ihn also grausam
daß ihm sein Blut übern Leib abrann.

11 Sie führten ihn von der Säul herwiedr,
sie setzten den schwachen HErren niedr.

12 Was setzten sie auf sein Haupt so fron?
von scharfen Dornen ein spitzige Kron.

13 Sein Haupt war ihm umfangen
mit scharfen Dorn gar langen.

14 Pilatus bracht ihn auf den Plan:
Nun seht wie wir ihn gepeiniget han.

15 Wir haben ihn krönt, wir habn ihn gschlagn,
daran sollt ihr ein Gnügen habn.

16 Sie brachten viel falscher Zeugnis dar,
und der[en] war doch keines wahr.

17 Sie schrieen all mit lauter Stimm,
sie schrieen: Kreuzige, kreuzige ihn!

18 Er sprach: Ich sind an ihm kein Schuld.
Sie schrien: Du verlierst des Kaisers Huld.

19 Sie führten den lieben HErren aus,
durch weite Gaßn zum Stadtthor hinaus.

20 Ein schweres Kreuz das mußt er tragn,
dazu ward er gar hart geschlagn.

21 Das Kreuz war ihm gar harte,
die Juden warn sein Gesährten.

22 Der HErr der war des Bluts so leer,
das Kreuz war ihm gar zu viel schwer.

23 Was fand er bei dem Wege stahn?
Sein liebste Mutter, die schaut er an.

24 Sein Mutter weinet sehre
und andere Frauen noch mehre. –

25 Ihr Töchter von Jerusalem,
eur Weinen soll über mich nicht gehn.

26 Nun weint über euch und eure Kind,
über alle die zu Jerusalem sind.

27 Fürwahr es wird noch kommen die Zeit,
daß kein Stein auf dem andern bleibt.

28 Es gschah nach zwei und vierzig Jahr,
der Heiden kam eine große Schaar.

29 Da ward groß Klag, groß Jammer und Noth,
es starben ihr viel aus Hungersnoth.

30 Die Mütter aßn ihr eigne Kind,
gar viel durch dPest verdorben sind.

31 Biel tausend Juden wurdn umgebracht,
um dreißig Juden ein Pfenning man gab.

32 Des HErrn Tod ward gerochen,
Jerusalem ward zerbrochen.

33 O HErr, durch deine Marter groß,
von solchen Plagen uns erlös.

34 Erlös uns von dem ewigen Tod,
so loben wir dich, du großer Gott.

72. „Die Marterwoche."

„(Ein alter Ruf."*)

„Im Ton: Es war einmal ein reicher Mann."

In Gottes Namen heben wir an,	in Gottes Namen heben wir an zu

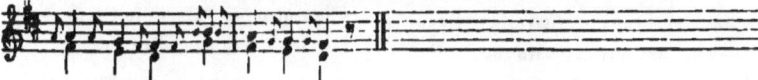

singen was Christus hat gethan —

2 In der heiligen Antlaßwochn,**) :|:
da er des Teufels Gwalt zerbrochn.

3 An einem Sonntag morgens früh :|:
da redet der HErr seinen Jüngern zu:

4 „Wollts auf! wir wolln gen Jerusalem
gehn, :|:
des Menschen Sohn wird an der Marter stehn.

5 Er wird verrathen, er wird verkauft, :|:
die Juden werden ihn tödten auch."

6 Sie huben sich auf wol aufs gefährt, : :
sie giengen über den Öleberg.

7 Und da der HErr Jerusalem ansah, :|:
alsbald er trauriglichen sprach:

8 „O wißet ihr was ich jetzt weiß, :|:
mit mir weint ihr auch also heiß."

9 Der HErr der thät weinen gar sehr, :|:
er sprach zu seinen Jüngern zween:

10 „Geht ihr in den nächsten Flecken hinfür, :|:
ihr findt ein Eselin und Füll bei ihr.

11 Und löst sie auf und bringt mirs her." :|:
Die Jünger thäten nach seinem Begehr.

12 „Werdn sie euch darum reden an, :|:
so sprecht, der HErr wills also han.

13 Alsbald läßt mans euch gehn zuhand." :|:
Drauf legten die Jünger ihr Gewand.

14 Der HErr saß auf und thät nicht beitn, :|:
er wollt bald gen Jerusalem reitn.

15 Der HErr reit wie ein König ein, :|:
das sahn die Judn und ihr Kinderlein.

16 Sie erboten ihm groß Lob und Ehr, :|:
hinfüro thäten sies nimmermehr.

17 Und da der HErr in Tempel kam, :|:
da wurden ihm die Juden gram.

18 Er nahm ein Geisel in die Hand, :|:
er schlug sie aus gleich wie die Hund.

19 „Mein Haus wird genennet ein Bethaus, :|:
ihr macht ein Mördergruben draus."

20 Die Juden die brachten ein Weib daher, :|:
die hätt verbrochn ihr weiblich Ehr.

21 Der HErr gab ihn viel weiser Lehr, :|:
er schrieb wol nieder auf die Erd.

22 „Wer unter euch ist von Sünden rein, : :
der werf auf sie den ersten Stein."

23 Es schaut ein Jud den andern an, :|:
sie sahen ihr Sünd geschrieben stahn.

---

*) Will man dieses Lied abkürzen, so mag man Str. 1—6. 15. 16. (28—34.) 35 ff. singen.

**) Antlaß == Entlastung von einer Verbindlichkeit, daher Ablaß oder Lossprechung von den Sünden. Da in den alten Zeit am Gründonnerstag der Bischof den öffentlichen Büßern, welche zu Anfang der Fastenzeit aus der Kirche entfernt worden waren, die öffentliche feierliche Absolution spendete, so wurde dieser Tag selbst Antlaßtag genannt, die folgende Nacht Antlaßnacht, ja die ganze heilige Woche Antlaßwoche.

24 Da gieng einr nach dem andern hinaus, :|:
der HErr blieb allein in Gottes Haus.

25 „O Weib, wer hat dich nun verdammt?" :|:
O HErr, sprach sie, ich weiß niemand.

26 „So will ich auch nicht verdammen dich. :|:
Geh hin und sündig fort mehr nicht."

27 Da blieb der HErr denselben Tag, :|:
daß ihm niemand kein Speise gab.

28 Am Montag war der HErr ein Arzte gut, :|:
und der uns alle begnaden thut.

29 Er macht der Kranken viel gesund, :|:
das thät er mit seim heiligen Mund.

30 Er macht der Lahmen viele gehnd, :|:
er macht die Blinden wieder sehnd.

31 Er macht zehn Aussätzigen rein, :|:
ward ihm des dankbar nur der ein.

32 Am Erichtag*) war der HErr ein Prophet, :|:
der so viel Wunderwerke thät.

33 Er sprach er wollt den Tempel zerbrechn; :|:
die Juden die wollten sich an ihm rächn.

34 Am dritten Tag wollt er ihn wieder auf-
baun; :|:
die Juden wollten ihm nimmer traun.

35 Am Mittwoch ward der HErr verkauft, :|:
der Judas zu den Juden lauft.

36 „Wollt ihr ihn habn, ich will ihn euch
gebn, :|:
und den ich küß denselben merkt ebn."

37 Und da Judas wiederum heim kam, :|:
von Maria ward er schön empfangn.

38 „Was sagten die Juden von meinem Kind :|:
und alle die zu Jerusalem sind?"

39 Da sagt er Maria viel guter Mär, :|:
wie sie ihrs Kinds wol sicher wär.

40 Er hätt das Geld im Beutel sein, :|:
der HErr der wust sein schwere Pein.

41 Am Pfinztag**) war der HErr des Lebens
Brot, :|:
das ist uns armen Sündern noth.

42 Damit speist er sein Jünger gut, :|:
mit seinem Fleisch und mit seim Blut.

43 Am Freitag ward der HErr ein Lämmlein
gut, :|:
das man zur Marter liefern thut.

44 Am Kreuz ist der HErr für uns gestorbn, :|:
wir wärn sonst allesamt verdorbn.

45 Sie legten den HErren in ein Grab, :|:
drin lag er biß an dritten Tag.

46 Am Samstag war er das Weizenkorn, :|:
er ist uns wieder fruchtbar wordn.

47 Am Sonntag ward der HErr ein starker
Löw, :|:
er stirbt hinfüran nimmermehr.

48 Der HErr der thät gen Himmel auffahrn, :|:
er thät stillen seins Vaters Zorn.

49 Er wird uns wiederum künftig werdn, :|:
er wird richten die Menschen auf Erdn.

50 Die Engel werdn blasen mit heller Stimm, :|:
wirds mancher Sünder hören mit Grimm.

51 Der HErr wird selber kommen her :|:
mit samt seinem himmlischen Heer.

52 Sein liebe Mutter wird kommen dar :|:
wol mit der englischen Schaar.

53 Sanct Peter wird auch kommen bald :|:
mit samt den andern Aposteln all.

54 Die Todten werden auferstehn :|:
und werden alle fürher gehn.

55 Da müßen wir allsamt Rechnung gebn, :|:
wie wir verzehrt habn unser Lebn.

56 Die Frommen werden zur Rechten stehn, :|:
die Bösen zu der Linken gehn.

57 Das Gricht das wird nicht länger beitn: :|:
Gott helf uns all zu der rechten Seitn.

*) Dienstag. **) Donnerstag.

71. Jesus im Garten.

Im Ton: Sorge du must beiseiten stehn.

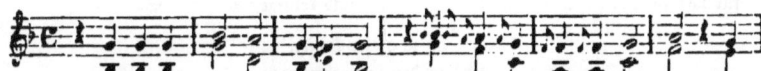

*) Inniglich wolln wir heben an, mit Lo = be wolln wir sin = gen, Wie

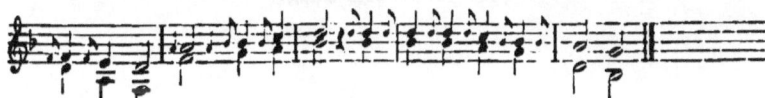

Christ der HErr zur A = bend = zeit sein Lei = den wollt be = gin = nen.

2 Da Jesus in den Garten gieng,
hub an des Leidens Hitze.
Wie inniglich er den Vater bat!
begann Wasser und Blut zu schwitzen.

3 „Ach Vater, sieh an deins Kindes Noth,
soll ich den Kelch denn trinken?
Dein liebster Wille müße geschehn!"
Die Natur begunnte zu kränken.**)

4 Des HErren Geist und sein Natur
begunnten da zu streiten
Wol innen in seines Herzen Grund,
daß er den Tod wollt leiden.

5 Sie rungen hart und ernstlich sehr
in heißen Todesqualen,
Also daß auf sein Brust der HErr
zur Erden ist gefallen.

6 Michael der Engel schön
der sprach ihm zu mit Sinne:
„O HErr, von Muth sei unverzagt,
den Tod sollt du verwinnen;***)

7 Du sollt zerbrechen Adams Band,
die Menschen sollt du erlösen
Wol von der höllischen Feinde Hand,
all Sünder sollt du trösten."

8 Der HErr von seim Gebet aufstund,
mit Blut war er beronnen,
Dahin zu seinen Jüngern gieng;
der Schlaf hatt sie verwonnen.

9 „O Petrus, magst du schlafen nun?
Du hattest dich oft vermeßen
Mit mir wol in den Tod zu gehn:
hast du das schon vergeßen?"

10 Der HErr stund tief bedrückt von Muth,
er begunnte sehr zu beben.
Ein große Schaar gewappnet kam
Mit Fackeln und Laternen.

11 Judas aus der Schaare trat,
er ist zu ihm gegangen,
Mit Küssen also freundlich hat
den HErren er umfangen.

12 „O Judas, allerliebster Freund,
wozu bist du gekommen?
Also verräthlich mit einem Kuß
überlieferst des Menschen Sohne?"

13 Die Juden schlugen ihr Hände an ihn,
die Juden all gemeine;
Sein Jünger die flohen all von ihm,
sie ließen den HErrn alleine.

---

*) Die 1. Note bleibt im 6. und 11. Gesatze weg.
**) schwach zu werden.
***) überwinden.

14 O Mensch, nun schau inwendig an,
wie aller Welte Leben
Gefunden ward elendiglich
für uns in Tod gegeben.

15 O Jesus, allersüßster HErr,
nun drück mich in dein Wunden,
Daß mich müß waschen dein heißes Blut
und reinigen mich von Sünden.

16 Daß ich in dieser kurzen Zeit
mit Freuden mög gewinnen
Das übersüß ewige Gut,
das geht übr alles Sinnen.

---

74. „Vom Osterlamm, so Christus der HErr gegeßen vor seiner heiligen Passion."

Nach der Weise: In einer großen Dunkelheit.

Nun wollen wir a = ber he = ben an, wolln singen von dem heili=gen O = ster=
lamm, das unser Sünd thu tra=gen Hin=an wol an des Kreu = zes Stamm, und
das war hoch zu klagen.

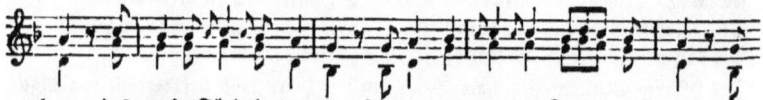

2 Dies Lamm das lud uns allzumal
zu einem köstlichen Ostermahl;
es ist selber die Speise,
Davon wir leben ewiglich,
darum sei Gott gepreiset.

3 Wol an dem heiligen Antlaßtag*)
Jesus die Speis sein Jüngern gab
mit seinen heiligen Händen.
Gott speist uns mit dem Himmelbrot
jetzt und an unserm Ende.

4 Das Lämmlein schreit mit ganzer Begier:
Komnt ihr doch allesammt zu mir,
die ihr jetzt seid beladen
Mit Sünd, Jammer und Elend groß,
ich will euch treulich laben.

5 Dies Lämmlein hieng ans Kreuzes Stamm,
in heißer Lieb es gar entbrann,
es dürst nach unsern Seelen
Und nach der lieben Altväter all,
die warn in der Vorhöllen.**)

*) s. zu Nr. 72.

**) Eine Abtheilung der Hölle, des Hades oder des Scheol — der Ort der Ruhe, das Paradis der entschlafenen Heiligen des alten Bundes, wo dieselben der Heimsuchung des verheißenen Heilands und ihrer Ausführung in das himmlische Parabis entgegenharrten.

6 Dies Lämmlein ist das Opfer gut,
und das vergoß doch all sein Blut
von wegen unser Sünden;
Versöhnt hat es seins Vaters Zorn,
das thun wir wol empfinden.

7 O Mensch, drum schau zu aller Frist
daß du auch nicht geschieden bist
wol von des Lämmleins Gnaden;
Sonst wirst du an der Seelen dein
leiden gar großen Schaden.

8 O Sünder, nun heb dich auf zur Stund,
durch Buß und Beicht aus Herzengrund
zu Gott thu dich bekehren:
So wird dich zu dem ewigen Lebn
das Lämmlein den Weg wol lehren.

9 Amen! Amen! das werde wahr!
Gelobt sei Jesus, das Lämmlein zart,
das für uns ist gegeben.
Gott geb uns Fried und sein Genad
und dort das ewig Leben.

75. Das Osterlamm Christus, für uns geopfert.
Ein Ruf.

Nun wollt ihr hörn ein süß Ge-sang, wir sin-gen von dem hei-li-gen O-ster-lamm, das ha-ben wir uns verme-ßen, Wie Gott mit sei-nen Jün-gern samt sein A-bendmahl wollt e-ßen.

2 Der HErr zu einem Tische saß,
da er mit seinen Jüngern aß
die österliche Speise.
„Ihr eßt mein Fleisch und auch mein Blut,
wiewol verborgner Weise."

3 Der HErr und der war mild und süß,
er wusch sein lieben Jüngern die Füß,
sie saßen auf den Bänken.
„O Jünger, ihr liebsten Jünger mein,
dabei sollts mein gedenken."

4 Judas der hatt ein falschen Sinn,
er hub sich auf und gieng dahin,
zun Juden thät er springen.
„Wollts auf, ihr Juden, all mit mir!
wir wollen den HErrn wol finden."

5 Die Juden fuhren zu behend,
sie kamen Judas nachgerennt
auf alle Weg und Straßen.
Wo ist denn nun der heilig Mann?
Judas hat ihn verrathen.

6 Der heilig Mann der ist nicht fern,
  er knieet dort an dem Ölberg,
  da schwitzt er blutigen Schweiße
  Wol für die ganze Christenheit
  und für uns arme Waislein.

7 Da Jesus in den Garten gieng
  und sich sein Marter anefieng,
  da entschliefen all sein Jünger.
  Judas, der ihn verrathen hätt,
  der thät sich balde finden.

8 Jesus zu seinen Jüngern sprach:
  „Nun bet und wacht mit mir diese Nacht,
  daß ihr in Versuchung nicht kommet.
  Der Geist ist willig, das Fleisch ist schwach.“
  redt Gott zur selben Stunde.

9 Die Juden den HErrn gefangen hättn,
  mit großer Marter kreuzigen thätn,
  ihm bluten all sein Wunden.
  Da weinet Maria, die reine Magd,
  vor Leid wär sie schier versunken.

10 Der HErr vom Kreuz genommen ward,
   sie legten ihn in ein steines Grab
   mit Weinen und mit Klagen.
   Der HErr wieder auferstanden ist
   wol an dem Ostertage.

11 Da Magdalena in Garten gieng,
   den HErren sie mit Lieb umfieng,
   wollt salben seine Wunden.
   „Ich fahr,“ sprach er, „zum Vater auf.“
   Da hat sie groß Freud gefunden.

12 Also hat dieser Ruf ein End.
   Gott bhüt uns vor dem jähen End
   und vor der Höllen Glute.
   Jesus durch seine Marter groß
   halt uns in seiner Hute.

76. „Vom heiligen Kreuze.“

O hoch = hei = li = ges Kreu = ze, dar = an mein HErr ge = han = gen, gar

kläg = lich aus = ge = span = nen, ganz kläg = lich aus = ge = span = nen!

2 Allda mit Nägln und Spießen
  sein Gliedmaßen zerbrochen,
  :|: Händ, Füß und Seiten durchstochen. :|:

3 Wer kann dich doch gnug loben?
  weil alls in dir beschloßen,
  :|: was guts vom Himmel gefloßen. :|:

4 Du bist die grade Leiter,
  daran man steigt fein eben
  :|: zum unsterblichen Leben. :|:

5 Du bist die starke Brucken,
  darüber alle Frommen
  :|: wol durch den Strudel kommen. :|:

6 Du bist das sichre Schifflein,
   darin man wol verwahret
   :|: zum Port des Himmels fahret. :|:

7 Du bist der Pilgerstabe,
   daran sich Jung und Alten
   :|: vor dem Fall thun erhalten. :|:

8 Du bist das schmale Bettlein,
   drauf mein Gespons sein Leben
   :|: aus lauter Lieb aufgeben. :|:

9 Du bist der Regenbogen,
   den ihm der Vatr erkoren
   :|: zu stillen seinen Zoren. :|:

10 Du bist des Himmels Schlüßel,
   das Leben thust aufschließen,
   :|: dem Tod den Riegel fürschießen. :|:

11 Du bist der Helm und Schilde,
   daran die Pfeil der Schlangen
   :|: all werden aufgefangen. :|:

12 Du bist das siegreich Zeichen,
   darab der Feind erschricket,
   :|: wann er es nur anblicket. :|:

13 Du bist der schrecklich Hammer,
   der du der Schlangen Zischen
   :|: thust legen, den Kopf zerknirschen. :|:

14 Durch dein heiliges Kreuze
   laß dich, o HErr, erbarmen
   :|: die große Noth der Armen. :|:

15 Sieh an das Blut der Christen,
   darin viel Feind thun wüthen:
   :|: thu uns vor ihn behüten. :|:

16 Erzeig dein Kraft und Stärke,
   beschütz uns allesammen
   :|: durch dein heiligen Namen. :|:

17 Damit wir, deine Kindlein,
   im Frieden mögen sterben,
   :|: das ewig Leben ererben. :|:

18 Ehr sei dem Vater und Sohne,
   dazu dem heiligen Geiste
   :|: in alle Ewigkeiten. :|:

77. „In der stillen Woche ein Gesang vom heiligen bittern Leiden Christi."

Weise: Laus tibi Christo oder: O du armer Judas.

Preis und Dank wir sa=gen, HErr, für dein Marter groß, Der du bist ge=

schlagen ans Kreuz gar nackt und bloß. Jetzt her=schest du dort o=ben in deines Vaters

Reich: bhüt uns fürs Feindes To=ben und mach uns ewigreich. Ky=ri=e e=lei=son!

2 O HErr Jesu Christe,
des Allerhöchsten Sohn,
Gar sehr verwundet bist du
in deiner Seiten fron
　Mit einem scharfen Speere,
daß Blut und Wasser floß.
Wir bitten, lieber HErre,
nimm uns ins Vaters Schoß.
　Kyrie eleison!

3 Lob und Ehr wir sagen
dir, Christe, Gottes Sohn,
Der du hast getragen
für uns viel Spott und Hohn
　Und dazu hast geduldet
am Leib so große Pein;
was wir haben verschuldet
hast du gebüßt allein.
　Kyrie eleison!

78. „Ecce homo."

Schau den Menschen, o du schnöde frech und stol-ze bö-se Welt! Schau die Wunden
Ach nicht Je-sum vollends tö-dte, schau wie gar ist er misstellt;

sich entschließen, schau der Saft her-aus-ßer bricht; schau die ro-then Bächlein flie-ßen,

färben Leib und An-gesicht.

2 Schau den Menschen den die Liebe
viel zu stark am Herze braunt!
Lieb vom Himmel ihn vertriebe,
nackend er zur Erden rannt;
　Er zum Menschen unverdroßen
sprang von seinem güldnen Saal;
ihn die Menschen gar verstoßen,
haßen, meiden überall.

3 Schau den Menschen den die Engel
tief gebogen beten an!
Schau nun ihm die losen Schwengel,
ihm die Schergen widerstahn.
　Schimpflich habens ihn gekrönet,
zeugets jener dörne Hut;
ernstlich habens ihn verhöhnet,
zeugens jene Streich und Blut.

1 Schau den Menschen, schau den wahren
Spiegel der Dreifaltigkeit!
Alle Klarheit ist entfahren,
aller Schein und Herlichkeit.
　O wie vor so reine Jackel,
o wie reiner Augenbrand
ist nun worden voller Makel,
voller Speichel, voller Schand.

5 Schau den Menschen der vom Vater
wurd geboren ewiglich!
Ich erzitter und ertatter,
wenn ich recht bedenke mich.
　Gott, von wahrem Gott geboren,
Licht, von wahrem Licht gezündt,
steht verspottet gleich den Thoren,
büßet lauter fremde Sünd.

6 Schau den Menschen der unschuldig
wird verdammt zum Galgentod!
O wie friedsam und geduldig
leidet er die Wunden roth!
Schau den Menschen der von Heiden,
der von Juden wird veracht!
O wie spöttlich er von beiden
wird verwiesen und verlacht.

7 Schau den Menschen der zu richten
kommt gewiß an jenem Tag!
Dann wird er all Schulden sichten
und anhören alle Klag.
Er die Todten wird erwecken,
ihn das Leben blasen ein,
wird mit ihrem Fleisch bedecken
all und jede Menschenbein.

8 Jesu, wir zu deinen Füßen
werfen Arm und Anker ein,
Wir da deine Wunden grüßen,
wir da hoffen sicher sein.
Ach den Frieden uns doch schenke,
o du roth gewaffneter Held!
ach in deinem Blut versenke
Sünd und Laster aller Welt.

9 Jesu, du für uns geboren,
du für uns gegeben dar,
Nicht laß sein an uns verloren
solche Marter alle gar.
Mach doch uns in Zähren schwimmen,
mach doch uns mit deinem Blut
löschen deines Vaters Grimmen,
seinen Zorn und Herzenglut.

79. Der Geliebte am Kreuze.
Im Ton: Ach soll ich all mein Leben.

*) Ubr al = le Ce=dernbäu = me du hoch=ge=lob=tes Holz! Die=

weil du haft ge=tra = gen den o=bersten Für=sten stolz.

2 Ich meine Jesum Christum,
sein Nam ist weit und breit;
Wer ihn im Herzen träget,
dem benimmt er all sein Leid.

3 O du guter Jesu,
du edler Fürste fein,
Gib mir daß ich dich trage
wol in dem Herzen mein.

4 Da du, o HErre, hangest
wol an dem Kreuze breit,
Da dir dein mildes Herze
ein scharfer Speer durchschneidt.

5 Zu meines Liebes Haupte
da hanget ein Kränzelein,
Das ist so naß bethauet
vom edlen Blute sein.

6 Ach wär mein Herz ein Garten
von edlen Blümelein,
Darin so wollt ich pflanzen
meins Liebes Kränzelein.

7 Die Blumen die ich meine
die heißen Demuth fein,
Die andern sollen heißen
Glaub, Hoffnung, Liebe fein.

*) In der 3., 8., 12. u. 19. Strophe bleibt die 1. Note weg.
Hommel, geistl. Volksl.

6

8 Aus meines Liebes Herzen
da springet ein Börnelein,
Das Börnlein will ich leiten
wol in mein Gärtelein.

9 O Jesu, du rechter Gärtner
und wahrer Ackermann,
Wolltst du mein Garten pflegen,
so würde er lobesam.

10 Meines Liebes Arme
die stehn weit ausgespreit;
Möcht ich darinne ruhen,
so vergäß ich all mein Leid.

11 Mein Lieb hat zu mir geneiget
sein edlen rothen Mund;
Möcht ich ihn daran küssen,
so würde mein Seel gesund.

12 So ich ihn anschaue
den Fürsten hochgeborn,
Die Lieb hat ihn überwunden,
sein Farbe hat er verlorn.

13 Zu meines Liebes Seiten
da steht ein güldner Schrein;
Wär ich darein geschloßen
wol nach dem Willen mein!

14 Ich kann darein nicht kommen,
du leitest mich, HErr, darzu;
Tieweil du hast gesprochen:
„Ohn mich kannst du nichts thun.‟

15 Zu meines Liebes Füßen
da steht ein Bäumelein;
Möcht ich darunter spazieren,
so vergäß ich aller Pein.

16 Ob ich mein Lieb verliere
des Tags und auch des Nachts,
So mag ich ihn wieder finden
wol an des Baumes Ast.

17 Die Lieb hat ihm gebunden
die heiligen Hände sein
Wol an des Kreuzes Aste
mit plumpen Nägelein.

18 Seh ich ihm an die Füße,
dem lieben HErren mein:
Er steht so fest genagelt,
er will uns nicht entfliehn.

19 O du guter Jesu,
wie oft flieh ich von dir
Durch meine große Sünde!
das klag ich, HErre, dir.

20 Gedenke, HErr, der Rede,
die geschrieben steht von dir:
„Wenn ich erhöhet werde,
will ziehn ich alle nach mir.‟

21 So bitt ich dich, lieber HErre,
durch deiner Liebe Kraft,
daß du ziehest mein Herze
wol an des Kreuzes Schaft;

22 Daß mein Herz müße ruhen
wol in den Wunden dein,
Wol zwischen deinen Brüsten
als ein Myrrhenbündelein.

23 So regier mich, lieber HErre,
den Tag und Nacht, all Stund,
Daß ich dich, Lieb, mag finden
wol in meins Herzen Grund.

24 Wol auf, meiner Seelen Kräfte,
und macht euch schnell hervor,
Und dient ihm all mit Fleiße,
das ist all mein Begehr.

25 Ich bitte dich, lieber HErre,
durch all dein Marter und Pein,
Verein mich in deiner Liebe,
mir mag nicht beßer sein.

26 Der dies Lied hat gesungen,
dem ist wol Trostes noth.
O HErr, durch deine Güte
hilf uns aus aller Noth.

80. „Das geistliche Weinbeer."

Wollts auf! wir wol=len ins Le = sen, gut Le=sen ist an der Zeit, Auf

daß wirs nit ver=sau = men, weil man ins Le=sen geht.

2 Und wann wirs dann versäumen,
groß Übel uns darum geschicht,
So spricht der edle Weingärtner:
Geht für euch, ich kenn eur nicht.

3 Ich weiß ein edlen Weingärtner,
und der ist hochgeborn,
Derselb ist Gott der HErre,
der Vater auserkorn.

4 Das Weinbeer das er uns bringet
das ist Christus, sein Sohn;
Ein theurer Saft herrinnet
aus diesem Weinbeer schon.

5 Das Weinbeer das ist kommen
so hoch vom Himmel rab,
Zu unserm Nutz und Frommen,
ein himmelische Gab.

6 Das Weinbeer das ist süße,
gibt uns der Vater gut,
Der reinen Jungfrau Maria
zu einer hohen Gab.

7 Das Weinbeer das ist heilig,
das sag ich euch fürwahr;
Das hat Gabriel der Engel
der Jungfrau Maria bracht.

8 Sie trugs unter ihrem Herzen,
die keusch und auch die rein,
Biß auf Weihnachten ohn Schmerzen,
das edle Weinbeerlein.

9 Das Weinbeer das thät wachsen
vierthalb und dreißig Jahr
Biß auf den heilgen Karfreitag,
da ward es zeitig gar.

10 Die Juden thäten sich sammeln,
ihr war ein große Schaar;
Sie wollten das Weinbeer abbrechen,
dieweil es zeitig war.

11 Das Weinbeer will ich nennen,
das ist wahr Mensch und Gott;
Den sollen wir recht erkennen,
der uns erlöst vom Tod.

12 Das Weinbeer stund im Garten,
vor Angst war ihm so heiß;
Es schwitzt von unsertwegen
Waßer und blutigen Schweiß.

13 Sie legtn ihm an ein Purpurrock,
ein Rohr in seine Hand:
„Das ist der Juden König!"
aus ihm triebens Spott und Schand.

14 Sie setzten ihm auf sein Haupte
von scharfen Dorn ein Kron,
Daß ihm sein rosinfarbes Blut
über seine Augen abrann.

15 Sie legten ihm auf sein Rucken
ein Kreuz, war lang und breit,
Daran hat Christ der HErre
erlöst die Christenheit.

6*

16 Das Weinbeer wollt man pressen,
als uns die Schrift thut sagn;
So thät das edle Weinbeer
den Preßbaum selber tragn.

17 Es trug ihn williglichen
biß an die Marterstatt.
Gelobt sei Jesus Christus,
der den Baum getragen hat.

18 Der Wein der über die Preß herraun
das war sein theures Blut:
Das sei uns armen Sündern
an unserm Ende so gut.

19 Wird uns der Wein zu Theile,
zu Theil nur ein einiger Trunk,
So werden wir unser Sünd ledig,
wir werden gar gesund.

20 Sie spannten Jesum ans Kreuz hinan,
sie nahmn ihn herwieder ab,
Sie legten ihn in ein Garten,
in ein neu steinerns Grab.

21 Drin lag er geduldiglichen
biß an den dritten Tag;
Sein Leib war ganz erblichen
biß an dem Ostertag.

22 An dem ist er erstanden,
der treue liebe HErr,
Löst uns von der Höllen Banden, —
globt sei das edle Weinbeer.

23 Den Ruf den thut man singen
in allem Christenland,
Gott und seinem lieben Sohne
zu Lob, Ehr, Preis und Dank.

24 Gott den Vater wolln wir rufen an
und wolln an ihn begehrn,
Daß er uns von dem edlen Weinbeer
den Saft zu Theil läßt werdn.

25 Wenn sich ein Mensch gar schwach befindt
mit vieler Sünd verwundt,
Der bewerb sich um des Weinbeers Saft,
so wird sein Seel gesund.

26 Laßt euch der Trauben gelüsten,
kehrt in den Weingart ein;
Sie thut euch gar nichts kosten,
löst von der Höllen Pein.

27 HErr Christ vom Himmelreiche,
verleih uns deine Gnad,
Daß wir mit deinem Fleische
und Blute werden satt.

XI. Ostern.

81. All Welt soll billig fröhlich sein.

All Welt soll bil = lig fröh = lich sein zu die = ser o = ster = lichen Zeit: Gott

hat zer=stört der Vor=höll*) Pein, da man=che Seeln ge=fan = gen sein, da

man=che Seeln ge=fan = gen sein.

2 Erstanden ist er von dem Tod
und hilft der Welt aus aller Noth,
Daran man recht erkennen kann
was er war für ein göttlich Mann.

3 Er ist wahrhaftig Mensch und Gott,
der uns am Kreuz erlöset hat.
O Mensch, sei dankbar jederzeit
der großen Gottes Gütigkeit.

*) f. z. Nr. 74.

82. Chriſt iſt erſtanden!

Chriſt iſt er-ſtan = den von der Marter al = len: Des ſollen wir al-le

froh ſein, Chriſt will un = ſer Troſt ſein.   Ky = ri = e = leis!

2 Wär er nicht erſtanden,
so wär die Welt zergangen;
Seit daß er erſtanden iſt,
ſo lobn wir den HErren Jeſum Chriſt.
    Kyrieleis!

3 Es giengen drei heilge Frauen
zu Morgens in dem Thaue,
Sie ſuchten den HErren Jeſum Chriſt,
der von dem Tod erſtanden iſt.
    Kyrieleis!

4 Maria du reine,
du haſt gar heiß geweinet
Um unſern HErren Jeſum Chriſt,
der von dem Tod auferſtanden iſt.
    Kyrieleis!

5 Chriſtus lag im Grabe
biß an den dritten Tage,
Verwundt an Händ und Füßen:
o Sünder, du ſollt büßen.
    Kyrieleis!

6 Chriſte, lieber HErre,
durch deiner Marter Ehre
Verleih uns ein gut Ende,
ein fröhlich Auferſtände.
    Kyrieleis!

7. Hal-le = lu = jah! Hal-le = lu = jah! Hal-le = lu = jah! Des ſollen wir al = le

froh ſein, Chriſt will unſer Troſt ſein.   Ky = ri = e = leis!

83. Chriſtus iſt erſtanden — freu dich, Maria!

Im Ton: Freu dich, du Gottgebärerin.

Chriſtus iſt er=ſtan = den — freu dich, Mari = a! — von ſei = ner Marter
3. Weil er nun auf=er=ſtan=den iſt, ——————— ſo lobn wir den HErren

al = le. Hal=le=lu=jah! Lob Gott mit uns, Ma=ri = a!*)
Jeſum Chriſt. ————

2 Des ſolln wir alle froh ſein,
und Chriſt will unſer Troſt ſein.

3 Weil er nun auferſtanden iſt,
ſo lobn wir den HErren Jeſum Chriſt.

4 Drei Frauen nahmen Spezerei
und giengen zum Grab ohn alle Scheu.

5 Sie ſuchten den HErren Jeſum Chriſt,
der aller Welt ein Tröſter iſt,

6 Als jetzt der helle Tag anbrach
und man die Sonn aufgehen ſah.

7 Ein Engel ſahens weißgekleidt,
der ihn verkündigt große Freud.

8 Sie erſchraken ſehr von dem Geſicht;
der Engel ſprach: „Entſetzt euch nicht;

9 Denn den ihr ſucht der iſt nicht da,
er iſt erſtanden aus dem Grab.

10 Geht her und ſeht zu dieſer Friſt
das Ort da er gelegen iſt.

11 Das ſollt ihr ſagen Petro bald
und all ſein Jüngern gleicher Gſtalt.

12 In Galiläa heißt ſie gehn,
da werdens den HErren alle ſehn.“

13 Sie giengen ſchnell vom Grab heraus,
es kam ſie an ein Furcht und Graus.

14 Da hätt Maria große Freud,
ein End hätt all ihr Herzenleid.

15 Wir loben dich, HErr Jeſu Chriſt,
o ſüßer Jeſu!
daß du vom Tod erſtanden biſt.
Hallelujah!
(Erbarm dich unſer, o Jeſu!**)

16 Du haſt um unſertwillen
die Schrift wollen erfüllen.

17 Am Kreuz haſt du gelitten,
gar ſehr für uns geſtritten.

18 Den Tod haſt überwunden,
den Teufel angebunden.

19 Hoch Preis ſei dir, HErr Jeſu Chriſt,
daß du unſer Mittler worden biſt.

20 Hochheilig iſt das Grabe,
darin dein Leichnam lage.

21 Verwundt an Händn und Füßen
unſer Sünd haſt du thun büßen.

22 O Chriſte, lieber HErre,
durch deiner Marter Ehre

23 Verleih uns auch ein ſelizs End,
dazu ein fröhliche Auferſtänd.

---

*) Die 2., 4. u. 5. Zeile werden in Strophe 2—14, dann 24 und 25 wiederholt.
**) Dieſe 2., 4. u. 5. Zeile werden in Str. 16—23 wiederholt.

24 Zu dieſer oſterlichen Zeit —
freu dich, Maria! —
ſei Gott gelobt in Ewigkeit.
Halleluja!
Lob Gott mit uns, Maria!

25 Gelobt ſei die heilig Dreifaltigkeit
von nun an biß in Ewigkeit!

26 Halleluja ſingen wir,
freu dich, Maria!
den höchſten Gott, den loben wir.
Halleluja!
Lob Gott mit uns! Halleluja!

84. Die Pforte zur Seligkeit.

Er=ſtan=den iſt der hei=lig Chriſt, Hal=le=lu=jah! Hal=le=lu=

jah! all Kreuz und Pein vor=ü=ber iſt. Hal=le= =lu=jah!*)

2 Der todte Leib iſt nimmer todt:
jetzt o wie ſchön die Wunden roth!

3 Sie glänzen über Sonn und Mon,
die Streich wie Stern da glänzen ſchon.

4 Wer will ſchau die fünf Wunden an,
fünf Sonnen er hie ſchauen kann.

5 Die Wunden voll des theuren Bluts
fünf Brunnen ſind voll alles Guts.

6 Die Mahl der Nägel alle ſein
Rubin, Diamant, Karfunkelſtein.

7 Die Seiten durch ein Speer durchbohrt
zum Himmel iſt die rechte Pfort.

8 Hie geh hindurch, o Chriſtenheit!
das iſt die Pfort zur Seligkeit!

85. Aller Welt ein Tröſter.

Er=ſta=den iſt der hei=lig Chriſt, Hal=le=lu=jah! Hal=le=lu=

*) Die Hallelujah werden bei jeder Strophe wiederholt.

jah! der al = ler Welt ein Trö = ster ist, Hal = le = = = lu=jah! der

al = ler Welt ein Trö = ster ist.*)

2 Und wär er nicht erstanden,
   so wär die Welt vergangen.

3 Dieweil er nun erstanden ist,
   so lobn wir den HErren Jesum Christ.

4 Es kamen drei Frauen zu dem Grab,
   sie wollten den HErrn gesalbet han.

5 Sie wollten ihm salben seinen Leib
   zu dieser österlichen Zeit.

6 Wen funden sie bei dem Grabe stahn?
   Ein Engel, hätt weiße Kleider an.

7 Der Engel sprach in kurzer Frist:
   „Erstanden ist der heilig Christ.

8 Er ist erstanden und ist nicht hier,
   das sollt ihr fröhlich glauben mir.

9 Geht hin und sagts den Jüngern frei,
   wie Jesus Christus erstanden sei."

10 Nun freut sich alle Christenheit
   zu dieser österlichen Zeit.

11 Wir loben dich, heilge Dreifaltigkeit,
   Gott Vater, Sohn und heiligen Geist.

86. Es freut sich billig Jung und Alt.

Ein „alter Osterruf."

Es freut sich bil = lig Jung und Alt: zer=schla=gen ist des Teufels Ge =

walt. Hal=le = lu = jah! Hal=le = lu=jah! Hal=le = lu = jah!**)

2 Gott hats zerstört mit seiner Macht,
   das Heil durchs Kreuz herwieder bracht.

3 Das menschlich Gschlecht erlöst er hat
   mit seiner göttlichen Majestät.

4 Drum singen wir mit fröhlichem Schall
   und singen daß Gott so wol gefall.

5 Denn manche Seel geseufzet hat
   um ihre Sünd und Missethat.

*) So bei jeder Strophe die Hallelujah und die Wiederholung der zweiten Zeile.
**) Die Hallelujah werden in jedem Verse wiederholt.

6 Dies hat ein End zu dieser Frist,
  seit Jesus so sehr gekreuzigt ist.

7 Er hat uns bereit sein Reich so gut
  mit seinem rosinfarben Blut.

8 Es giengen drei Frauen zu dem Grab,
  sie wollten den HErren salben da.

9 Da erschien ein Engl in weißem Kleid,
  er sprach: Ihr Frauen, wen sucht ihr mit Leid?

10 „„Wir suchen den HErren Jesum Christ,
  der in dem Grab gelegen ist.““

11 Der Engel sprach: „Er ist nit hie,
  er ist erstanden in aller Früh.

12 Er ist erstanden, das glaubt fürwahr!
  Geht hin, sagts seiner Jünger Schaar.“

13 Zu dieser osterlichen Zeit
  so loben wir Gott im Himmelreich.

14*) Wir wollen ihm danken früh und spat,
  daß er uns also erlöset hat.

15 Wir wollen ihm danken spat und fruh,
  er hat uns bracht die ewig Ruh.

16 Wir rufen dich an, HErr Jesu Christ,
  der du gewaltig erstanden bist.

17 Hilf uns aus Noth, das bitten wir,
  daß wir auch fröhlich erstehn mit dir,

18 Und daß wir leben ewiglich
  mit Gott dem Vater von Himmelreich.

---

87. Das Leid ist alles hin!

Freu dich, du Gotts-ge-bä-re-rin! freu dich, Mari-a! freu dich, das Leid ist alles hin! Hal-le-lu-jah! Lob Gott mit uns, Ma-ri-a!

2 Den du zu tragen würdig gwest, —
  freu dich Maria! —
  der hat uns allesamt erlöst.
  Hallelujah!
  Lob Gott mit uns, Maria!**)

3 Er ist erstanden von dem Tod,
  wie vorgesagt der wahre Gott.

4 Des Morgens früh Marien drei
  nahmen mit köstlich Spezerei,

5 Giengen zu salben Jesum Christ,
  der unser aller Erlöser ist.

6 Das Grab sie funden offen zwar,
  ein weißer Engel der war dar.

---

*) Statt Str. 14—18 mag auch folgende einzige Schlußstrophe gesungen werden:
    14 Der mach uns fröhlich auferstehn
    und mit ihm in sein Himmelreich gehn.
**) Die 2., 4. u. 5. Zeile werden bei jeder Strophe wiederholt.

7 Der sprach: „Fürcht euch nit, ihr fromme
Leut,
Christus ist auferstanden heut.

8 Geht hin und sagts den Jüngern sein,
daß er nun lebt ohn alle Pein.

9 Petro zu sagen nit vergeßt
Jesus der lebt, und glaubt es fest.

10 In Galiläa ziehet hin,
da werdt ihr lebend sehen ihn."

11 Marien Magdalenen zwar
macht er sich erstlich offenbar,

12 Darnach den Jüngern allzumal,
als sie zusammen waren all.

13 Wir freuen uns der Auferständ.
Christ sei uns gnädig in dem End.

14 Er bitt für uns den Vater schon,
daß wir mit ihm mögen erstahn,

15 Und bei ihm leben ewiglich;
verleih uns Gott das gnädiglich.

88. Freu dich, du werthe Christenheit!

Freu dich, du werthe Christenheit, Gott hat nun ü = berwun = den; Gro=ße
Die große Marter die er leidt die hat uns nun ent=bun = den. 3. Nun singt —

Sorg war uns be = reit, die ist nun all gar hin=ge = leit, erstandn ist

uns groß Se = lig=keit.

2 Es ist ein osterlicher Tag,
den mag kein Mann gnug ehren;
Gott, der da alle Ding vermag,
sein Lob soll man gemehren.
Christen nehmen des Tages war
und gehn samt zu der Engel Schaar,
da scheint die liebe Sonne klar.

3 Du hochgelobter Herre Christ,
wir freun uns allsamt heute,
Daß du vom Tod erstanden bist
zu gut uns Christenleuten.
Nun singt, ihr Kinder, und werdet froh,
es ist alles geschehn also;
gelobt sei Gott in Ewigkeit!

4 Magdlena zu dem Grabe gieng,
　 ſie wollt den HErren ſuchen;
　 Der Engel ſie gar ſchön empfieng,
　 ſie grüßt ihn tugendlichen:
　　 „O Engel, liebſter Engel mein,
　 wo iſt doch nun der Meiſter hin,
　 und wo ſoll ich ihn finden?“

5 „„Der HErr und Meiſter iſt nicht hie,
　 denn er iſt auferſtanden;
　 Er iſt ſo früh gen Galilä
　 da iſt er hingegangen.
　　 Aufſtieß er die Höllenthür
　 und führt die Väter all herfür
　 wol aus den ſchweren Banden.““

6 Gott, der uns all geſchaffen hat,
　 der laß uns nicht verderben;
　 Sein Blut das er vergoßen hat
　 wolle uns Gnad erwerben.
　　 Hilf uns, du Sohn der reinen Magd,
　 haſt keinem dein Fürbitt verſagt,
　 wollſt unſer Beſtes werben.

7 (O ſüßeſter HErr Jeſu Chriſt,
　 wir loben dich mit Schalle.
　 Wer deines Reichs begehrend iſt,
　 das ſind wir Chriſten alle.
　　 Wir ſingen alle und ſind froh,
　 wir ſingen wonniglich alſo:
　 gelobt ſei Gott in Ewigkeit!)

8 Ehr ſei dem Vater und dem Sohn,
　 dazu dem heilgen Geiſte.
　 O HErr Gott, unſer Sünd verſchon
　 und uns dein Hulde leiſte.
　　 Gib deinen Fried und Einigkeit
　 von nun an biß in Ewigkeit,
　 ſo ſingen wir Hallelujah!

89. Freude im Himmel und auf Erden.

Freut euch, ihr Heilgen im Himmelreich, ihr auf Erd auch allzugleich! Den Mari - a em -

pfangen, der iſt von den Todten auferſtanden! Lobt Gott mit uns! Hallelu - jah!

2 Der von dem Tod erſtanden iſt,
　 das iſt der HErr Jeſus Chriſt,
　 Der um unſer Schulden
　 all Marter und den Tod hat wolln erdulden.
　 Lobt Gott mit uns! Hallelujah!

3 Du edler König hochgeborn,
　 wend von uns deins Vaters Zorn,
　 Und wann wir ſollen ſterben,
　 ſo hilf uns bei Gott Genad erwerben.
　 Bitt Gott für uns! Hallelujah!

4 Bitt für uns, HErr der Himmelsschaarn,
daß wir fröhlich von hinnen fahrn
Aus diesem Jammerthale,
behüt uns vor ewger Pein und Quale.
Bitt Gott für uns! Hallelujah!

5 Bitt für uns, o du Gottes Sohn,
daß Gott uns in Himmels Thron
Aus Gnaden wolle geben
die Freude und Wonn im ewgen Leben.
Bitt Gott für uns! Hallelujah!

6 Freu dich, du liebe Christenheit!
lobe Gott in Ewigkeit!
Der am Kreuz hat gehangen,
der ist von den Todten auferstanden!
Lobt Gott mit uns! Hallelujah!

90. Heut wolln wir lobn und preisen.

Ein „Osterruf."

Nach der Weise: Es wollt gut Jäger jagen.

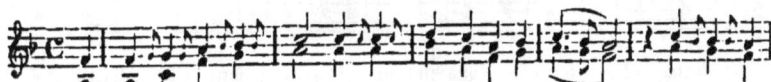

Heut wolln wir lobn und prei-sen den allmäch-ti-gen Gott, Der uns hat
wolln er-lö-sen durch seinen bittern Tod.

2 Am heiligen Ostermorgen
fröhlich er erstanden ist,
Des freun wir uns allsamter
allhie zu dieser Frist.

3 Nimm war: drei heilige Frauen
nahmen viel Spezerei;
Das Grab wollten sie schauen,
den Leichnam salben frei.

4 Nun funden sie ein Engel,
der redt die Frauen an:
Der euer Noth hat gewendet,
der ist erstanden schon.

5 Sie kehrten sich wieder vom Grabe
und giengen furchtsamlich,
Vors Engels Stimm und Klarheit
gar hart entsetzten sie sich.

6 Petro und andern Jüngern
erzählten sie die Mär,
Wie daß ihr liebster HErre
vom Tod erstanden wär.

7 Recht sieghaftiger HErre,
dir sei Lob, Preis und Ehr,
Daß du der Höllen Porten
zerstört, dem Teufel gewehrt.

8 Erbarm dich über uns Armen
allhie auf dieſer Welt;
Hilf daß wir ſelig ſterben,
wann es dir wolgefällt.

9 In Himmel laß uns kommen,
daſelbſt iſt unſer Gut,
Das du uns haſt erkaufet
mit deinem theuren Blut.

10 Nach dir ſtehn unſer Gedanken,
nach dir tracht unſer Sinn;
Den Himmel haſt uns erhalten:
hilf daß wir kommen dahin.

91. Der todte Leib verklärt.

Iſt das der Leib, HErr Jeſu Chriſt, der todt im Grab ge = le = gen iſt? Komm, komm, o komm, komm Jung und Alt! komm, ſchau die ſchö=ne Leibs=ge=ſtalt! Hal = le = lu = jah! Hal=le = lu = jah!*)

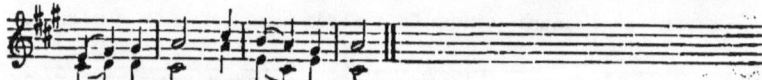

2 Der Leib iſt klar, klar wie Kryſtall,
die Adern roth, roth wie Korall;
Die Seel hie durch glänzt hübſch und fein
wie tauſendmal der Sonnenſchein.

3 Der Leib hat die Unleidenheit,
bleibt unverletzt in Ewigkeit,
Gleich wie die Sonn bleibt eben klar
ſo viel und ſo viel tauſend Jahr.

4 O wie ſubtil! o Leib wie zart!
du gehſt durch Stahl und Eiſen hart,
Gleich wie die Sonn das Glas durchgeht,
da nichts den Strahlen widerſteht.

5 Schnell iſt der Leib und iſt geſchwind
gleich wie ein Pfeil und gleich dem Wind,
Gleich wie die Sonn viel tauſend Meil
die Welt umlauft in aller Eil.

6 Nun deck, nun deck die Augen zu,
daß dir der Glanz nicht ſchaden thu:
Im Leib die Gottheit ſchauen an
kein Menſch, kein Aug auf Erden kann.

*) Die beiden Hallelujah werden bei jedem Geſatze wiederholt.

92. Marien „Ofterfreude.“

Laßt uns er = freu = en herz=lich fehr: Hal = le = lu=jah!   Verschwunden
Ma = ri = a feufzt und weint nicht mehr. Hal = le = lu=jah!   jetzt leucht der

al = le Ne=bel fein, Hal = le = lu=jah!   Hal=le = lu = jah! Hal=le = lu = jah!
lie=ben Son=nen Schein. Hal = le = lu=jah!

Hal = le = lu = jah!*)

2 Wo ift, o freudenreiches Herz,
wo jetzt, wo ift dein Weh und Schmerz?
Wie wol ift dir, o Herz, wie wol!
jetzt Freuden, Freuden, Freuden voll!

3 Sag, o Maria, Jungfrau schön,
kommt das nicht her von deinem Sohn?
Ach ja, dein Sohn erstanden ift;
kein Wunder daß du fröhlich bift.

4 Aus feinen Wunden floßen her
fünf Freudenfeen, fünf Freudenmeer,
Und über dich die Freudengüß,
dir in dein Herz die Freudenflüß.

5 Dein Herz nun da in Freuden schwimmt
und zu und zu die Freude nimmt. —
Ach Gott, vergiß doch unfer nit
und theil uns auch ein Tröpflein mit!

93. Maria Magdalena am Grabe.

Nicht ru=hen Mag=da = le = na kunnt, biß fie den HErren Je=fum fund:

*) Die Hallelujah werden ebenfo in jeder Strophe gefungen.

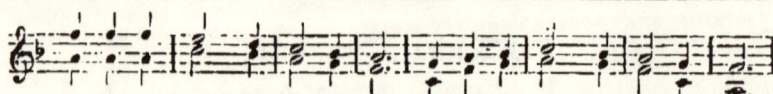

Sie lief zum Grab und von dem Grab viel hin und her, viel auf und ab;
Hal = le = lu = jah! Hal = le = lu = jah! Hal = le = lu = jah! Hal = le = lu = jah!

mit Wei = nen ſie her = um = her ſah im Grab, im Gar = ten, fern und nah.
Hal = le = lu = jah! Hal = le = lu = jah! Hal = le = lu = jah! Hal = le = lu = jah!*)

2 Als ſie ſich bückt zum Grab hinein,
zween Engel ſah ſie hübſch und fein;
Die Engel fröhlich fragten beid,
was ſie bewein mit ſolchem Leid;
Zugleich kam Jeſu auch herzu,
fragt auch warum ſie weinen thu.

3 Sie ſah ihn an und weinet ſehr,
vermeint daß er ein Gärtner wär.
Ach! ach! ſprach ſie, HErr Jeſus Chriſt,
hinweg mein HErr genommen iſt.
Ach wo haſt du ihn hingethan?
Sag an, daß ich ihn holen kann.

4 Der HErr ſie bald mit Namen nennt,
darauf geſchwind ſie ihn erkennt.
Sich ließ der HErr mit Freuden ſehn
und hieß ſie zu den Jüngern gehn.
Alſo verſchwand all Weh und Schmerz,
ward fröhlich das betrübte Herz.

94. Ein „Ruf"
von der Geſchichte der Auferſtehung Chriſti.

Nun ſin = get all mit rei = chem Schall :|: ein ſchö = nes Ge = ſang, das

Gott ge = fall. :|:

*) Die Hallelujah werden in jedem Verſe wiederholt.

2 Als der HErr Jesus gestorben war,
sein heilige Seel zur Höllen fuhr.

3 Jesus stieß auf der Höllen Thür,
er nahm die lieben Altväter herfür.

4 Er nahms bei ihrer rechten Hand,
er führets in seines Vaters Land.

5 An einem osterlichen Tag
da giengen drei Frauen zu dem Grab.

6 Da stund ein Engel bei dem Grab,
er fragt die Frauen: „Wen sucht ihr da?"

7 „„Wir suchen den HErren Jesum Christ,
der von den Juden gemartert ist.""

8 Der Engel sprach: „Er ist nicht hie,
er ist erstanden in aller Früh."

9 Sie fragten den Engel zu der Stund:
„„Ist dir der HErr Jesus Christ bekannt?""

10 „Jesus Christus ist uns wol bekannt,
er ist lebendig und gar gesund."

11 Da stunden die Frauen bei dem Grab,
vor Freuden ihr keine kein Wort mehr sprach.

12 Der Engel sprach: „Nun glaubt fürwahr,
er ist erstanden aus dem Grab.

13 Geht hin und sagts den Jüngern sein
und auch dem lieben Peter sein.

14 Und zeigt ihn an zu dieser Frist
wie heut der HErr erstanden ist."

15 Magdalena auch im Garten war,
der HErr kam selber zu ihr dar.

16 Sie kennt den HErren nicht gar schnell,
sie meint es wär der Gärtner selb.

17 Er ruft Maria an dem Ort,
sie erkennt den HErrn an seinem Wort.

18 Maria fiel niedr auf ihre Knie,
der HErr hubs auf und tröstet sie.

19 Er sprach: „Geh zu meiner Jünger Schaar,
bring ihn die fröhlich Botschaft dar."

20 Sie gieng, daß sie sein Jünger fand;
sie sprach zu ihn: „Der HErr ist erstandn."

21 Die Jünger empfiengen große Freud
und Trost in ihrem Herzenleid.

22 Sanct Thomas wollts nicht glauben,
er seh dann den HErrn mit Augen,

23 Und greif mit seinen Händen
Jesum in seine Wunden.

24 Und da acht Tag vergangen war,
kam Jesus durch verschloßne Thür.

25 Er wünscht den Jüngern den Frieden sein,
zeigt ihn sein Fleisch und auch sein Bein.

26 Er sprach: „O Thomas, zu mir tritt;
ei warum willt du glauben nit?

27 O Thomas, reich her die Hände dein
und leg sie in die Seite mein.

28 Und reich mir auch die Finger dein
und leg sie in die Nägelmahl mein.

29 O Thomas, du sollt glaubig sein,
so wirst du bei mir im Himmel sein."

30 Sanct Thomas fiel niedr auf seine Knie,
er sah sein Gott und Schöpfer hie.

31 „„Du bist mein HErr und bist mein Gott,
der uns erlöst hat von dem Tod.

32 So bitt ich dich, o HErre fein,
du wollst mir vergeben die Sünde mein.""

33 „O Thomas, liebster Thomas mein,
lehr ander auch den Glauben rein.

34 Du hast mich kennt und angeschaut;
selig ist der nicht sieht und dennoch glaubt."

35 O Christi Trost, hilf uns aus Noth
und speis uns mit dem Himmelbrot.

36 Zu dieser osterlichen Zeit
sei Gott gelobt in Ewigkeit.

95. Tod, wo iſt dein Stachel?

1. Und Chriſt der iſt er‑ſtan‑den von ſei‑ner Mar‑ter al‑le: Des
6. — Hal‑le‑lu‑jah ſin‑gen wir, — Jeſum Chriſtum ꝛc.

ſolln wir al‑le froh ſein, und Chriſt ſoll un‑ſer Troſt ſein. Ky‑ri‑e e‑

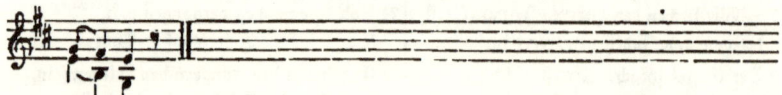

lei‑ſon!

2 Und wär er nit erſtanden,
ſo wär die Welt zergangen.
Nun ſeit daß er erſtanden iſt,
ſo lobn wir den HErrn Jeſum Chriſt.
　　Kyrie eleiſon!

3 Und Chriſt der hat geſprochen
wol in der Antlaßwochen:*)
O Sünder, kehr dich her zu mir,
alle deine Sünd vergeb ich dir.
　　Kyrie eleiſon!

4 Chriſt, durch dein heiliges Kreuze
behüt uns Chriſtenleute!
Den Unglaubigen hilf allen,
o HErr, nach deim Gefallen.
　　Kyrie eleiſon!

5 Und Chriſt der lag im Grabe
biß auf den dritten Tage,
verwundt an Händn und Füßen:
wir Sünder ſollten büßen.
　　Kyrie eleiſon!

6 Hallelujah ſingen wir,
Jeſum Chriſtum loben wir.
Zu dieſer öſterlichen Zeit
ſei Gott gelobt in Ewigkeit.
　　Kyrie eleiſon!

96. Oſterfreude.

Wir freu‑en uns, HErr Je‑ſu Chriſt, — Ky‑ri‑e e‑lei‑ſon! — daß

*) ſ. zu Nr. 72.

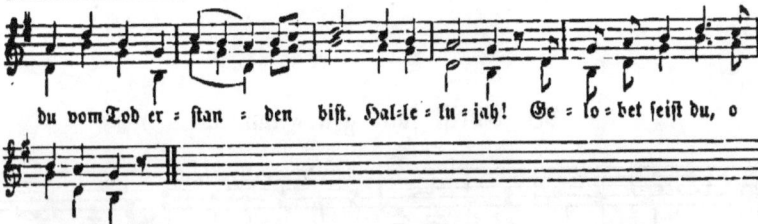

du vom Tod er = stan = den bist. Hal=le = lu = jah! Ge = lo = bet seist du, o

Jesu Christ!*)

2 Uns deine Urständ Freuden bringt,
  daß uns das Herz vor Freuden springt.
3 Uns deine Urständ fröhlich macht,
  daß uns das Herz von Herzen lacht.

4 Uns deine Urständ singen thut
  und macht uns fröhlich Herz und Muth.
5 Uns deine Urständ alle tröst,
  durch welche wir vom Tod erlöst.

97. Osterjubel.

Wir wol=len al = le fröh = lich sein in die = ser ö = ster = li = chen Zeit, denn un = ser Heil an Got = te seit. Hal = le = lu = jah! Hal = le = lu = jah! Hal = le = lu = jah! Hal = le = lu = jah! Ge = lo = bet sei Christus, Ma = ri = en Sohn!**)

2 Es ist erstanden Jesus Christ,
  der an dem Kreuz gestorben ist,
  dem sei Lob, Ehr zu aller Frist.
3 Er hat zerstört der Höllen Pfort
  und all die Sein herausgeführt,
  und uns erlöst vom ewgen Tod.

4 Wir singen all Lob, Ehr und Preis
  dem einen Gottes Sohne weis',
  der uns erkauft das Paradeis.
5 Es freu sich all die Christenheit
  und lob die heilge Dreifaltigkeit
  von nun an biß in Ewigkeit.

*) Kyrie eleison, Hallelujah und die letzte Zeile werden in jedem Gesatze wiederholt.
**) Die zweite Hälfte von „Hallelujah" an, wird in jeder Strophe wiederholt.

XII. Chrifti Himmelfahrt.

---

98. Chrift. fuhr gen Himmel.

Chrift fuhr gen Him = mel: was fandt er uns her = wie = der? Er
3. Er be=fahl ihn 2c.

fandt uns den hei = li = gen Geift zu Troft der ar=men Chri=ften=heit.

Ky = ri = e = leis!

2 Chrift fuhr mit Schalle
von feinen Jüngern allen,
Gefegnet fie mit feiner Hand
und benedeiet alle Land.
    Kyrieleis!

3 Er befahl ihn gar eben,
fagt ihn vom ewigen Leben
Und: „Taufet alle Völker gmein,
auch Evangelium lehret rein.“
    Kyrieleis!

4 Hilf uns, lieber HErre,
durch deiner Auffahrt Ehre,
Und führ uns in das Himmelreich,
dich zu loben ewiglich.
    Kyrieleis!

5. Hal = le = lu = jah! Hal = le = lu = jah! Hal = le = lu = jah! des

sol = len wir al = le froh sein, Christ soll un=ser Trost sein. Ky = ri = e = leis!

99. Ein Ruf auf die Himmelfahrt Christi.

Weise nach: All Augen hoffen auf dich, HErr.

Chri = stus fuhr auf gen Him = mel. Ky = ri = e e = lei = son! Was

sandt er uns her = nie = der? Hal = le = lu = jah! Ge=lobt sei Je=sus

Chri = stus!*)

2 Er sandt uns seinen heiligen Geist
zu Trost der ganzen Christenheit.

3 Christus fuhr auf mit Schalle
von seinen Jüngern allen.

4 Er hub über sie sein rechte Hand
Und gab den Segn über alle Land.

5 Gelobet sei Gott ewiglich!
geöffnet ist das Himmelreich.

6 Es sind nun alle Ding vollbracht,
die Pfort hat Christus aufgemacht.

7 Durch dein freudreiche Himmelfahrt
verleih Trost unsrer Hinnefahrt.

8 Unser Schwachheit ist dir bekannt,
darum reich uns dein göttlich Hand.

9 Zu dir soll unser Zuflucht sein,
denn du willt unser Schützer sein.

10 Dein Opfer für uns ewig gilt,
deins Vaters Zorn hast du gestillt.

11 Ein Gesetz hast du uns geben,
darnach wir sollen leben.

*) Kyr., Hall. u. Gelobt 2c. werden in jedem Gesatze wiederholt.

12 O Chriſte, lieber Heiland,
  den heiligen Geiſt gib uns zu Pfand.

13 Den Tröſter wollſt uns ſenden,
  dein Gnad von uns nicht wenden.

14 Auf daß wir bleiben in Geduld,
  erlangen deines Vaters Huld.

15 Wir bitten vor unſerm letzten End
  dein wahr heilig Leichnam werd uns geſendt.

16 HErr Chriſt, du unſer Heil allein,
  ſteh uns bei in des Todes Pein.

17 Hilf daß wir ſelig ſterben,
  das Himmelreich erwerben.

18 Die heilige Dreifaltigkeit
  die geb uns das in Ewigkeit.

**100|1. Nun iſt erfüllt was gſchrieben iſt
in Pſalmen von dem HErren Chriſt.**

Coe - los ad - scen - dit ho - di - e — Al - le - lu - ja!
Gen Him=mel auf = ge=fah=ren iſt — Hal = le = lu = jah!

Al - le - lu - ja!   Je - sus Chri - stus rex glo - ri - ae.   Al - le - lu -
Hal = le = lu = jah!   der Kö=nig der Eh = ren Je = ſus Chriſt.   Hal = le = lu =

ja!   Al - le - lu - ja!
jah!   Hal=le = lu = jah!

b.

Gen Himmel auf=ge = fah=ren iſt — Hal = le = lu = jah! — der Kö=nig der

Eh = ren, Je=ſus Chriſt. Hal=le=le = lu = jah!

2 Sedet ad Patris dexteram, — All. •
gubernat coelum et terram. All.
3 Jam finem habent omnia — All.
patris Davidis carmina. All.
4 Jam Dominus cum Domino — All.
sedet in Dei solio. All.
5 In hoc triumpho maximo — All.
benedicamus Domino. All.
6 Laudetur sancta Trinitas, — All.
Deo dicamus gratias. All.

2 Er sitzt zur rechten Gottes Hand, Hall.
herrscht über Himmel und alle Land. Hall.
3 Nun ist erfüllt was geschrieben ist — Hall.
in Psalmen von dem HErren Christ. Hall.
4 Nun sitzt beim HErren Davids HErr, Hall.
wie zu ihm gsprochen hat der HErr. Hall.
5 Nun dankt dem HErren JesuChrist, — Hall.
der heut zum Himmel gfahren ist. Hall.
6 Lob sei der heilgen Dreifaltigkeit — Hall.
von nun an biß in Ewigkeit. Hall,

102. Die Bahn zum Himmel eröffnet.

Ein Ruf.

Heut ist ge = fah = ren Got = tes Sohn — Hal = le = lu = jah! — gen Him = mel
auf zum höch = sten Thron. Hal = le = lu = jah! Hal = le = lu = jah! Hal =
le = lu = jah!*)

2 Glorwürdig er zum Ölberg kam,
da er den letzten Abschied nahm.
3 Er schied von seinen Freunden ab
und seinen Segen allen gab.
4 Er fuhr hinauf vor Augen klar
biß an die Wolken offenbar. •
5 Sobald er auf den Wolken stand,
in einem Augenblick verschwand.
6 Zum Vater kam er und zugleich
zu seinem Thron im Himmelreich.
7 O was ein Freud war überall!
was Jubel! was ein Freudenschall! •

8 Kein Mensch begreift was da geschehn,
der nicht mit Augen zugesehn.
9 Er sitzt in unserm Vaterland
zu seines Vaters rechter Hand.
10 Nun sei Gott Lob: der Weg ist gmacht,
sein Auffahrt hat viel guts gebracht.
11 Wir schaun hinauf und er herab,
an Treu und Lieb geht ihm nichts ab.
12 Dort will er unser Mittler sein,
ein Fürsprecher seiner Kinderlein.
13 Dann wird der Tag erst freudenreich,
wann wir zu ihm kommen ins Reich.

14 HErr Jesu Christe, Gottes Sohn,
verhilf uns auch zu deinem Thron.

*) Die Hallelujah werden in jedem Gesatze wiederholt.

XIII. Pfingſten.

103.

Weiſe: An jenem Tag nach Davids Tag.

Komm, heilger Geiſt, er=füll mein Herz, entzünd in mir dein Min=ne,

Dein Sü=ßig = keit ver=treib mir Schmerz, erleucht meiner See = len Sin=ne.

2 Ach edler Balſam, Gottes Geiſt,
ſalb mir mein Seel von innen;
Weil du meiner Seelen Wunden weiſt,
o hilf mir Ruh gewinnen.

3 In dir allein iſt Fried und Sühn,
in dir ruht das Gemüthe;
In mir ſo wolleſt Friede thun
durch dein göttliche Güte.

4 Ach ſüßeſte Holdſeligkeit,
du Vater aller Armen,
Du Band der heilgen Dreifaltigkeit,
laß dich mein Seel erbarmen.

5 Glänz, reiner Herzen lichter Schein,
in meiner finſtern Klauſe;
Ach edler Troſt, geuß dich darein,
mein Seel werd heut dein Hauſe.

6 Ach edler Geiſt mit ſieben Gabn,
nun ſei noch heut mein Gaſte,
Daß ich dir leb und dich mög lobn,
nimm bei mir Ruh und Raſte.

7 Komm, mein Heil, meine Seligkeit,
durch deinen heilgen Namen
Von mir dich nimmermehr abſcheid
hie und dort ewig. Amen!

XIV. Dreieinigkeitsfest.

---

104. Lob der heiligen Dreieinigkeit.

Wir lo-ben dich, Gott Ze-ba-oth! Ky-ri-e e-lei-son! in

drei Per-so-nen ei-nen Gott. Hal-le-lu-jah! Ge-lo-bet seist

du ohn En-de!*)

2 Gott Vater in dem höchsten Thron,
dich loben wir samt deinem Sohn.

3 Gott heiliger Geist, gleicherweis
dich ehren wir mit Ehr und Preis.

4 O heiligste Dreifaltigkeit,
beschütz die ganze Christenheit.

---

*) Kyrie, Hall. u. die letzte Zeile werden in jedem Verse wiederholt.

105. Ein Ruf zur heiligen Dreieinigkeit.

Wol auf zu Gott mit Lo=beschall, — Hal = le = lujah! — daß es der Dreifal=tig=keit ge=fall. Hal = le = lu = jah! Hal=le = lu = jah!

2 Im Anfang ift der ewge Gott,
der sei gepreiset früh und spat,

3 Gott Vater, Sohn, heiliger Geist, —
der steh uns bei und alles leist.

4 Gelobt seist du und benedeit,
du heilige Dreifaltigkeit,

5 Du unzertheilte Einigkeit,
ganz gleicher Macht und Herlichkeit,

6 Gott Vater, Sohn, heiliger Geist,
wie uns die heilig Schrift beweist.

7 Drei Personen und nur ein Gott,
von dem alles sein Ursprung hat.

8 Es werden drei Person genannt,
doch nicht mehr denn ein Gott bekannt,

9 Gleicher Ehr und Selbständigkeit,
mit der Personen Unterscheid.

10 Gott Vater hat durch seinen Sohn
Himmel und Erd erschaffen thun.

11 Alles erhält er wunderlich,
regiert alles gewaltiglich.

12 Nach seim Gheiß hält der Mond sein Lauf
und die Sonn geht uns täglich auf.

13 Der Sohn, geborn von Ewigkeit,
hat aus lauter Barmherzigkeit

14 Angenommen unsre Menschheit
und uns gebracht zur Seligkeit.

15 Er hat uns Menschen all erlöst,
als wir ins Teufels Gwalt geweft,

16 Und für uns vergoßen sein Blut,
erledigt aus der Höllen Glut.

17 Der heilig Geist, ein wahrer Gott,
von beiden seinen Ausgang hat,

18 Nämlich vom Vater und dem Sohn,
der die Christen heiliget schon,

19 Erleucht und zündt ihr Herzen an
und ziert sie mit sein Gaben schon.

20 Er tröst und stärkts mit seiner Gnad,
daß sie beständig bleiben biß an Tod.

21 O heilige Dreifaltigkeit!
o unzertheilte Einigkeit!

22 O göttliche Beständigkeit!
o grundlose Barmherzigkeit!

23 O ewige Allmächtigkeit!
o unerforschliche Weisheit!

24 O unbegreiflich Gütigkeit!
erleucht all unser Dunkelheit.

25 Von dir, Gott, wir erschaffen sein
und erlöst aus der Höllen Pein.

26 Regiere uns mit deiner Gnad,
daß uns der böse Feind nicht schad,

27 Daß wir von allem Übel gfreit
dich loben in der Ewigkeit.

28 Hilf daß wir uns dir ganz ergebn
und nach deinen Geboten lebn.

29 Vergebung unsrer Missethat
verleihe uns die göttlich Gnad;

30 Erlös uns von der Höllen Thal,
daß wir kommen ins Himmels Saal.

31 Wir bitten durch dein Marter gut,
HErr Christ, durch dein rosinfarbes Blut,

32 Und bitten hoch in unserm Leid
dein göttliche Barmherzigkeit.

33 Wir bitten durch dein bittern Tod,
daß du uns helfst aus aller Noth.

34 Durch dein Leiden wollst du uns fein
behüten Treib und auch den Wein.

35 Ein fruchtbars Wetter uns verleih,
vor Hagel bhüt uns sicherlich.

36 Erbarm dich über deine Kind,
so in deim Nam versammlet sind.

37 Christe, ohn dein Hilf auserkorn
sind wir allhie und dort verlorn.

38 Uns schicke auch die Engel dein,
die uns bhüten vorm Feind unrein.

39 Das helf uns Gott, der heilig Geist,
der unser werther Tröster heißt.

40 Hallelujah singen wir all,
daß es der Dreiheit wolgefall.

41 Zu dieser theuren Gnadenzeit
sei Gott gelobt in Ewigkeit.

42 Hallelujah! ewige Freud
verleih uns Gott und Seligkeit.

XV. Marien Heimsuchung.

106.

Ma = ri = a gieng hinaus   zu Za=cha=ri=as Haus;   Sie gieng in al=ler Eil

berg=auf und ab viel Meil Gen He=bron, in die Stadt da sie ihr Bäs=le hat.

2 Sie gieng alleine nit,
   es gieng Sanct Joseph mit;
   :|: Sie trug auch Gottes Sohn
   in ihres Herzen Thron.
   Dazu ein englisch Schaar
   unsichtbar bei ihr war. :|:

3 Als sie zum Haus ausgieng,
   sie das Gebet anfieng;
   :|: Zu Gott all Uhr und Stund
   hub sie ihr Herz und Mund,
   von Gott sie viel betracht,
   also die Reis vollbracht. :|:

4 Da nun die Jungfrau thät
   ersehn Elisabeth,
   :|: Sie sich demüthig neigt,
   der Alten Ehr erzeigt
   Und grüßt das Bäsle sehr
   mit Reverenz und Ehr. :|:

5 Elisabeth behend
   die Mutter Gottes kennt,
   :|: Empfieng die Jungfrau zart,
   zugleich gesegnet ward;
   Ihr Kind ward Gnaden voll,
   im Haus ward allen wol. :|:

6 O Haus, o Himmelreich,
   dem wahren Himmel gleich!
   :|: Du, Haus, der Himmel bist,
   darin Gott selber ist
   Und alle Herrlichkeit,
   was heilig weit und breit. :|:

7 Ach komm, o Himmelreich,
   auch in mein Herz zugleich;
   :|: Bring mir das höchste Gut,
   Gotts Sohn in Fleisch und Blut!
   Der segne Seel und Leib
   und bei uns ewig bleib! :|:

XVI. Märtyrer und Bekenner.

---

107. „Ein chriftlicher Abendreihen". von Johannes dem Täufer „für chriftliche züchtige Jungfräulein."

Kommt her, ihr lie=ben Schwe=fter=lein, an die=fen A=bend=tanz, Laßt

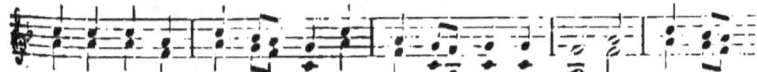

uns ein geiftlichs Lie=de=lein fin=gen um ei=nen Kranz, fin=gen um

ei=nen Kranz.

2 Von Sanct Johanns, dem heiligen Mann,
   wir wollen fingen heut,
   Der die Buß predigt am Jordan,
   :|: lehret und tauft viel Leut. :|:

3 Kein Weib auf Erd hatt feines gleich
   geboren einen Sohn:
   Er prediget von Gottes Reich,
   :|: die Welt gab ihm den Lohn. :|:

4 Sein Vater Zacharias hieß,
   ein Prieftr und Gottes Knecht,
   Der auf Meffias fich verließ,
   :|: er war fromm und gerecht. :|:

5 Sein Mutter war ein altes Weib
   und hieß Elifabeth.
   Gott hatt verfchloßen ihren Leib,
   :|: daß fie kein Kinder hätt. :|:

6 Biß daß erfüllet war die Zeit,
   daß Chriftus kommen follt
   Und Gott fein liebe Chriftenheit
   :|: durch ihn erlöfen wollt. :|:

7 Und da die Zeit vorhanden war,
   gebar das Weib ein Sohn.
   Ihr Freund und Nachbarn kamen dar,
   :|: da war groß Freud und Wonn. :|:

8 Am achten Tag nach jüdischer Art
bschnitt man das Kindlein hold,
Johannes es genennet ward,
:|: wie es der HErr gewollt. :|:

9 Darnach das Kind wuchs und ward groß
und trat ins Predigamt,
Tauft und vermahnet zu der Buß
:|: die Menschen allesamt. :|:

10 Sich naht herbei das Himmelreich,
ruft er mit lauter Stimm,
Vermahnet und straft allzugleich,
:|: die naus kamen zu ihm. :|:

11 Darnach kam Christus an Jordan,
von ihm die Tauf empfieng;
Des wegert sich der heilig Mann,
:|: sagt er wär viel zu gring, :|:

12 Daß er sein Schuh auflösen sollt,
denn Gottes Lamm er ist;
Drum ihr an ihn all glauben wollt,
:': es ist der HErre Christ. :|:

13 Der nimmt hinweg die Sünd der Welt
und tauft mit Feur und Geist,
Er ist das rechte Lösegeld,
:|: Heiland er billig heißt. :|:

14 Da er sein Amt hatt ausgericht
mit seiner Tauf und Lehr,
Wollt er Herodi heuchlen nicht,
:|: er sagt ihm wer er wär. :|:

15 Er straft ihn um sein Sünd und Schand
und sein Ehbrecherei.
Herodes bald ein Ursach fand,
:|: auf daß er ihm käm bei. :|:

16 Das böse Weib Herodias
das schüret fleißig zu;
Des Teufels Braut voll Gift und Haß
:|: hatt weder Rast noch Ruh, :|:

17 Biß daß sie ihn ums Leben bracht
mit ihrem Töchterlein.
Die tanzet und viel Kurzweil macht
:|: wol um das Leben sein. :|:

18 Sein Haupt gab man dem Mägdelein
auf einer Schüßel rund,
Die brachts dem bösen Mütterlein
:': bald zu derselben Stund. :|:

19 So nahm ein End der theure Held,
wie andre Heilgen mehr,
Denn es Gott also wolgefällt,
:|: dem singen wir Lob und Ehr. :|:

20 Hilf Gott daß wir dem Hänselein
thun mögen rechte Ehr!
Hilf daß wir seine Schüler sein
:|: und folgen seiner Lehr, :|:

21 Und trauen dir, HErr Jesu Christ,
in aller Angst und Noth,
Des Fürlaufer Johannes ist.
:|: Das hilf uns, lieber Gott! :|:

22 Amen! sprecht alle, das werd wahr,
ihr lieben Schwesterlein!
Christus behüt uns dieses Jahr
:|: durch seine Engelein! :|:

108. Von Sanct Laurentius.

Nach der Weise: Es war einmal ein reicher Mann.

Laßt klin=gen, laßt klin=gen eur Stim = men rein, ihr Jung und Al=ten

ins=ge=mein, ein Lied von Sanct Lau=ren=ti = us!

2 Durch Tugend ziert er Christi Lehr,
in Wort und Werk sucht Gottes Ehr,
heiligen Geists und Glaubens voll.

3 Diakon ward er ordiniert,
an Land und Leut sehr viel bekehrt,
der heilige Laurentius.

4 Zu Rom der Kirche Schatz und Gut
verwaltet er in treuer Hut
und spendet weißlich Gaben aus.

5 Da Bischof Sirt sein edles Blut
vergießen sollt, mit treuem Muth
folgt weinend ihm Laurentius.

6 „O Vater mein, o Vater mein,
wo gehst du hin ohn mich allein?
Nimm deinen Sohn zum Opfer mit!"

7 „„Ein schöner Kron, Sanct Sirtus sprach,
reicht Christus dir am dritten Tag;
der Kirche Schatz vor spende aus."„

8 Da eilt er hin mit frohem Muth,
den Armen opfert alles Gut
mit milder Hand Laurentius.

9 Als Sirtus nun den Kampf vollendt,
alsbald der grimme Richter sendt
und fordert Sanct Laurentius.

10 Von schnöder Gier entzündet gar
hieß er die Schätze bringen dar
den heiligen Laurentius.

11 Eilends mit Lust, mit Freuden groß,
mit vielen Armen klein und groß
zum Richter gieng Laurentius.

12 „Dies ist der Kirche Schatz und Gut."
Der Richter entbrannt von Zorn und Wuth,
er achts für lauter Schimpf und Spott.

13 Von ihm gar viel versuchet ward
mit Worten süß, mit Worten hart
der tapfer Held Laurentius.

14 Er überwand in solchem Streit
durch Geistes Kraft den Feind gar weit;
noch schönrer Kranz sein wartet schon.

15 Er ward hinausgeführt sofort
gebunden zu dem Marterort,
zur Marterkron Laurentius.

16 Ein großes Feur, ein eisen Rost,
darauf er braunte ungetrost,
bereitet war dem Kämpfer werth.

17 Mit Grimmen hart wird angetast,
geworfen auf den glühenden Rost
der Märtyrer Laurentius.

18 Von Herzen froh zum Richter sprach
im Leiden groß, darin er lag,
der edle Held Laurentius:

19 „Die eine Seit gebraten ist,
wend um, o Richter, davon friß!
die ander Seit auch braten laß!"

20 Nach dieser Red mit heller Stimm
gibt Gott sein Leben und Seele hin
der tapfer Held Laurentius.
21 Mit Freuden groß und Jubiliern,
mit Jauchzen wird und Triumphiern
sein Seel zu Gott getragen.

22 Die Seel da glänzt im Himmelsthron
viel schöner und herlicher als die Sonn,
wie Gottes Mund gesprochen.
23 HErr Jesu, gib uns Kraft und Muth,
daß wir auch mit Leib, Ehr und Gut
dich vor der Welt bekennen;

24 Ob auch durch Marter und Leiden groß,
nimm uns einst auf in deinen Schoß
zum unsterblichen Leben!

109. „Von Sanct Katharinen, Cäcilien, Ursulen, Dorotheen, Barbaren und allen Jungfrauen."

Es ist ins Himmels Saa = le ein lich = te hel = le Volk　In wun = der =

schönem Strah=le, der Jungfraun ed=les Volk. Welch ha=ben ü=ber=wun=den ihr

Fleisch und Blut all　Stun=den, den Him=mel mit Ge=walt.

2 Herlich vorher thut ziehen
ihr Gott, ein Lämmlein weiß,
Dem thun sie all nachgehen
mit schönem Lob und Preis;
　Es kann auch niemand singen,
noch solch Gesang erklingen,
allein Jungfrauen weis.
3 Das Lämmlein an der Seiten
die Gottsgebärerin
Sehr herlich thut begleiten,
wo es auch gehet hin.
　Jeder thut da beschauen
die Kron aller Jungfrauen
mit Augen und mit Sinn.

4 Darnach kommt Sanct Kathreinen
und Sanct Cäcilia,
Herlich sie da erscheinen,
wie auch Sanct Ursula,
　Und mit Sanct Dorotheen
ist ganz lieblich zu sehen,
tritt her, Sanct Barbara.
5 Ihr Blut han sie vergoßen
dem Lamm zu Lieb und Ehr,
Geschlagen und gestoßen,
greulich gemartert sehr.
　Des haben sie zu Lohne
die himmlisch Marterkrone
und freuen sich nunmehr.

6 Darnach kommen gegangen
noch Jungfraun gleicher Weis,
Die haben all empfangen
ein jede ihren Preis,
   Darnach sie hat gelitten
und auf Erden gestritten
im Kampf so schwer und heiß.

7 Die himmelischen Brauten
sind alle wol geziert,
Wie Gottes recht Vertrauten
solchs auch sich wol gebürt,
   Folgen dem Bräutgam schone,
dem eingen Gottessohne,
wo er sie mit sich führt.

8 O Gott, wollst uns verleihen
Genad und Stärke dein,
Daß uns auch mög gedeihen,
Jesu, bei dir zu sein,
   Dir folgen und dich loben
im Himmel hoch dort oben
mit allen Heilgen dein.

110. Von Sanct Katharina.

Wir lobn die hei=lig und die rein, die hei=lig Jungfrau Ka=tha=rein.

2 Sanct Kathrein war ein reine Magd,
das war dem Heiden bald gesagt.

3 Der Heid schickt aus in alle Land,
wo jemand Sanct Katharina fand.

4 Der Heid sprach Sanct Katharina zu:
„Nun, willt du meinen Willen thun?

5 Ich geb dir Berg und alle Land,
mach dich zu einer Kaisrin zuhand.“

6 Katharina sprach: „„Das thu ich nicht,
kein heidnischen Mann den mag ich nicht.““

7 Er ließ sie legn in ein tiefen Thurn,
darin lag mancher giftige Wurm.

8 Sie lag biß auf den elften Tag,
daß sie weder Speis noch Trank empfang.

9 Wol auf den zwölften Morgen fruh,
da trat der Heid zum Thurn hinzu.

10 Er stieß die Thür auf mit Gewalt
und ruft Sanct Katharina bald.

11 „Katharina, wer hat dich ernährt,
daß dich die Würm nicht haben verzehrt?“

12 „„Das hat gethan ein heiliger Mann,
Jesus Christus, mein Bräutigam.““

13 Er ließ zurichten ein scharfes Rad,
das war mit Eisen wol verwahrt.

14 Er ließ das Rädlein umhertreibn,
daß es Katharina sollt zerschneidn.

15 Er ließ ein scharfes Schwert hertragn,
daß man ihr sollte das Haupt abschlagn.

16 Und wo ihr heiliges Haupt hin sprang,
da saß ein Engel unde sang.

17 Und wo ihr heiliges Blut hin rann,
da stund ein helles Licht und glamm.

18 Wegen der Jungfrau Heiligkeit
Gott sei gelobt in Ewigkeit.

111. Von Sanct Dorothea.

Im Ton: Lobt Gott, ihr frommen Christen.

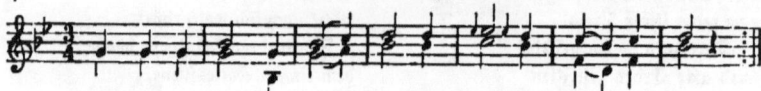

Es war ein gott = fürch = ti = ges und chrift=lichs Jung=fräu = lein,
Gotts Wort und Ka = te = chis = mus hat fie ge = ler = net fein:

Ihr Namen Do = ro = the = a ift weit und breit be = fannt, nach ih=rem

Va=ter und Mut = ter wurd fie al = fo ge = nannt.

2 Auf deutfch ein Gottesgabe
die Dorothea heißt,
Die hoch vom Himmel hrabe
befchert der heilige Geift:
     Oft bringt ein guter Name
ein gute Art mit fich,
wenns Kind von gutem Samen
gezeuget wird ehrlich

3 Mit Fleiß in ihrer Jugend
fie zu der Predigt gieng,
Chriftliche Zucht und Tugend
liebt fie vor alle Ding,
     Hielt ihr Eltern in Ehren,
dazu fein lieb und werth,
folgt treulich ihrer Lehre,
thät was ihr Herz begehrt.

4 Schamhaftig und fein ftille
hielt fie fich allezeit
Und lebt nach Gottes Wille,
acht keiner Üppigkeit,
     Armen war fie geneiget
und dienet ihn mit Fleiß,
ihr Hilf fie ihn erzeiget
Gott zu Lob, Ehr und Preis.

5 Weh thäts dem alten Drachen
und konnt es leiden nicht,
Speit Feuer aus feim Rachen,
Verfolgung er anricht:
     Das Mägdlein wollt man zwingen
zu der Abgötterei,
dem Feind wollts nicht gelingen,
Chriftum bekannt fie frei.

6 Mit Worten füß und fauer
man fie bereden wollt,
Sie ftund feft wie ein Mauer
und im Feuer das Gold:
     Kein Marter, Pein noch Schmerzen
von Chrifto fie abwandt,
mit ihrem Mund und Herzen
den Glauben fie bekannt.

7 Als der Feind nichts konnt fchaffen,
wurd er thöricht und toll,
Desgleichen die Baalspfaffen
wurden der Teufel voll:
     Ein Urtheil wurd gefället,
verdient hätt fie den Tod,
Ritterlich fie fich ftellet
und fchrie ernftlich zu Gott:

8 „HErr Christ, in deine Hände,
mein Seel befehl ich dir!
Bscher mir ein selig Ende,
mit deim Geist steh bei mir!
Deinem Namen zu Ehren
wie ein Christ sterb ich heut.
Ach hilf daß sich bekehren
die armen blinden Leut!"

9 Theophilus den Kanzler
die Jungfrau jammert sehr.
Er sprach: „„Schon doch dein selber,
verlaß die falsche Lehr
Und frist dein junges Leben!"""
Drauf Dorothea spricht:
„Ein beßers wird mir geben
Christus, drum thu ichs nicht.

10 Ins schöne Paradeise
komm ich nach meinem Tod,
Gott zu Lob, Ehr und Preise
stehn da viel Röslein roth,
Draus wird mir Christ, mein HErre,
machen ein Ehrenkranz.
Der Tod liebt mir viel mehre
denn so ich gieng zum Tanz."

11 Theophilus die Rede
hielt für ein lautern Spott:
„„„Mein liebe Dorothea,
wenn du kommst zu deim Gott,
Schick mir auch Äpfel und Röslein
aus seinem Garten!"""
„Ja, sprach sie, das soll wahr sein!
du sollt ihr warten!"

12 Als nun das schöne Jungfräulein
durchs Schwert gerichtet war,
Da kam ein feines Knäbelein
mit einem Körblein dar
Und sprach: „Sieh hin, Theophile!
da nimm die Röselein!
die schickt dir Dorothea
aus Christus Gärtelein.

13 Sie lebt in Freud und Wonne,
ein End hat all ihr Leid,
Leucht wie die helle Sonne
in ewiger Seligkeit."
Theophilus entsatzt sich
über dem Wunder groß
und sprach: „„„Herzlich erfreuts mich,
meins Irrtums bin ich los.""

14 Bald sieng er an zu preisen
Christum den wahren Gott
Und ließ sich unterweisen
in des HErren Gebot,
Die heilig Tauf empfienge
und sich ein Christen nannt,
fröhlich zur Marter gienge
und Christum frei bekannt.

15 Gleich wie ein fruchtbar Regen
ist der Märterer Blut,
Viel Frucht durch Gottes Segen
reichlich er bringen thut;
Durchs Kreuz die Kirch zunimmet
und wächst ohn Unterlaß:
durch Tod zum Leben dringet
wer herzlich glaubet das.

8*

112. „Jubellied der evangelischen Christen" zum Reformationsfest.

Lobt Gott, ihr frommen Chri = sten, freut euch und ju = bi = liert!
Gott will sein Kir = che fri = sten, sein Wahr=heit tri = um = phiert.

Die Har=fen hört man klin=gen in deut=scher Na = ti = on, dar=um viel

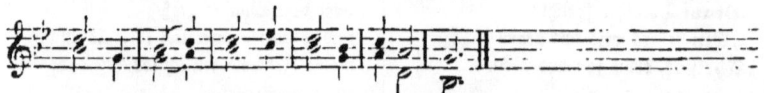

Chri=sten brin = gen zum E=van=ge=li = on.

2 Von Mitternacht ist kommen
ein evangelisch Mann,
Hat Gottes Wort genommen
aus der Sophisten Bann.
   Menschen Lehr ist gefallen,
Gotts Wort ist auf dem Plan;
das Heil leuchtet uns allen,
niemand es wehren kann.

3 Lebendig Waßer quillet
aus Gottes Brünnlein klar,
Die Durstgen labt und stillet,
heilt alles Volk fürwahr.
   Der HErr hat angeschauet
die saßen im Elend;
sein Reich er wieder bauet
durchs Wort und Sacrament.

4 Herzu, ihr lieben Brüder,
nehmt eures Heiles war!
Zum Fähnlein tracht ein jeder
in aller Gläubgen Schaar.
   Ob auch der Feind uns schrecket
mit Grimm und Übermuth,
Gott hat sein Hilf erwecket
in unserm Hauptmann gut.

5 Ein jeder soll auch hören
wer unser Hauptmann ist:
Der König aller Ehren,
unser HErr Jesus Christ.
   Der will uns helfen streiten
in aller unser Noth
jetzt und zu allen Zeiten,
als er versprochen hat.

6 Gottes geliebte Ritter,
seid mannlich in dem Streit!
Das grausam Ungewitter
währt nur ein kleine Zeit.
   Thut nur beständig bleiben,
seid treu biß in den Tod;
laßt euch zurück nicht treiben,
vertrauet unserm Gott!

7 Amen! es wird geschehen!
in einem Augenblick
Wird Gottes Macht man sehen
wider der Welte Tück.
   Wir werden bei ihm erben
die herlich Kron und Freud,
Sieg und Triumph erwerben
durch ihn in Ewigkeit.

113. „Von den zween Märterern Christi"
Johannes Esch und Heinrich Voes
„zu Brüssel von den Sophisten*) von Löven verbrannt" am 1. Juli 1523.

Ein neu=es Lied wir he=ben an, das walt Gott, un=ser HErre,
Zu sin=gen was Gott hat ge=than zu sei=nem Lob und Eh=re.

Zu Brüs=sel in dem Nie=der=land wol durch zween jun=ge Kna=ben hat er sein Wun=der macht be=kannt, die er mit sei=nen Ga=ben so reich=lich hat ge=zieret.

2 Der erst recht wol Johannes heißt,
so reich an Gottes Hulden;
Sein Bruder Heinrich nach dem Geist,
ein rechter Christ ohn Schulden.
  Von dieser Welt geschieden sind,
sie han die Kron erworben,
recht wie die frommen Gotteskind
für sein Wort sind gestorben,
sein Märtrer sind sie worden.

3 Der alte Feind sie fangen ließ,
erschreckt sie lang mit Dräuen.
Das Wort Gotts man sie läugnen hieß,
mit List auch wollt sie täuben.
  Von Löven der Sophisten viel,
mit ihrer Kunst verloren,
versammlet er zu diesem Spiel:
der Geist sie macht zu Thoren,
sie konnten nichts gewinnen.

4 Sie sungen süß, sie sungen saur,
versuchten manche Listen.
Die Knaben stunden wie ein Maur,
verachten die Sophisten.
  Den alten Feind das sehr verdroß,
daß er war überwunden
von solchen Jungen, er so groß:
er ward voll Zorn von Stunden,
gedacht sie zu verbrennen.

5 Sie raubten ihn das Klosterkleid,
die Weih sie ihn auch nahmen.
Die Knaben waren des bereit,
sie sprachen fröhlich Amen.
  Sie dankten ihrem Vater Gott,
daß sie los sollten werden
des Teufels Larven, Spiel und Spott,
darin durch falsche Bärden
die Welt er gar betreuget.

*) Klüglingen.

6 Da schickt Gott durch sein Gnad also
   daß sie recht Priester worden:
   Sich selbst ihm musten opfern da
   und gehn im Christenorden,
       Der Welt ganz abgestorben sein,
   die Heuchelei ablegen,
   zum Himmel kommen frei und rein,
   die Möncherei aussegen
   und Menschentand hie lassen.

7 Man schrieb ihn für ein Brieflein klein,
   das hieß man sie selbst lesen;
   Die Stück sie zeichten alle drein,
   was ihr Glaub war gewesen.
       Der höchste Jrrtum dieser war:
   man muß allein Gott glauben,
   der Mensch leugt und treugt immerdar,
   dem soll man nichts vertrauen.
   Des musten sie verbrennen.

8 Zwei große Feur sie zündten an,
   die Knaben sie herbrachten.
   Es nahm groß Wunder jedermann,
   daß sie solch Pein verachten.
       Mit Freuden sie sich gaben drein,
   mit Gottes Lob und Singen.
   Der Muth ward den Sophisten klein
   für diesen neuen Dingen,
   daß sich Gott ließ so merken.

9 Der Schimpf sie nun gereuet hat,
   sie wolltens gern schön machen.
   Sie thürn*) nicht rühmen sich der That,
   sie bergen fast die Sachen.
       Die Schand im Herzen beißet sie
   und klagens ihrn Genoßen,
   doch kann der Geist nicht schweigen hie:
   des Habels Blut vergoßen
   es muß den Kain melden.

10 Die Aschen will nicht lassen ab,
    sie stäubt in allen Landen;
    Hie hilft kein Bach, Loch, Grub noch Grab,
    sie macht den Feind zu Schanden.
        Die er im Leben durch den Mord
    zu schweigen hat gedrungen,
    die muß er todt an allem Ort
    mit aller Stimm und Zungen
    gar fröhlich lassen singen.

11 Noch lassen sie ihr Lügen nicht,
    den großen Mord zu schmücken.
    Sie geben für ein falsch Gedicht,
    ihr Gwißen thut sie drücken.
        Die Heiligen Gotts auch nach dem Tod
    von ihn gelästert werden,
    sie sagen: in der letzten Noth
    die Knaben noch auf Erden
    sich solln haben umkehret.

12 Die laß man lügen immerhin,
    sie habens keinen Frommen.
    Wir sollen danken Gott darin,
    sein Wort ist wiederkommen.
        Der Sommer ist hart für der Thür,
    der Winter ist vergangen,
    die zarten Blümlein gehn herfür:
    der das hat angefangen,
    der wird es wol vollenden.

―――
*) getrauen sich.

114 Auf das Fest aller Heiligen.

Hoch=hei=lig=ste Drei=fal=tig=keit, mein See=le, Hei=lig!
hilf daß ich mich mit Lob und Dank ein=stel=le, daß in

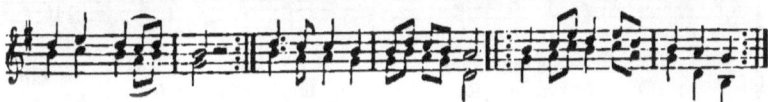

heilig! fin = ge,
Lüften klin = ge: } sei gelobt in E=wig=keit, hei=lig=ste Drei=fal=tigkeit!

2 Ganz freudig sollen Lob und Preis er=
klingen [schwingen,
und biß zum Himmel hoch hinauf sich
Dank und Ehre schalle
biß zur Gnadenhalle,
wo der Auserwählten Chor
:|: jubelnd blickt zum HErrn empor. :|:

3 Sehnlich verlangten sie in diesem Leben
nach Tugend einzig und allein zu streben;
Trugen lieber Leiden
als von Gott zu scheiden;
Christi Blutgerechtigkeit
:|: war ihr Schmuck und Ehrenkleid. :|:

4 In ihnen ruhte Gottes Wolgefallen,
dieweil sie ihn allein geliebt vor allen,
Für den Glauben stritten,
Pein und Tod erlitten,
und so treulich ihren Bund
:|: hielten biß zur letzten Stund. :|:

5 Selig, ohn End sie wohnen nun im
Himmel, [tümmel;
in Freud und Lust, weit von dem Erdge=
Sie schmückt nun zum Lohne
eine Strahlenkrone;
preisend und mit Lobgedicht
:|: schaun sie Gottes Angesicht. :|:

6 Der Heilgen König laßt uns hoch erheben,
der solches Heil den Menschen hat gegeben;
Auf sein Gnad uns gründen,
und ihm treu verbünden,[1]
daß wir mit der Heilgen Schaar
bei ihm leben immerdar.

7 Laßt Heilig! heilig! heilig! all uns rufen
mit Gottes Volk an seines Thrones Stufen
Gott, dem höchsten Wesen,
der uns auserlesen,
biß auch wir nach diesem Leid
schauen ihn in Ewigkeit.

XVII. Wort Gottes und Sacramente.

115. Der Gnadenbrunn.

Im Ton: Die Brünnlein die da fließen.

Der Gna=benbrunn thut flie=ßen, den soll man trin=ken;
O Sün=der, du sollt bü=ßen, dir thut Gott win=ken

Mit

sein gü=ti=gen Au=gen und richt dir deinen Fuß wol durch das Wort des

Glaubens; Chri=stus al=lein dir hel=fen muß.

2 Dein Thun ist gar zu nichten
zum ewgen Leben,
Auf Christum mußt dich richten,
der wird dirs geben;
 Der hat versöhnt den Zoren
mit seinem theuren Blut,
wir wären all verloren,
sein Leiden ist dem Gläubigen gut.

3 Du sollt dir selbst nicht trauen
zu tilgen deine Sünd,
Auf Menschenlehr nicht bauen,
Vernunft erdicht viel Fünd.
 Satan thut dich anwehen,
möcht er dich stürzen um;
das Wort Gotts thut nicht schweigen
und macht viel manchen Sünder fromm.

4 Mein Seel die thut sehr dürsten
nach Gottes Stimme,
Recht wie ein gejagten Hirschen
zum kühlen Brunne.
 O Jesus, thu mich laben
mit deim heilsamen Saft;
mein Seel wird mir verzagen,
stärk mich mit deiner göttlichen Kraft.

5 Die solchen Durst empfinden
die sollen kommen,
Die werden Labung finden,
den Geist auch nehmen;
 Wer glaubet an den HErren,
ich mein an Jesum Christ,
wie uns die Schrift thut lehren,
ein solcher Christ wol selig ist.

6 Das Wasser thut herquellen
vom Himmel geben,
Er speiset unser Seelen
ins ewig Leben;
 Er ist der Brunn der Gnaden
und aller Gütigkeit,
wäscht ab den sündigen Schaden
und gibt die ewig Seligkeit.

116. Das Gottesblümlein.

Ich weiß mir ein Blümlein hübsch und fein, es thut mir wol = ge = fal =
len; Es liebt mir in dem Her = zen mein das Blü = me = lein für
an = dern Blüm = lein al = len.

2 Das Blümlein ist das göttlich Wort,
  das uns Gott hat gegeben;
  Es leucht uns durch die enge Pfort, ·
  das göttlich Wort,
  · wol in das ewig Leben.

3 Er ist der Weg, das Licht, die Pfort,
  die Wahrheit und das Leben.
  Wer Reu für seine Sünde trägt,
  sein Sünde trägt,
  dem sind sie im Glauben vergeben.

4 Er spricht: „Kommt alle her zu mir,
  all die ihr seid beladen!
  Ich will nach eures Herzen Begier,
  das glaubet mir,
  will heilen euren Schaden."

5 „Nehmt hin und eßt! das ist mein Leib,
  den ich euch jetzt thu schenken.
  Ich verschreib euch all mein Gut dabei,
  das glaubet frei,
  daß ihr mein sollt gedenken."

6 „Nehmt hin, trinket! das ist mein Blut,
  das hab ich für euch vergoßen,
  Welchs gnug für euer Sünde thut,
  so oft ihrs thut,
  wie ichs euch hab gelaßen."

7 Wir bitten dich, HErr Jesu Christ,
  wol durch dein bitter Leiden,
  Weil du für uns gestorben bist,
  HErr Jesu Christ,
  du wollst nicht von uns weichen.

8 Nimm uns für deine Kinder an,
  daß wir dich alle loben.
  Dein Wort bekenn ein jedermann
  auf rechter Bahn
  durch Jesum Christum. Amen!

117. „Ein Gespräch zweier christlichen Jungfräulein von Nutz und Kraft der heiligen Taufe, in einen Abendreihen gefaßt."

a.

Will niemand singen, so will singen ich! der König aller Ehren
freit um mich, der König aller Ehren freit um mich.

b.

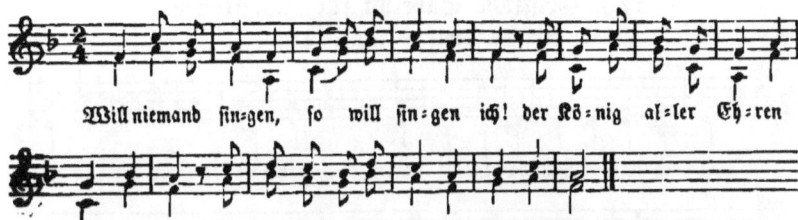

Will niemand sin=gen, so will sin=gen ich! der Kö=nig al=ler Eh=ren
freit um mich, der Kö=nig al=ler Eh=ren freit um mich.

2 Denn in der Tauf hat er mich ihm vertraut,
auf daß ich sei sein allerliebste Braut. :|:

3 Was hat er denn zum Mahlschatz geben dir?
Ein gülden Fingerlein mit eim Sapphir? :|:

4 Was bedeut im Fingerlein der Sapphir?
Es ist der heilge Geist, den schenkt er mir. :|:

5 Auch leucht im Ringle ein heller Rubin,
denn ich mit seinem Blut besprenget bin. :|:

6 Ist denn das Fingerlein pur lauter Gold?
Ja, darum bin ich ihm von Herzen hold. :|:

7 Sag an, warum du denn getaufet bist?
Mein alter Adam drin ersäufet ist. :|:

8 Was hast du denn in der Tauf dich verpflicht?
Mein bösen Lüsten will ich folgen nicht. :|:

9 Auch woll ich kämpfen wider Fleisch und Blut,
so oft es mich zum Argen reizen thut. :|:

10 Hast du dem bösen Feind auch abgesagt?
Ja, ich woll thun allein was Gott behagt. :|:

11 Was hast du denn Christo verheißen mehr?
Ich woll mich richten nach seim Wort und
Lehr. :|:

12 Was bedeut denn das Westerhembelein?
Daß ich anzieh Christum, den HErren
mein. : :

13 Das Westerhemblein ist schön und schnee=
weiß: [Fleiß. :|:
mein Zucht und Ehr soll ich bewahrn mit

14 Was machen denn also viel Kreuzlein dran?
Ein Christ viel Kreuz und Unglück hie
muß han. :|:

15 Sag uns doch auch: wann wird die Heim=
fahrt sein? [gam mein. :|:
Am jüngsten Tag, wann kommt der Bräut=

16 Dann wird er mit Ehren heimholen mich,
mein Herz darnach verlangt und sehnet sich. :|:

17 Dann wird ergetzt werden mir alles Leid,
und werd mich mit ihm freun in Ewig=
keit. :|:

18 Auf sein Zukunft wart ich itzt für der
Thür, [schür, :|:
mit Öl füll ich mein Lampen und sie

19 Wann er wird kommen, daß ich sei bereit,
auf daß er mir geb kein bösen Bescheid, :|:

20 Wie er den fünf tollen Jungfrauen thut,
die haußen bleiben müßen mit Unmuth. :|:

21 Denn sie hatten ihr Lampen nicht geschürt
und mit Öl gefüllet, wie sichs gebürt. :|:

22 HErr Christ, mein lieber Bräutigam, komm schier!
hol aus dem Jammerthal uns heim zu dir!

118. Geiſtliche Badeluſt für Jungfrauen
zum Gedächtnis der heiligen Taufe.

Wol=auf im Geiſt gehn ba=den, ihr zarten Jung=fräulein! Da=hin hat uns ge=

la=den Je=ſus, der HErre mein.

2 Hier quillt der Gnaden Brunne,
der Freuden Morgenröth,
Da glänzt der ewige Sommer,
da alles Leid zergeht.

3 Da hört man ſüß erklingen
der Vögelein Getön,
Und auch die Engel ſingen
ihr Melodie gar ſchön.

4 Da führt Jeſus den Tanze
mit aller Mägde Schaar,
Da iſt die Liebe ganze
ohn alles Ende gar.

5 Da will der HErr uns kleiden
mit Unſchuld je und je,
Da kann die Seele weiden
in Freud ohn alles Weh.

6 Hie wirkt das Waßer ſehre,
das reuig Aug vergeußt,
Vorab das grundlos Meere,
das von den Wunden fleußt.

7 Wer da will jubilieren
nach dieſem Winter hart,
Der ſoll ſein Herze zieren
mit Glauben edler Art.

8 Er ſoll dahinten laßen
der Creaturen Luſt
Und Überfluß ſich maßen
und fliehn der Sünden Wuſt.

9 Er ſoll im Geiſt ſich ſpeiſen
mit edler Tugend Koſt,
So wird ihn Jeſus weiſen,
da alle Freude ſproßt.

10 Da trägt der Herbſt den Trauben
den uns die Magd gebar,
Darab ſollen wir klauben
all Freude wonnebar.

11 Aus Gottes Lieb ſo reine
erwächſt uns ſolche Frucht,
Drum lobet all gemeine
des heilgen Bades Zucht.

119. Ruf vom heiligen Sacrament des Altars.

Im Ton: Gegrüßet seist du, o Jesulein.

Je = sus setzt ein vor sei = nem End — Hal = le = lu = jah! — aus lau = ter

Lieb dies Sa = cra = ment. Hal = le — Hal = le = lu = jah!*)

2 Sein Fleisch und Blut durch Gotts Gewalt
ist unter Brots und Weins Gestalt.

3 Dies Sacrament gibt Gnad und Kraft
zu üben die recht Ritterschaft.

4 Wider all Sünd, Trübsal und Noth
geistliche Stärk ist uns sehr noth.

5 Gib sie, Jesu, durch dieses Brot,
tränk uns mit deinem theuren Blut,

6 Das der Seelen Durst löschen thut,
mach uns zum Streit ein frischen Muth.

7 O Christe, gib uns gnädiglich
dich zu empfangen würdiglich.

8 Gib daß wir dich empfangen nicht
uns zum Verdammniß und Gericht.

9 O HErr, mit diesem Sacrament
speis uns an unserm letzten End.

10 Hilf daß wir in deim Reich so klar
dich mögen sehen offenbar —

11 In deiner großen Herrlichkeit
durch dein große Barmherzigkeit.

12 Dir sei, HErr Jesu, Ehr und Preis
mit Vater und heiligem Geist.

120. Psalm 103,1.

Mein gan = ze Seel dem HEr = ren sing, — Hal = le = lu = jah! Hal = le = lu =

jah! — aus al = len Kräf = ten Je = su kling. Hal = le = lu = jah! Hal = le = lu = jah!**)

*) „Hallelujah" wird beidemal in jedem Gesätze wiederholt.
**) „Hallelujah" wird in jedem Gesätze wiederholt.

2 Dieweil er uns zur Speis sich gibt
  und uns mit seinem Blut erquickt.

3 Der Will sing Dank durch alle Land
  und mit dem Willen der Verstand.

4 Gedächtnis sing auch ungespart
  vom allerhöchsten Gute zart.

5 Stimmt mit der Seelen überein,
  ihr Glieder all des Leibes mein.

6 Ihr fünf Sinn ruft auch all zu Gott:
  Dank sei dir, HErr Gott Zebaoth!

7 Zugleich was in mir ist sing Gott:
  Dank sei dir, HErr Gott Zebaoth!

8 Singt tausendmal: Gott Zebaoth!
  Dank sei dir, HErr Gott Zebaoth!

---

121. „Litanei vom hochwürdigen Sacrament"
des Leibes und Blutes Jesu Christi.

Im Ton: All Augen hoffen auf dich, HErr.

O Gott Va = ter vom Him=mel=reich, HErr Je=su Christ, er=barm dich un=ser

all = zu=gleich! er=barm dich un=ser, HErr Je = su Christ!*)

2 Erbarm dich unser, o Gottes Sohn,
  der Welt Heiland und Gnadenthron.

3 O heiliger Geist, erbarme dich
  der Christenheit genädiglich.

4 O heilige Dreifaltigkeit,
  ein wahrer Gott in Ewigkeit!

5 Du lebendiges Himmelbrot,
  so uns gesandt der liebe Gott!

6 Du wahrer Gott, du liegst verborgn;
  o Heiland, du thust für uns sorgn.

7 Der Auserwählten süßes Treib
  hie zeitlich und in Ewigkeit.

8 O süßer werther guter Wein,
  der viel Jungfrauen**) zeuget fein.

9 Du feistes Brot, so allezeit
  den Königen bringst Lust und Freud.

10 O heiligs Opfer, so stäts währt
   für Christi Kirche hie auf Erd.

11 Du Opfer unbefleckt und rein,
   den Menschen freuest du allein.

12 Du Lämmlein gut, ohn allen Fehl,
   der Sünder Zuflucht, Stärk und Heil.

13 O Tisch der Schaubrot, du stillst wol
   die hungrig Seel und machst sie voll.

14 Der Engel Speis und süßes Mahl
   in Ewigkeit ins Himmels Saal.

15 O du verborgnes Himmelbrot,
   der Seel angnehm, du treuer Gott.

---

*) Die 2. u. 4. Zeile werden in jeder Strophe wiederholt. — Will man das Lied abgekürzt singen,
so mögen etwa die Str. 1—5. 8. 23. 11. 13. 14. 17. 18. 20. 25. 28. 31. 36. 38. 39. 44—50. 55—63.
69—77. ausgewählt werden.

**) Off. Joh. 14, 4.

16 O du Gedächtnis hoch und werth
der Wunder Gottes hie auf Erd.

17 O du übernatürlichs Brot,
errettst die Seel vom ewgen Tod.

18 O Wort, das hie Fleisch worden ist
und wohnst bei uns zu aller Frist.

19 O Brandopfer gar heilig gut,
der Seelen bringst du Freud und Muth.

20 O Kelch, so voll des Segens bist,
bei dir all Gnad zu finden ist.

21 Du Gheimnis unsers Glaubens gut,
so alle Schwachen stärken thut.

22 O du hochheiligs Sacrament,
das zu verehren ist ohn End.

23 O allerheiligst Opfer werth,
das deine Kirch hoch preist und ehrt.

24 Du Schöpfer, so Genad thut gebn
den Gstorbn und den die noch beim Lebn.

25 O du Arznei von Gott bestellt,
die uns vor Sünden frei erhält.

26 O du Gedächtnis lieblich sehr
des HErren bittrer Marter schwer.

27 O Gab, so übertrifft gar weit
alle und jede Völligkeit.

28 Du Zeichen heilig groß und werth
der Liebe Gottes hie auf Erd.

29 Du reiche Überflüßigkeit
der göttlichen Freigebigkeit.

30 Du hochheiliges Sacrament,
der großen Gheimnis voll ohn End.

31 O Arznei der Unsterblichkeit,
bringst uns die wahre Fröhlichkeit.

32 O du erschrecklichs Sacrament,
das uns lebendig macht behend.

33 O Brot, so aus Allmächtigkeit
des Worts Fleisch worden bist bereit.

34 Du Opfer von dem reinsten Blut,
so Gott mit Lust annehmen thut.

35 O Mahlzeit hie und in deim Reich
und gar ein lieber Gast zugleich.

36 O süße Mahlzeit, bei der sein
mit Diensten all dein Engelein.

37 O Sacrament der Lieblichkeit
und der wahren Gottseligkeit.

38 O Band der Lieb, wie lieblich bindst
all die du in deiner Lieb findst!

39 O der du opferst mild und reich
und bist das Opfer auch zugleich.

40 O Gottes Geistes Süßigkeit,
die allen Christen ist bereit.

41 Billig dies heilig Sacrament
der wahre Brunnquell wird genennt.

42 O du Erquickung lieblich sehr,
heiliger Seelen höchste Ehr.

43 O Zehrung, so Gnad thut erwerbn
allen so in dem HErren sterbn.

44 O Trost und Stärk in allem Leid,
ein Pfand der ewigen Seligkeit.

45 Genade uns in diesem Lebn, H. J. Chr.,
und thu uns alle Sünd vergebn.

46 Verhüt daß wir unwürdig nie
dein Leib und Blut empfahen hie.

47 Des Fleischs Begier sei von uns weit,
damit die Seel nicht Schaden leid.

48 Begierd der Augen nimm hinweg,
damit das Herz nichts bös beflec.

49 Vor Stolz und allem Übermuth
behüt uns, o du höchstes Gut.

50 Vor aller Glegenheit der Sünd
erlöse uns, Marien Kind.

51 Durch dein Begierd, mit der du gehn,
als du aus lauter Lieb bist gsehn

52 Mit deinen Jüngern auf dem Saal
wol an dem letzten Abendmahl, —

53 Durch die groß Demuth, treuer Gott,
die du erzeigt vor deinem Tod,

54 Und sich dein Jüngern sehen ließ,
als du ihn wuschest ihre Füß, —

55 Durch die inbrünstige Liebe dein,
mit der du hast gesetzet ein

56 Das Sacrament, dein Fleisch und Blut,
der Seelen Speis und höchstes Gut, —

57 Und durch dein kostbars Blut, o Gott,
so du aus Lieb nach deinem Tod

58 Für aller Sünder schwere Last
auf dem Altar gelaßen hast, —

59 Durch deiner fünf Wunden große Pein,
so du für uns hast gnommen ein

60 An deinem Leib mit großem Leid
und auch mit großer Bitterkeit.

61 Wir Sünder bitten allzugleich,
genad uns, Gott vom Himmelreich.

62 Gib daß der Glaub, Lieb und Andacht
zum Sacrament durch deine Macht

63 Erhalten und gemehret werd,
weil wir hie leben auf der Erd.

64 Gib daß wir über dieses auch
durch gut Gewohnheit und Gebrauch

65 Dich nießen oft im Sacrament,
wenn wir die Sünd vor habn bekennt

66 Dem Beichtiger mit Reu und Leid,
durch dein Güt und Barmherzigkeit.

67 Gib daß wir allezeit sein frei
vor allem Gift der Ketzerei

68 Und vor des Herzens Blindheit schwer,
vor aller Untreu, dir zu Ehr.

69 Des Sacraments Frucht thu uns gebn,
o Gott, allhie in diesem Lebn,

70 Die himmlisch, köstlich ist allzeit,
ganz lieblich, süß, gebenedeit.

71 Verleih daß wir ohn dies nicht sterbn,
verleih daß wir dein Huld erwerbn,

72 Und durch die himmlisch Zehrung werdn
im Tod gestärkt allhie auf Erdn.

73 O Lämmlein, Gottes zartes Kind,
welches wegnimmt der Menschen Sünd,

74 Die Sünd der Welt, o Lämmlein gut,
du löschest aus mit deinem Blut;

75 Austilgen thust, o Lämmlein fein,
die Sünd durchs Kreuz und Leiden dein.

76 O Christe, hör uns williglich
und steh uns bei genädiglich.

77 Christe, erhör uns heut zumal,
behüt uns vor allem Unfall.

122. „Liebesbrand zu Christo im heiligen Sacrament.“

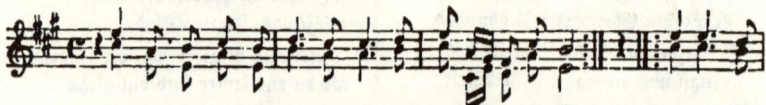

O Je = su, mei = ner See = len Speis, wie groß ist dei = ne Lieb!
Sie dich aus ho = hem Pa = ra = deis zu mir her = un = ter trieb.
Die Lieb dich daß möchtest

hat ge = wi = ckelt ein   in Brots und Weins Fi = gu = ren rein,
sein mein Speis und Trank, wann mein Seel würd durst = hungrig —— krank.

2 Wie heißes Feur dein Liebe brennt,
mein Herz ist schon entzündt,
Drum lieb ich dich im Sacrament,
ach daß mehr lieben künnt!
  Aus Lieb verlaße ich noch heut
all Gunst, all Lust, all Lebensfreud;
aus Lieb will speisn und laben dich
in deinen Armen mildiglich.

3 Wenn ich zu dir mich mache auf
ins heilge Gotteshaus,
Dann denk ich an des Tods Verlauf,
den du gestanden aus:
  Ich schau am Kreuz dich hangen bloß,
in Peinen scharf, in Schmerzen groß;
ans köstlich Blut gedenk ich dann,
das dir aus deiner Seiten rann.

4 Ach Jesu, du Geliebtster mein,
ich sterben muß mit dir,
Mit dir aus Kreuz geheft zu sein
hab Lust, Lieb und Begier. [mein Schmerz,
  Dein Kreuz mein Kreuz, dein Schmerz
ein Lanz verwundet beider Herz,
deinWund meinWund,deinBlut meinBlut:
also mich Lieb entzünden thut.

5 Daß diese Flamm brennt immer fort
meins ganzen Lebens Zeit,
Hat dich dein Lieb — Lieb unerhört! —
zur Speis und Trank bereit.
  Du bist mein Lieb! du bist mein Speis!
O heiße Lieb! o Flamme heiß!
Ach daß mein Leib hie unten liegt!
Wolan! vor Lieb mein Leben bricht.

XVIII. Die Kirche.

123. Brautliebe Christi zu seiner Kirche.

Merk auf, merk auf, du Schö = ne, du christ = li = che Ge = mein,
Auf das lieb=lich Ge = tö = ne des Got = tes Worts so . rein

Und auf die gu = te Mä = re von dei=nem Bräutgam hübsch und fein nach

allm Wunsch und Be = geh = re.

2 Der kommt zu dir gar ferre,
  daß er dich ihm vergleich,
  Wiewol er ist ein HErre
  und König aller Reich,
    Und ist der Schönst ob allen;
    und ob du arm und dürftig seist,
    doch thust ihm wolgefallen.

3 Er beut dir an sein Liebe,
  viel Gnad und Freundlichkeit,
  Daß er mit dir vertriebe
  sein Zeit in Ewigkeit,
    Mit lieblichem Gebärde,
    welchs er dir auch mit Dienst und Müh
    erzeiget hat auf Erden.

4 Mit herzlichem Verlangen
  wünscht er zu seiner Fahrt,
  Daß er dich möcht umfangen
  in seine Arme zart.
    Die Lieb hat ihn gebunden,
    daß er um dich gekrieget hat,
    empfieng darob sein Wunden.

5 Nun sitzt er auf seim Throne,
  ruft dich zu ihm hinein,
  Beut dir sein Schmuck und Krone,
  welchs soll dein Eigen sein. ·
    Man hört ihn zu dir sagen:
    Du bist mein Lieb und ich bin dein,
    darum laß dein Verzagen.

6 Ob dich dein Sünd wollt schrecken
und machen ganz verzagt,
Dein Freund will sie dir decken,
wie er dir selbst zusagt,
  Und will dich ewig segnen
und für die Treu und Glauben dein
der Liebe mit dir pflegen.

7 Für seine gülden Ringe
vergeußt er dir sein Blut,
Und gibt zum Leibgedinge
ein herrlich ewig Gut,
  Welchs er dir will eingeben:
da sollt du stäts mit freiem Muth
bei ihm in Freuden leben.

8 Er läßt dir auch zu Pfande
sein edlen Leib und Blut,
Daß dich nicht bring zu Schande
der stolze Behemuth,*)
  Der seinen Fleiß nicht sparet:
kreuch unter deines Liebes Arm,
der dich vor ihm bewahret.

9 Denn er dich ihm will rauben
und setzen dich zu Spott.
Halt stäts mit festem Glauben
an deinem HErrn und Gott,
  Der sich aus Treu verleibet
mit dir als seiner lieben Braut,
dir treu auch ewig bleibet.

10 Wenn dich der Feind thut fleien**)
mit seinem Grimm und Neid,
So wollst dich tröstlich freuen
der Treu und Gütigkeit,
  Die dir dein Freund beweiset;
der sei darum in Ewigkeit
gerühmet und gepreiset.

124. Offenb. Joh. 12.

Sie ist mir lieb die wer = the Magd, und kann ihr nicht ver =
Lob, Ehr und Zucht von ihr man sagt, sie hat mein Herz be =

ge = = = = = = ßen:
se = = = = = = = ßen.
Ich bin ihr hold, und

*) Hiob 10, 10.
**) urspr. so viel als waschen, segen, daher schellen, plagen.

9*

wenn ich sollt groß Unglück han, da liegt nicht an: sie will mich

des er = ge = = = = tzen Mit ih = rer Lieb und Treu an mir, die

sie zu mir will se = tzen und thun all mein Be = gier.

2 Sie trägt von Gold so rein ein Kron,
  da leuchten in zwölf Sterne,
  Ihr Kleid ist wie die Sonne schon,
  das glänzet hell und ferne,
    Und auf dem Mon
    ihr Füße stohn;
  sie ist die Braut
  dem HErrn vertraut,
  ihr ist weh und muß gebären
  Ein schönes Kind, den edlen Sohn,
  und aller Welt ein Herren,
  dem sie ist unterthan.

3 Das thut dem alten Drachen Zorn
  und will das Kind verschlingen.
  Sein Toben ist doch ganz verlorn,
  es kann ihm nicht gelingen:
    Das Kind ist doch
    gen Himmel hoch
  genommen hin,
  und läßet ihn
  auf Erden fast sehr wüthen.
  Die Mutter muß gar sein allein,
  doch will sie Gott behüten
  und der recht Vater sein.

XIX. Verderben und Erlösung.

—

125. In Jesu das Heil.

Weise nach: Der HErr und Gott von Ewigkeit.

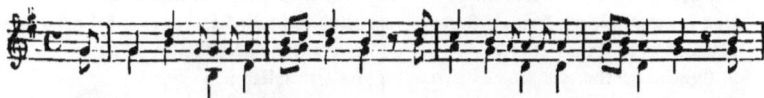

Ach Gott, wie könnt es mög‑lich sein daß ich dich la‑ßen sollt, Je‑su‑lein? Dich hab ich im Her‑zen aus‑erwählt, nichts anders in der gan‑zen Welt, ja ganzen Welt.

2 Adam und Eva im Paradeis,
von Gott verbotn ein einge Speis,
Wenn sie davon ein Früchtlein klein
äßen, solltens verlaßen sein,
verlaßen sein.

3 Der Satan solches bald vernahm,
in dem Garten zu Eva kam,
Sprach: wenn sie äßen von dieser Speis,
so würden sie Gott werden gleich,
ja werden gleich.

4 Aber die Stund die ward verflucht;
da sie vom Satan ward heimgesucht,
Da ward sie gebracht in große Noth,
schier gar betrübt biß in den Tod,
biß in den Tod.

5 Gar bald er sie zu Fall hat bracht,
betrogen mit seim freundlichen Wort.
Das hätt ich mein Lebtag nicht geglaubt,
daß uns der Satan so sehr beraubt,
so sehr beraubt.

6 Mit seiner Listigkeit geschwind
hat er uns bracht in große Sünd
Und unsre Seel zur Höllenpein,
wenn Gott nicht bräch den Willen sein,
den Willen sein;

7 Wenn Gott nicht von des Himmels Thron
uns hätt gesandt sein lieben Sohn
Und für uns wär am Kreuz gestorbn,
hätt uns allen Genad erworbn,
Genad erworbn.

8 Ach du herzliebes Jesulein,
du allerliebstes Brüderlein,
Schließ uns in deines Herzen Schrein,
daß wir vorm Satan gesichert sein,
gesichert sein.

9 Dein Wort thut uns ja selber lehrn,
wenn wir thun Buß und uns bekehrn,
So soll kein Sünder sein verlorn,
so wahr du, Jesus, bist geborn,
ja bist geborn.

10 Du hast verheißen deiner Treu,
wer herzlich seine Sünd bereu,
Den wollst du verlaßn in keiner Noth
im Leben und auch in dem Tod,
ja in dem Tod.

11 Biß in den Tod bin ich verliebt,
weil mir Jesus die Hoffnung gibt,
Wenn ich nur hör ein Wörtlein klein,
daß meine Seel getröst soll sein,
getröst soll sein.

12 Mein Herz ist in der Lieb verwundt,
kann nimmer habn kein traurige Stund,
Wann ich gedenk der großen Freud,
die mir mein Jesulein hat bereit,
ja hat bereit.

13 Von Jesu will ich nicht laßen ab,
biß mein Körper kommt in das Grab
Und mein Seel in den Himmel nein,
wo andre Auserwählten sein,
Erwählten sein.

14 Kreuz, Elend, Schmerzen, Angst und Pein
will ich befehlen Gott allein,
Zu dem ich all mein Hoffnung hab,
biß daß mein Leib kommt in das Grab,
ja in das Grab.

15 So bitt ich dich, liebs Jesulein,
du wollst auch nicht vergeßen mein
Und auch gedenken der großen Lieb,
die ich allzeit gegen dir üb,
gegen dir üb.

16 HErr Jesu Christ, du Friedenfürst,
wie lang hat uns nach Fried gedürst!
Ach gib uns nur ein Blickelein,
daß wir erkennen des Frieden Schein,
des Frieden Schein.

17 Amen! Amen! HErr Jesu Christ,
wir bitten dich zu aller Frist
Wend ab von uns all Kriegsgefahr,
schenk uns den Fried zum neuen Jahr,
zum neuen Jahr. —

18 Mein Christ, zu tausend guter Nacht!
Nimm dieses Liedlein wol in Acht,
Ruf an das liebe Jesulein,
so hilft es dir aus Angst und Pein,
aus Angst und Pein.

126. Um Erlösung von dem Leib dieses Todes.

Ach mein Gott, sprich mir freund-lich zu und tröst mich in mein Her =
Vors Sa = tans Wü-then schaff mir Ruh, vor Sünd und To - des Schmer-

zen,
zen. Denn mich an-sicht das ernst Ge-richt, dar-um ich bitt: Ei =

al ei = a! durch Christ verlaß mich nit!

2 Es klagt mich an das Gwißen mein,
will mir dein Gnad versagen,
Mein Thun verdient mir Straf und Pein,
daß ich wol möcht verzagen.
O treuer Gott,
in solcher Noth
erhör mein Bitt:
Eia! eia!
durch Christ verlaß mich nit!

3 Und ob ich oft mit ganzem Fleiß
mich gern zu dir wollt kehren,
So hindert mich nach alter Weis
utein Fleisch und thut mirs wehren;
Sein erblich Tück
treibt mich zurück,
darum ich bitt:
Eia! eia!
durch Christ verlaß mich nit!

4 Mich bringt mein Fleisch in große Noth,
welchs ich doch muß ernähren,
Daß ich dem Satan werd ein Spott,
der mein Herz thut beschweren

Und mich fast plagt,
ernstlich beklagt,
darum ich bitt:
Eia! eia!
durch Christ verlaß mich nit!

5 Ich armer Mensch, wer macht mich frei
von dieses Todes Leibe,
Der alle Sünd und Heuchelei
von meinem Herzen treibe?
Ich dank dir, Gott,
durch Christus Tod!
darum ich bitt:
Eia! eia!
durch Christ verlaß mich nit!

6 Dein Sohn, den du mir geben hast,
der ist mein Trost alleine,
Der nimmt von mir der Sünden Last
durch seine Menschheit reine,
Daß mich kein Fall
verdammen soll;
darum ich bitt:
Eia! eia!
durch Christ verlaß mich nit!

7 Gelobet seist du, milder Gott,
der du nicht läßt die Armen,
Die dich anrufen in der Noth,
du willt dich ihr erbarmen;
　　Darum ich frei
　　auch zu dir schrei;
　　erhör mein Bitt:
　　Eia! eia!
　　durch Christ verlaß mich nit!

127. Sein Lieb ist stärker denn der Tod.

Weise nach: Dein Wollthat, liebstes Jesulein.

Der lieb = ste HErre den ich han der ist mit Lieb ge = bun=ben,
Er leuch=tet in dem Her=zen mein, freut mich zu al = len Stun=ben.

Sein Lieb ist stär = ker denn der Tod, sein Freund=schaft er mir bot,

durch ihn komm ich aus Noth.

2 Da ich der Sünd gefangen lag
und hatt die Gnad verloren
Und in des Todes Schatten saß,
da ward er mir geboren,
　　Daß er mich brächt in seins Vaters Land,
　　daß ich da würd erkannt,
　　freundlich bot er mir sein Hand.

3 Er litt den Tod für all mein Sünd
am heilgen Kreuz so schwere.
Von Lieb ist auch mein Herz entzündt,
bei ihm zu sein begehre.
　　Sein Liebe wend mir alles Leid
　　und führt mich aus der Zeit
　　hin in die ewig Freud.

128. „Abendreihen" von dem geistlichen Maien.

Der Mai = e der Mai = e bringt uns der Blüm=lein viel,

Ich trag ein frei Ge=mü = the, Gott weiß wol wem ichs will, Gott weiß wol

wem ichs will.

2 Ich wills Christo dem HErren,
der unser Heiland ist;
Er trug das Kreuz für unser Sünd,
:|: ja wie man von ihm liest. :|:

3 Wir waren all gefangen,
im Tod warn wir verlorn,
Die Sünd die quält uns Nacht und Tag,
:|: darin wir warn geborn. :|:

4 Und niemand konnt uns helfen
denn dieser HErr allein,
Ist uns zu gut geboren
:|: von einer Jungfrau rein. :|:

5 Und ist für uns gestorben,
auferstanden vom Tod,
Hat uns das Heil erworben,
:|: geholfen aus der Noth. :|:

6 Er hat das Gesetz erfüllet,
das uns so hart verklagt,
Und hat das Fünklein gstillet
:|: das unser Gwißen nagt. :|:

7 Er ist der Weg, das Licht, die Pfort,
die Wahrheit und das Lebn,
Er ist des Vaters ewigs Wort,
:|: das er uns hat gegebn. :|:

8 Hat den Tod überwunden,
die Höll gerißen ein,
Die Sünd hat er verschlungen,
:|: geholfen aus der Pein. :|:

9 Er will die nicht verlaßen
die an ihn glauben rein:
Das hat er uns versprochen,
:|: denn wir sein Kinder sein. :|:

10 Drum wer ihm kann vertrauen
verläßt er nimmermehr.
Demselben unserm HErren
dem sei Preis, Lob und Ehr
in Ewigkeit bißher.

129. Wunder der Liebe.

Im Ton: Die Sonne ist verblichen.

Für Freu=den will ich sin=gen und danken dem lie = ben Gott,
Für Freu=den muß ich springen, es hat mit mir kein Noth; } Sein Liebe

will ich rüh=men, die er be=wie=fen hat　in Chrifto, feinem Soh=ne, ge=

fandt aus fei=nem Thro = ne, ohn En=de früh und spat.

2 Er hat also geliebet
　die lose böse Welt,
　Ihr große Gunst beweiset,
　kein Sünd er ihr behält.
　　All die sich zu ihm kehren
　nimmt er im Glauben an;
　kein Übel muß sie rühren,
　denn er will sie hinführen
　ius gelobte Vaterland.

3 Darum hat er geschicket
　sein einig liebstes Kind,
　Daß uns nicht würd aufrücket
　all Laster, Schand und Sünd.
　　Der hat uns alln geholfen
　aus ewger Pein und Noth,
　die Schaf errett von Wölfen
　nicht durch Gold oder Silber,
　sondern durch sein theures Blut.

4 Er hat sich niedergelaßen,
　er ist ein Mensch geborn,
　Beschnittn, ins Elend gstoßen,
　gelegt in Gottes Zorn;

Er wird schrecklich geplaget
　an seiner Seel und Leib,
　er zittert sehr und zaget,
　winselt und traurig klaget,
　vergeußt blutigen Schweiß;

5 Wird übel zugerichtet
　mit Unrecht und Gewalt,
　Verspottet und vernichtet,
　daß er hat kein Gestalt;
　　Sie schlagen ihm sein Haupet,
　geislen den wahren Christ,
　er wird mit Dorn gekrönet,
　bespeiet und verhöhnet: —
　sieh welch ein Mensch er ist!

6 Er muß sein Kreuze tragen
　hinauf den Galgenberg,
　Daran wird er geschlagen
　von seiner Hände Werk.
　　Gotts Zorn als Feur im Zunder
　verzehrt ihm Mark und Bein.
　O Wunder über Wunder,
　daß Gott uns arme Sünder
　ihm so herzlieb läßt sein!

7 Also ist er erhaben
als Moses ehrne Schlang,
Daß sich all möchten laben,
den da ist weh und bang.
　Lauft zu ihm all, ihr Armen!
sein Haupt er neigt zu euch,
läßt sich euer erbarmen,
sperret weit aus sein Arme,
will herzn und küssen euch.

8 Er wird am Kreuz gebraten
im Zorn und großer Lieb.
Wie hast du mich verlaßen,
mein Gott! er kläglich schreit.
　Wie kannst du dich verbergen.
so ganz und gar für mir?
Ich bin dein Kind und Erbe:
soll ich denn nun verderben?
kehr dich wieder zu mir!

9 Dafür die Sonn verdecket
ihrn Schein und klar Gesicht,
Dafür die Erd erschrecket:
bewegt den Vater nicht.
　Hie muß ich gar erstarren,
daß Gott das Herz nicht bricht;
die Felsen nicht auswarten,
zerrißen groß und harte: —
hie kann ich ferner nicht.

10 Ich kann nit mehr erzählen,
die Liebe ist zu groß,
Die ich hab rühmen wollen,
ich bin zu gring und bloß.
　Doch wirst du, Gott, untr allen
dies auch vernehmen thun,
und habn ein Wolgefallen
an meim kindischen Lallen
zu deinem Lob und Ruhm.

130. Lösung der Gefangnen.

Nun lo-bet mit Ge-sän-gen den HErrn Gott al-le-samt, Denn wir la-gen ge-fan-gen, zur Höl-len ganz ver-dammt.

2 Der Satan durch sein Lügen
bracht uns in große Noth,
Daß unser ganz Vermögen
verdient nur Schand und Spott.

3 Es hat Gott theur geschworen,
wer sein Gesetz nicht thut,
Der sei ewig verloren,
verflucht zur Höllenglut.

4 Nun wollt das Gesetz uns zwingen
zu thun mehr denn man kunnt;
Der Tod thät auf uns bringen,
wir warn tödlich verwundt.

5 In solch Elend und Jammer
ward alle Welt verflucht,
Aus welchem Leid und Kummer
uns niemand helfen mocht.

6 Doch hat Gott voller Güte
bedacht unser Elend,
Sein väterlich Gemüthe
gnädig auf uns gewendt.

7 Er gab uns ganz und eigen
seinen einigen Sohn,
Der uns sollt Lieb erzeigen,
des Gesetzes Inhalt thun.

8 Von Herzen voller Gnaden
schafft der uns Hilf umsonst,
Trug willig unsern Schaden
aus rechter Liebesbrunst.

9 Niemand kann hie ausdenken
den reichen milden Trost;
Die Schuld thut er uns schenken,
hat auch uns selbst erlöst.

10 Half uns aus dem Verderben
und schafft zur Übermaß
Daß wir auch sollen erben
sein Reich als Mitgenoß.

11 Dafür wir sollen loben
den HErrn mit allem Fleiß,
Und stäts aus rechtem Glauben
ihm singen Dank und Preis.

131. „Christus zu dem Sünder.“

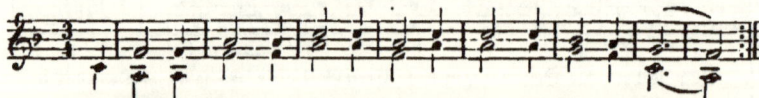

Um deinet = wil = len bin ich hier und trag dein Sün = de schwer;
Solch gro = ße Lieb hab ich zu dir, das glaub du mir für = wahr.

Mein Tod kommt dir zu gu = te und al = les Lei = den mein: dein Herz, o

Mensch, auf=schlie = ße, schleuß mein Ver=dienst dar = ein.

2 Um deinetwillen komm ich her,
  o Mensch, du zu mir komm.
Ein großen Schatz bring ich mit mir,
das Evangelium,
    Dadurch ich dir verkünde:
du hast durchs Leiden mein
den wahren Gott zu Freunde,
bist frei vor höllscher Pein.

3 Um deinetwilln fahr ich von hinn,
daß ich dein Fürsprech sei,
Da ich zuvor gewesen bin
und bleib dennoch bei dir.
    Des zum gewissen Pfande
send ich dir meinen Geist,
im Kreuze mancherhande
er Stärk und Trost dir leist.

4 Um deinetwilln ich wieder komm,
zu halten das jüngst Gericht,
Daß ich dich mit den Schäflein fromm
laß in der Wüste nicht,
    Sondern in Schafstall bringe,
der dir und ihn ist bereit,
da alle Engel singen
Lob Gott in Ewigkeit.

5 Um deinetwillen komm zu mir
und merk was ich dich lehr,
All Sünd und Bosheit leg von dir,
zu mir dich recht bekehr,
    Und säum damit nicht lange;
das ist mein treuer Rath,
daß dir nicht werde bange
ewig in höllscher Glut.

---

132. „Abendreihen" von Christus, des Gesetzes Ende.

Wie steht ihr hie und seht mich an? ihr meint soll eur Vor=

fin=ger sein?

2 Soll ich denn singen, so hört mir zu : :|:
im Gsetz ist weder Rast noch Ruh. :|:

3 Das Gsetz richt nichts denn Zoren an, :|:
und kein Mensch lebt ders halten kann. :|:

4 Nun muß es doch erfüllet sein, :|:
darum schickt Gott sein Sohn herein. :|:

5 Derselb ist worden unser Schild, :|:
er hat des Vaters Zorn gestillt. :|:

6 Er hat dem Gsetz genug gethan :|:
für jedermann, wers glauben kann. :|:

7 Es hat ihn kost sein rosinfarbes Blut, :|:
am Kreuz trug alles uns zu gut. :|:

8 Dem saget Dank in Ewigkeit, :|:
daß er uns bhüt für allem Leid. :|:

133. Rettung vom Satan.

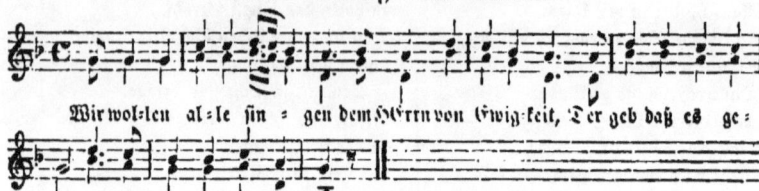

Wir wol-len al-le sin-gen dem Herrn von Ewig-keit, Der geb daß es ge-lin-ge zu sei-ner Herr-lich-keit.

2 Gott hat uns zwar berufen
daß wir alle zugleich
Als Kinder sollten hoffen
auf sein ewiges Reich.

3 Nun sind wir arg betrogen
durch Satans böse Tück,
Damit ist uns entzogen
solch unser erblich Stück.

4 Dazu wir hart gefangen
von ihm gehalten sein,
Der thut mit uns hart prangen
als unser ärgster Feind.

5 Durch sein teuflisch Betrügen
sind wir ewig verlorn,
Zum Tod auch ganz gediegen,
zur Höll und Gottes Zorn.

6 Wo soll ich mich hinkehren
in solchem Jammer groß?
Die Gwißen mich beschweren,
des Guten bin ich los.

7 Doch hör ich wieder sagen
von einer Jungfrau zart,
Die hat ein Sohn getragen,
der ist göttlicher Art.

8 Der ist uns auch zu Frommen
in diese Welt geborn,
Und uns zu Hilf zu kommen,
zu stillen Gottes Zorn.

9 Ich hör auch weiter sagen
daß dieser Herr gar mild
Den Satan hat geschlagen,
der uns gefangen hielt.

10 Er ließ sich willig morden,
litt Angst, blutigen Schweiß,
Und wir sind nun frei worden
durch seinen großen Fleiß.

11 Von Todten auferstanden
ist er am dritten Tag,
Dem Feind zu Spott und Schanden,
daß er nichts mehr vermag;

12 In Himmel aufgestiegen
mit gar herlicher Pracht:
Nun muß ihm unterliegen
des Satans Reich und Macht.

13 Er hat zu übermaßen
den Gläubigen zu nutz
Seinen Geist hie gelaßen,
dem Satan auch zu Trutz.

14 Der hält sie bei der Wahrheit
und auf der rechten Bahn,
Daß ihn kein List noch Thorheit
des Teufels schaden kann.

15 Er ist ein Tröster worden
seiner gläubigen Schaar,
Hält sie bei Christus Orden,
den er uns stiftet klar,

16 Der uns hat hie gelaßen
sein Wort mit voller Gwalt,
Den Himmel aufgeschloßen
und ist unser Enthalt.

17 Nun mag der Höllen Pforten
nicht widersprechen zwar
Solchen göttlichen Worten,
sie bleiben recht und wahr.

18 Darauf wir sollen bauen
als auf den gwissen Grund,
Und ihm herzlich vertrauen,
der uns macht solchen Bund.

19 Nun laßt uns allzeit preisen
den HErrn mit Innigkeit
Und dankbar uns beweisen
für solche Gütigkeit.

134. Groß Leid — groß Freud.

Wollt ihr hörn ein neus Ge = dicht? — das sin = gen wir euch mit Freu =

den, — was Gott mit uns hat aus = ge = richt. Das sin = gen wir. euch und springen auf

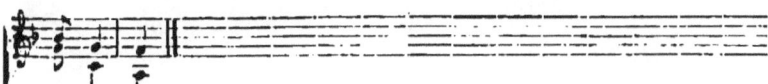

mit Freu = den.

2 Durch Adams Fall sind wir verderbt, —
das singen wir mit Leide —
die Sünd hat er auf uns geerbt.
Das singen wir euch und tragen des
groß Leide.

3 Davon kam uns der ewig Tod, —
das singen wir euch mit Leide —
niemand konnt helfen aus der Noth.
Das singen wir euch und tragen des
groß Leide.

4 Das jammert Gott in Ewigkeit, —
das singen wir euch mit Frenden —
wollt wenden unser großes Leid.
Das singen wir euch und springen
auf mit Freuden.

5 Gott schickt sein lieben Sohn herein, —
das singen wir euch mit Frenden —
empfangen von Maria rein.
Das singen wir euch und springen
auf mit Frenden.*)

6 Er ward geborn in Armut groß,
das elend Fleisch ihn nicht verdroß.

7 Darin litt er Armut und Pein,
er und die liebe Mutter sein.

8 Das Gsetz hat er für uns erfüllt
und ihm bezahlt all unser Schuld.

9 Dazu ließ er sich taufen schon
durch Sanct Johanns bei dem Jordan.

*) Die 2. u. 4. Zeile werden so fortan in jedem Verse wiederholt.

10 Er prediget auf dieser Erd
wol vierthalb Jahr mit groß Begehrd;

11 Thät Wunderzeichen hin und her,
beweist damit sein rechte Lehr.

12 Die Summ der Lehr das war auch die
daß niemand auf der Erden hie

13 Uns helfen konnt aus Sünden Noth,
es must geschehn durch Christus Tod;

14 Wer das glaubet der werd erlöst
von Sünd, Höll, Tod, kriegt rechten Trost.

15 Der Welt war diese Lehr ein Spott
und bracht Christum in große Noth.

16 Die hat die Juden sehr gekränkt,
han ihn derhalb ans Kreuz gehenkt.

17 Er starb für unser Sünden hart,
ward auch begraben zu der Fahrt;

18 Stund auf vom Tod am dritten Tag,
macht uns gerecht, wie Paulus sagt;

19 Fuhr auf gen Himmel in der Kraft,
daß wir kriegten die recht Kundschaft;

20 Sandt uns den Geist, den Tröster gut,
der tröstet uns in aller Noth.

21 Dafür sollen wir Kinderlein
Christo dem HErren dankbar sein.

XX. Klage und Trost.

135. Hilfe in Sündennoth.

„Im Ton: Ich stund an einem Morgen."

Ach Gott, was soll ich sin = gen? Mein Freud die ist mir ferr, Mein Sünd die thun mich drin = gen, die Zeit geht schon da = her. Gott der ver = leih mir sein Ge = nad, der wird mich nicht ver = la = = ßen all = zeit früh und auch spat.

2 Auf dich setz ich mein Grunde
und all mein Zuversicht;
Thu ichs nicht mit Herz und Munde,
so hilft michs leider nicht.
  O Gott, du kennst das Herze mein,
du wirst mich nicht verlaßen,
wirst mir gnädig sein.

Hommel, geistl. Volksl.

3 Mein Sünd die sind mir harte,
reun mich von Herzengrund.
Gott, heil mich Armen zarte,
mein Herz ist gar verwundt.
  Komm mir zu Hilf mit deinem Geist,
der mich darin thut trösten
und treulich unterweist.

10

4 Das bitt ich dich von Herzen,
du edler Schöpfer mein,
Wend mir mein großen Schmerzen,
mach mich ein Diener dein.
　　Hilf mir, o HErr, aus aller Noth,
daß nicht verloren werde
an mir dein bitter Tod.

5 So kann mir niemand helfen
denn der allmächtig Gott,
Der für uns hat gelitten
Marter und großen Spott,
　　Wol von den Juden ein große Noth;
für uns war er gegeben,
vergoß sein Blut so roth.

6 Gott ist allein der Rechte,
der mich erschaffen hat,
Und hat mir auch vergeben
all meine Missethat,
　　Die ich wider ihn hab gethan.
Ich trau dir, Gott vom Himmel,
du wirst mich nicht verlan.

7 O du heiliges Leiden,
du werther Gottessohn,
Tröst mich zu allen Zeiten,
thu mir treulich beistahn.
　　Verleih mir hie ein seligs End,
hilf daß ich mög empfahen
das heilig Sacrament.

8 Mit einem rechten Glauben,
mit einem festen Grund,
Ach Gott, tröst du mich Armen
an meiner letzten Stund,
　　Und nimm mein Seel in deine Händ,
wenn sie von mir thut scheiden
an meinem letzten End.

9 Ade, ade mit Freuden!
aus diesem Jammerthal
Will ich mich gerne scheiden,
kommen zu Christus Mahl,
　　Der uns allsamt geliebet hat;
er will uns nicht verlaßen
allzeit früh und auch spat.

　　(10 Wer ist der uns dies Liedlein sang,
　　frisch neu gesungen hat?
　　Das hat gethan ein junger Knab,
　　Gott verleih ihm sein Genad!
　　Also führt er zu Gott sein Klag
　　in einem tiefen Thurme,
　　da er gefangen lag.)

——— ———

136. Auf Jesum will ich bauen.
Nach der Weise: Ach Gott von Himmelreiche.

Ach Gott, wem soll ichs kla = gen? mir liegt groß Kummer an, —— Was
Mein Herz will mir ver = za = gen, ich hab viel Sünd ge = than.

hilft Beicht, Buß ohn Reu = = = en? mag nit vor Gott bestahn; drum ruf

ich an mit Treu=en sein ein=ge=bor=nen Sohn.

2 Daß er mir Gnad erwerbe
von Gott, dem Vater sein,
Daß ich nit ewig sterbe,
Jesum Christum ich mein;
  Der kann mich wol bewahren,
wie er hat zugeseit:
wann ich von hinn soll fahren,
gibt er mir Fried und Gleit.

3 An meinem letzten Ende
kann er mir helfen schon
Und mag mir Gnad hersenden
wol von des Vaters Thron,
  Und mir mein Sünd verzeihen,
so ichs von Herzen klag;
zu Jesu will ich schreien,
der mir wol helfen mag.

4 Auf Jesum will ich bauen,
er wird mich nit verlan;
Das will ich ihm vertrauen
ohn allen argen Wahn.
  Ich will mich ihm ergeben,
ganz unterthänig sein,
nach seinem Willen leben
biß an das Ende mein.

5 Nun will ich nit verzagen
und will die Sünde mein
Jesu dem HErren klagen,
denn er ist doch allein
  Der für uns hat gelitten
viel jämmerlicher Noth;
um Gnad will ich ihn bitten
durch seinen grimmen Tod:

6 Daß er mir woll mittheilen
das bitter Leiden sein
Und mich aus Gnaden heilen,
wo ich verwundet bin,
  Und dazu hart gedrücket
von meinen Sünden schwer,
daß mir nit werd entzücket
die Gnad, der ich begehr.

7 Die Welt will ich verachten
mit ihrer Üppigkeit,
Das Leiden Gotts betrachten;
ich hoff mir werd bereit,
  So ich thu widerstreben
den Sünden allen gar,
daß ich nach diesem Leben
komm an der Engel Schaar.

8 Die Sünd will ich Gott beichten
aus meinem Herzen ganz;
Ich hoff mich thu erleuchten
darnach göttlicher Glanz.
  Von Jesu will ich begehren
Glaub, Hoffnung und auch Lieb,
gut Fleiß dabei ankehren,
daß ich die Tugend üb.

9 O HErr, durch all dein Güte
am End so steh uns bei,
Vor Übel uns behüte,
mach uns von Sünden frei;
  Verleih uns ewigs Leben
durch dein Barmherzigkeit.
Das wollest du uns geben!
groß Lob sei dir geseit.

10*

137. Der liebſte Bule.

Der lieb=ſte Bu=le den ich han der iſt ins Himmels Thro=ne, Je=
ſus das iſt ſein ſü=ßer Nam: Al=ler=lieb=ſter mein, er = wirb uns Fried und
Süh = ne.

2 Und laß uns doch entgelten nicht
all unſer große Sünden.
O Jeſu, unſer Zuverſicht,
Allerliebſter mein,
mach Gottes Zorn verſchwinden.

3 Der Vater in dem höchſten Thron
er thut dir nichts verſagen.
O Jeſu, edler König fron,
Allerliebſter mein,
unſer Sünd thun wir dir klagen.

4 „O Sünder, ich will dich nicht verlan,
nun folg du meiner Lehre:
Thu du von deinen Sünden ſtahn,
alſo liebſt du mir;
zu mir ſollt du dich kehren.

5 Ich ſchenke dir den beſten Wein,
der da iſt ausgefloßen
An dem heiligen Kreuz ſo fein,
da ich, liebes Kind,
für dich mein Blut vergoßen.

6 Das hab ich dir zur Letz gethan
allhie auf dieſer Erde:
Ach laß es dir zu Herzen gahn,
alſo liebſt du mir
und meinem Vater werthe."

7 O Jeſu, ich will folgen dir,
will mich von Sünden lehren;
Verleih mir Sinn und Kraft ſo ſchier,
Allerliebſter mein,
daß ich dein Lob mög mehren.

8 Dein Lob das iſt weit ausgebreit
auf Erd und im Himmelreiche.
Jeſu, erwirb uns frei Geleit,
Allerliebſter mein,
wann wir von hinnen weichen.

9 Am letzten Tag ſo wohn uns bei,
wann Seel und Leib ſich ſcheiden,
So mach uns aller Sünden frei,
Allerliebſter mein,
behüt uns vor ewigem Leide.

10 Behüt uns vor der Hölle Glut,
dazu vor Höllenpeine,
So werden wir alle wolgemuth,
Allerliebſter mein,
wann wir dein ſind alleine.

11 Das Liedlein ſei zu Dienſt gemacht
wol allen Gottes Kinden.
O Sünder, du dein End betracht,
kehr dich zu Gott,
da thuſt du Gnade finden.

138. Bitt für uns, o Christe!

Dich, lie = ber HErr = re, ru = fen wir an, bitt für uns, o Chri = ste! Thu

uns in Äng=sten nit verlan, den Va=ter dein der Noth ermahn, die du um menschlich

Gschlecht wolltest han. Bitt für uns, o Chri = ste!

2 Daß wir vollkommen werden gar,
  bitt für uns, o Christe!
Leib, Ehr und Gut auf Erd bewahr,
daß wir in Zeit viel guter Jahr
dort leben mit der Engel Schaar.
  Bitt für uns, o Christe!

3 Du bist der Brunn der nit verseugt;
  bitt für uns, o Christe!
daß uns der heilig Geist erleucht
zu wahrer Buß und ganzer Beicht.
Der Vater dir sich nicht entzeucht:
  bitt für uns, o Christe!

139. Wir wolln zum HErren Christo gehn!
Im Ton: Susanna, willt du mit.

Du Sünd=rin, willt du mit? :|: Wir wol=len zum HErrn Christo gahn und

fahn ein an=der Le=ben an, drum ich dich freund=lich bitt, drum ich dich

freund=lich bitt.

2 Geh, Sündrin, es ist Zeit; :|:
weil offen steht des Bräutgams Thür,
so komm du, Sündrin, tritt herfür,
:': sonst wird dirs werden leid. :,:

3 Ob du gleich nicht schön bist, :|:
so wird dich doch dein Bräutgam nicht
verstoßen von seim Angesicht,
:': der Heiland Jesus Christ. :|:

4 Denn er ja selber spricht: :|:
Kommt her, kommt her, kommt her zu mir,
alle die seid beschweret ihr:
:|: ohn Hilf laß ich euch nicht. :|:

5 Betrübtes Herz, sieh an, :|:
wie der HErr augenommen hab
die so von Sünden ließen ab
:|: und haben Buß gethan. :|:

6 Maria Magdalen, :|:
du warst ein arme Sünderin,
der HErr Christus warf dich nit hin,
:|: da du zu ihm thätst gehn. :|:

7 Petrus, du heilger Mann, :|:
mit Trost und Hilf erschienen ist
dir dein lieber HErr Jesus Christ,
:|: da du hast Buß gethan. :|:

8 Saulus, Paulus genannt, :':
da er verfolgt die Christenleut,
ward es ihm auch herzlichen leid,
:': da er Christum erkannt. :|:

9 Der HErr zum Schächer sprach: :|:
Halt dich an mich mit allem Fleiß,
heut wirst du sein im Paradeis
:|: mit mir, da richt dich nach. :|:

10 Hieher gehört zugleich :|:
David der königlich Prophet,
der auch von Herzen Buße thät
:|: und tracht nach Gottes Reich. :|:

11 Solch Exempel erzählt :|:
bedenk, du arme Sünderin,
und leg dein böses Leben hin
:|: und thu was Gott gefällt. :|:

12 Wenn du nun Buße thust, :|:
so werdn die lieben Engelein
über dir herzlich fröhlich sein,
:|: du wirst sein ihre Lust. :|:

13 Es wird auch wolgefalln :|:
dem frommen lieben treuen Gott,
der nicht Lust hat ans Sünders Tod;
:|: Buß thun soll weit erschalln. :|:

14 Dies Liedlein ist gemacht :|:
für Sünder die da Buße thun,
von bösen Thaten abelan
:|: und haben Gott in acht. :|:

15 Thu wie Susanna thät: :|:
da sie zu Sünden ward gereizt,
hat sie dieselb von sich geweist;
:|: solchs Christen wol ansteht. :|:

16 Wo solchs von dir geschicht, :,:
so wird der HErr die Ruthen sein
wegwerfen in das Feur hinein
:': und wird dich strafen nicht. :|:

140. Die Sonne der Gnaden.

Nach der Weiſe: Es taget in dem Oſten.

Es ta=get min=nig = li = che die Sonn der Gna=den voll, Je =

ſus von Him=mel = rei = che muß uns be=hü=ten wol.

2 Nun wolleſt du mich weiſen,
Jeſu, mein Augenweid,
Daß ich dein Lob mög preiſen
mit ganzer Stätigkeit.

3 Nimm mich an deinen Armen
in Reuens Bitterkeit,
Und laß mich dich erbarmen,
mein Sünd ſind mir gar leid.

4 Das Jahr hab nimmer Ende,
biß ich dein Gnad erwerb.
Jeſus, von mir nit wende,
daß ich nimmer verderb.

5 Jeſu, mein traut Geſelle,
nun ſend dein Gnad zu mir,
Hüt mein vor grimmer Hölle,
mein Sünd die klag ich dir.

6 Haſt du dich ſelbſt gegeben
für mich in Leidens Noth,
So gib mir deinen Segen
durch deinen heilgen Tod.

7 Ach Jeſu, HErre gute,
ſieh mich in Gnaden an,
Daß ich in Herz und Muthe
dich allzeit möge han.

8 Nach deiner ſüßen Güte
erweck all mein Begier,
Daß ich in meim Gemüthe
nachfrage allzeit dir.

9 Kehr mein Herz um und ume
recht nach dem Willen dein,
Daß ich, HErr, dahin komme,
da ich bei dir ſoll ſein;

10 Daß ich dich minnigliche
küſs, HErr, an deinen Mund.
Ach Jeſu gnadenreiche,
ich lob dich tauſendſtund.

141. Leid von den drei Feinden.

Ich ar=mer Sün=der klag mein Leid, wie wird mir nun ge=sche=hen?
Ver=gan=gen ist mir Lust und Freud, nach=dem ich thu ver=ste=hen

Mein gro=ße Sünd, die ich begunnt und lei=der hab be=gan=gen. Wo

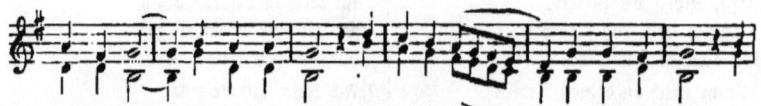

mir nicht Gott hilft aus der Noth von wegen sei = = nes Soh=nes Tod, so

bin ich, so bin ich e=wig ge = fan = gen.

2 Der Teufel ist mein ärgster Feind,
hat mich gar oft betrogen;
Zu würgen meine Seel er meint,
o Gott, dir thu ichs klagen.
Ich kenn mein Schuld,
gib mir Geduld,
daß ich ihn überwinde;
durch deinen Geist
dein Gnad mir leist,
im Glauben fest am allermeist
:|: keine Macht :|: an mir laß finden.

3 Die arge Welt kommt auch mit Gwalt,
will mich, HErr, von dir wenden;
Sie hat mir viel der Netz gestellt,
mich damit zu verblenden
Durch falsche Freud,
daraus doch Leid

nachfolgt, wo man drauf bauet.
Sie wollt gern mich
reißen zu sich,
aber, o Gott, ich hoff auf dich,
:|: ich will ihr :|: gar nicht vertrauen.

4 Wiewol ich bin nun hart geplagt
von meinen Feinden beiden,
Noch ficht mich an mit großer Macht,
welchs mir ein herzlich Leiden,
Mein eigen Fleisch,
mich von dir heischt,
hat gar kein Lust zum Guten;
es dicht und tracht
wie es nur möcht
leben in Lust und schnödem Pracht:
:|: das kränkt mir :|: mein Herz und Muthe.

5 Wenn ich betracht solch Elend mein,
welchs ich an mir befinde,
Wird mir all weltlich Freud zu klein,
vor Leid will mir geschwinden.
  Ich seufz und klag
  all Nacht und Tag
  heimlich an meinem Herzen,
  denn mir liegt an
  daß ich nicht kann,
  wie mir gebürt, recht Buße thun:
  :|: HErr Christe, :|: heil meinen Schmerzen!

6 Ach lieber Gott, die Noth sieh an,
laß mich nicht drin verderben,
Dafür dein Sohn hat gnug gethan
durch sein Leiden und Sterben,
  Für mich bezahlt
  in Sünders Gstalt,
  vergoßen auch sein Blute,
  damit er mich
  hat sicherlich
  erlöst; o Gott, dasselb ansich,
  :|: regier mir :|: mein Herz und Muthe.

O Jesu Christ, du Gottes Lamm,
ich thu dich herzlich bitten,
Weil du für mich am Kreuzesstamm
den bittern Tod hast gelitten,
  Verleih mir Gnad,
  gib Hilf und Rath,
  daß ich fromm werd auf Erden,
  auch mit der That
  nach deinem Rath,
  es sei früh morgens oder spat,
  :|: mein Wille :|: gebrochen werde.

8 O heilger Geist, du höchstes Gut,
tröst mich in meinem Leiden;
Halt meine Seel in deiner Hut,
wenn sie vom Leib thut scheiden.
  Die Welt ist bös,
  drum mich erlös,
  wenn kommen wird mein Tage;
  komm mir behend
  am letzten End,
  zu streiten mir dein Hilfe send,
  :|: so will ichs :|: fein tapfer wagen.

9 (Der uns dies Lied von neuem sang,
  der führt ein harten Orden,
  Denn sein Herz ist ihm worden bang,
  er ists wol innen worden,
    In welcher Pein
    der müße sein,
    den die Sünd stäts ansichtet.
  Drum ruft er an
  Gott in seim Thron,
  daß er ihm wollt hierin beistahn,
  :|: seim Leibe :|: ein Lied zu dichten.)

142. Schau Jesum an!

Je = ſus ruft dir, o Sün=der mein, mit aus = ge=ſpann=ten Ar = men; Wann
du ſchon wärſt aus Marmelſtein, es ſollt dich doch er=bar = men. Wein, ach wein, mein
from=mer Chriſt, denk daß dies dein Hei=land iſt, dein höchſter Schatz auf Er = den.

2 Hat Gottes Sohn auf ſolche Weis
den Himmel müßen kaufen:
Meinſt du, du wollſt ins Paradeis
mit Stiefl und Sporen laufen?
    Nein, ach nein! mein frommer Chriſt,
denk wie eng das Thürlein iſt:
wer weiß wies möcht gelingen!

3 Drum eil herzu, ſchau Jeſum an
vom Haupt an biß zun Füßen;
Bedenke wol, es geht dich an,
was du gehabt zu büßen.
    Wein, ach wein, mein frommer Chriſt!
denk daß dies dein Richter iſt,
dem alle Herzen offen.

4 Obwol der Schächer in Gottes Hand
ſein Seel hat laßen fahren,
Wollſt du darum auch biß zum End
im Sündigen verharren?
    Nein, ach nein! mein frommer Chriſt!
denk daß gar gefährlich iſt;
ich fürcht es möcht dir fehlen.

5 Schau an das Kreuz und große Lieb,
die Gott dir hat bewieſen,
Daß Gottes Sohn gleichwie ein Dieb
für dich hat ſterben müßen.
    Wein, ach wein, mein frommer Chriſt!
denk was für ein Wunder iſt
daß Jeſus für dich leide.

6 Durch Jeſu Leiden jedermann
ſtehet der Himmel offen:
Gewis es dir wol fehlen kann,
wenn du wollſt anders hoffen.
    Nein, mein Chriſt, es muß doch ſein;
im Glauben gib dich nur darein:
mit Jeſu muſt du leiden.

7 Verleih mir denn, o höchſtes Gut,
Verzeihung meiner Sünden
Und durch dein roſinfarbes Blut
bei dir Genad zu finden;
    Denn bei dir, HErr Jeſu Chriſt,
nun mein höchſt Begehren iſt,
zu leben und zu ſterben.

143. O weh des Schmerzen!

O weh der Schmerzen, den ich Ar-me tra-ge An mei-nem Her-zen, (Ar-mer) weiß nicht wem ich kla-ge. Gott, laß er-bar-men dich mei-ne Noth, und tröst mich Ar-me durch dei-nen Tod. (Ar-men)

2 Immermehr kränket
mein versehrt Gemüthe,
So mir gedenket
seiner Huld und Güte,
Daß er sich wollte
dem Tode gebn,
daß er uns kaufte
ein ewigs Lebn.

3 Wo soll ich finden
meines Herzen Trost,
Der sich ließ binden,
daß wir würdn erlöst!
Ach durch dein Wunden
und bittern Tod
laß mich gefunden,
aus meiner Noth!

144. Viel Trauren in meim Herzen.

Viel Trau-ren in meim Her-zen findt sich zu die-ser Zeit,
Groß Trüb-sal, Angst und Schmer-zen mein ar-me See-le leidt,
} Weil
sie ver-wundt in Sün-den, daß ich kein Trost mag fin-den; da-her mein
Trau-rig-keit.

2 Ich war von Lieb gerühret
gen dir, o Jesulein,
Weil du so schön gezieret
mit Zucht und Tugend sein;
    Drum thätst du mir gefallen
für andern Dingen allen
im ganzen Leben mein.

3 Ich hatt mir fürgenommen
noch in der Jugend mein
täglich zu dir zu kommen
in heilgen Tempel dein,
    Zu suchen drin alleine —
du weißt wol wen ich meine —
den Namen Jesulein.

4 Aber du hast verkehret
dein Gnad gar grimmiglich;
Weil mich die Sünd bethöret,
behältest du den Sieg.
    Nun bin ich überwunden,
daß mir zu dieser Stunden
vergeht all Lust und Freud.

5 Der Feind ist jagen gangen
wol in der Kirchen dein
Und hat daraus gefangen
manch armes Seelelein,
    Thut auch noch dazu lachen,
weil ihm all seine Sachen
so glücklich gehn hinaus.

6 Solchs muß ich nun verschmerzen
und dazu schweigen still;
Ob michs schon kränkt im Herzen,
so ists doch, HErr, dein Will.
    Aber ich glaub ganz feste
daß du daraus das Beste
gewißlich machen kannst.

7 Denn deine große Güte
ist alle Morgen neu;
Durch diese mich behüte
vor allr Abgötterei.
    Ach HErr, erhör das Weinen
der Großen und der Kleinen,
die dich bekennen frei.

8 Ach HErr, sieh an dein Herze,
drein wir gedrucket sind!
Durch deinen Todesschmerzen
sind wir doch deine Kind.
    Drum wirst uns nicht verlaßen,
sollt gleich ein Mutter haßen
ihr Kind, wie du versprichst.

9 Schleuß auf die Thür der Gnaden,
send uns dein Hilf herab,
Wend ab den großen Schaden,
dein Wort uns wieder lab;
    Gib rein Evangelisten,
daß dein zerstreute Christen
sich wieder samlen sein.

10 Ade! fahrt hin, ihr Feinde mein,
    mit eurem bösen Brauch:
Es wird noch wol ein andrer sein,
    der euch wird stürzen auch.
        Euch wirds ewig gereuen,
    weil ihr an Gottes Treue
    nicht fest gehalten habt.

145. Jesu, laß dich finden!

Wei=ne, Her=ze, wei=net Au=gen, wei=net Blu=tes Thrä=nen roth,
Wei=net of=fen und ge=hei=me, wei=net viel, es thut euch noth.

Denn ich hab mein Lieb ver=lorn, das mir war so lieb vor al=lem

her in die=se Welt erkorn.

2 Ich geh um gleich als ein Waise
und such meines Herzen Trost,
Der mich von der Höllen heiße
an dem Kreuze hat erlöst;
Weiß nicht wo ich hinkehrn soll,
da ich finde den Herzlieben,
nach dem ich bin Leibes voll.

3 Ich hatt aller Wollust Weide,
da ich seiner Minnen pflag,
Nun geh ich in Herzenleide,
seit mir seine Gunst gebrach.
O weh, reine Süßigkeit!
Jesu lieb, laß mich dich finden,
so wird noch mein Freude breit.

146. „Gesang eines betrübten Sünders."

Wie sehr be=trübt ist mir mein Herz, ach weh der gro=ßen Pein!
Wie leidt mein Seel so gro=ßen Schmerz we=gen der Sün=den

mein! O Sün=der groß, wie bist so bloß! O Sün=der arm, dich deiner er=

barm und kehr dich wiedr zu Gott.

2 Wenn ich betracht mein schwere Sünd
so ich begangen hab,
Groß Furcht und Zittern sich bald findt,
mein Kräfte nehmen ab;
　Ganz unruhig,
o wie traurig,
ja todt ich bin
in meinem Sinn.
Ach weh des Herzen Leid!

3 Wie muß ich meinem Leide thun,
o HErre Jesu Christ?
Wo soll ich, o Mariensohn,
hinfliehn zu dieser Frist?
　Du bist allein
der Helfer mein,
dein heiligs Blut
mich reingen thut,
bringt mir ein ewigs Heil.

147. Woher sich meine Seele freut.

Im Ton: O Vater der Barmherzigkeit.

Wo = her kommt mir doch die = se Zeit, daß sich mein Seel so herz=lich freut.

Das macht daß ich mit ern = ster Buß Chri=sto, meim HErren, fiel zu Fuß.

2 Mein Augen hatten verlorn den Schein,
weil mir mein Herz genommen ein;
Vor Traurn und großem Herzenleid
wurd mir sehr lang mein Weil und Zeit.

3 Daß ich dich forthin mehr sollt liebn,
thätst du mir meine Sünd vergebn,
Und dies ist die Ursach allein,
daß sich so freut die Seele mein.

4 Ach liebe Seel, jetzt für dich sich,
daß kein Klag werd gführt wider dich,
Sondern bereit dich dieser Zeit,
daß du mögst lebn in ewger Freud.

XXI. Freude an Jesu.

148. Ich fand den meine Seele liebet.

Im Ton: Ach Gott, wem soll ich klagen das heimlich Leiden mein.

Ach Gott, wem soll ich’s kla=gen das groß E=len=de mein?
Mein Herz will mir ver=za=gen, weil ich leid schwe=re Pein.
} Von

Freunden gar ver=la=ßen, der Feind der sind so viel: so schwing ich mich ü=ber die Stra=

ßen, Christum ich su=chen will.

2 Wo soll ich ihn denn finden,
den Herzallerliebsten mein?
Im Wald sind viel der Blumen,
so gar viel mancherlei,
  Daß ich ihr nicht all kenne
wol in dem tiefen Thal.
Ein Blum will ich dir nennen,
der Liljen gleicht sie zwar.

3 Ihr Geruch der geht so weite
über Berg und tiefe Thal,
Der Südwind ihn faßt treibet,
wird gleich dem Segelbaum.
  Unter allen hohen Bäumen
hat er allein den Preis,
kein Wind kann ihn nicht fällen:
zu dem tret ich mit Fleiß.

4 Er ist der Morgensterne,
den man erkennen soll;
Sein Glanz der leuchtet ferne
wol in dem Jammerthal.
 Kein Finsterkeit mag bleiben
vor seinem Schein so klar;
die Nacht mag er vertreiben,
er leuchtet ganz und gar.

5 Gar süß war ich entschlafen
vor der Hirten Hüttlein fein.
Mein schöns Lieb hub an zu klopfen:
ich sollt ihn laßen ein,
 Die Thür sollt ich aufschließen;
sprang aus dem Bette mein —
er war mir schon entwichen,
das bracht mir schwere Pein.

6 Des Nachts bin ich aufgestanden,
gesucht mit aller Weis,
Ob irgend wär vorhanden
meins Herzen Krou und Preis.
 Ich thät ihn freundlich rufen,
kein Antwort er mir gab.
Der Wächter an der Zinne
zog mir mein Mautel ab.

7 Als ich mich zu ihm wendet
wol in derselbigen Stund,
Mein schöns Lieb zu mir lendet
und bot mir seinen Mund.
 Den Finger hat er gestoßen
wol zu dem Fenster ein,
den Riegel aufgeschloßen
und trat zu mir hinein.

8 Er redt mir zu mit Freuden:
Weil du geirret hast,
Gar schön will ich dich kleiden,
komm her in meine Schoß!
 Der Winter ist vergangen,
die Blumen wachsen schon,
die Turteltaub vorhanden,
die Reben blühen voll.

9 O daß er bei mir bliebe,
der Allerliebste mein,
Die Wolken von mir triebe,
biß daß der Tag herschein!
 Darin ich stäts mag wandeln,
weil ich das Leben hab,
mein Kurzweil möcht vertreiben,
zu halten sein Gebot.

10 Kein schöner nicht auf Erden
denn dieser Salomon
 In Gang und auch Gebärden!
er trägt Davidis Kron.
 Mit Wahrheit ist umgeben,
Gerechtigkeit sein Thron;
er gibt das ewige Leben,
dazu den Freudenlohn.

149. „Lobopfer.“

Dich, Je=su, mein Kö=nig, ich grüß un=ter=thä=nig, dein
Dich lo=ben, dich lie=ben, im Gu=ten mich ü=ben, wie

Eh=ren zu meh=ren soll blei=ben mein Fleiß,
sollt ich, so wollt ich auf vie=ter=lei — Weis.
} Her=zengrund,

Zung und Mund jeg=li=che Stund ganz wil=lig, wie bil=lig, er=

hö=he den Preis.

2 Dein will ich verbleiben,
mein Seel dir verschreiben,
mein Freiheit, mein Lebzeit
ich treulich dir schenk.
Dein bin ich beständig,
so lang ich lebendig;
dir sterb ich, du erb mich,
ach meiner gedenk.
　Allbereit ist mein Freud
z’ ewiger Zeit,
daß ich in dich, Jesum,
mein Leben versenk.

3 Ja, wenn es nur füglich
könnt werden und möglich,
so sollt ich, ja wollt ich
gebrauchen die Wort:
Was lautet am besten
in Osten und Westen,
was klinget, was singet
in Süden und Nord,
　Hundertmal, tausendmal,
ja ohne Zahl
Gott liebe und übe
sein Loben stäts fort.

150. Die Blume von der himmlischen Heide.

Im Ton: O reicher Gott im Throne.

Ein Blu=men auf der Hei=de, es mag wol Je=sus sein, Darum trag ich groß

Lei = de, daß ich nit bei ihm bin; Ach Gott! möcht er mir wer=den, wollt al =

le Welt lan stehn, mein ei = gen Wil = len la = ßen, wollt auf die eng = e Straßen

und auf die Hei=de gehn.

2 Die Heide die ich meine,
der ist doch keine gleich,
Sie ist nit hie auf Erden,
sie ist im Himmelreich:
　Darauf entspringt ein Blumen,
gibt uns ein heitern Schein,
darum so wollt ich geben,
wagen mein junges Leben
für Gott, den HErren mein.

3 Willt du dein Leben laßen
für Gott, den HErren dein:
Sein Reich will er uns schenken,
wie mag uns beßer sein?
　Darum sollt du ihn loben,
hat uns erlöst aus Pein,
sein Reich will er uns schenken,
der Sünden nimmer denken,
sag Lob dem HErren dein.

4 Er ist von Himmel gangen
aus seiner Majestat,
Groß Leiden hat er empfangen
wol drei und dreißig Jahr,
　Darnach hat er erlitten
für uns den bittern Tod,
gar ritterlich gestritten,
kein Schmerzen hat er vermieden,
daß er uns hülf aus Noth.

5 Sein Leiden thät sich enden
an einem Kreuz so hoch,
Zum Vater thät er lenden,
herlich gen Himmel zog:
　Da hat er Wohnung funden
vor Gott, dem HErren mein,
den auserwählten Kinden,
da werden wir ihn finden
und ewig bei ihm sein.

151. Gegrüßet seist du!

Ge = grü=ßest seist du, e = del=ster Kö = nig, mir, der Men=schen und der

En = gel Zier, Ein Brun = nen der Barm=her = zig=keit, das Lebn, un = ser

Hoffnung und Sü = ßig=keit, das Lebn, un=ser Hoffnung und Sü=ßig=keit!

2 Wir elende Kinder Evä schrein zu dir,
mit Trauren und Weinen seufzen wir
In diesem elenden Jammerthal,
:|: vergießen unser Thränen ohn Zahl. :|:

3 Eia! unser herzliebster Fürsprecher gut,
dein heiliger Nam im Sinn uns ruht,
Kehr auf uns dein barmherzig Aug,
:|: dein väterlich Herz an uns Kindern
brauch. :|:

4 Nach diesem Elend uns gnädig besuch,
zeig uns deins Leidens selige Frucht,
Wo du unser ewigs Leben bist,
:|: o gütger, o milder Jesu Christ! :|:

152. Je länger je lieber.

Im Ton: Sehl doch was für ein Zeichen groß.

Him = mel und Er = den, stim = met an auf
Helft sin = gen was nur sin = gen kann dem
al = ler = be = ste Weis,
lie=ben Gott zu Preis!

En = gel und Men=schen all = zugleich, liebt Je=sum, der so gna=den=reich, rühmt

ihn, dient ihm mit Fleiß, rühmt ihn, dient ihm mit Fleiß.

11*

2 Dem Heiland, der so segenreich,
der höchsten Gütigkeit,
Der so viel Gnaden uns erzeigt,
der wahren Seelen Freud, —
　　Wer wollte sich nicht ganz ergebn,
ihm dienen durch sein ganzes Lebn?
:|: Hierzu bin ich bereit. :|:

3 Ich glaub an dich, ich hoff auf dich
nach deiner wahren Lehr;
Dich liebe ich inbrünstiglich,
liebreichster Gott und HErr.
　　Denn du, mein süßer Jesu Christ,
ja lauter Lieb und Schönheit bist,
:|: ein gnadenvolles Meer. :|:

153. Jesu, dir leb ich, Jesu, dir sterb ich, dein bin ich todt und lebendig.

Ich glaub an Gott in al-ler Noth, auf Gott mein Hoff-nung bau-e:
Ich lie-be Gott biß in den Tod, auf sei-ne Lieb ver-trau-e.

Je-su, dir leb ich, Je-su, dir sterb ich, dein bin ich todt und le-bendig.

2 Das Heil allein
kann sicher sein
in meines Jesu Wunden;
In deinem Tod,
o liebster Gott,
das Leben wird gefunden.
　　Jesu, dir leb ich, ꝛc.

3 Ein büßend Herz
in Reu und Schmerz
soll nimmermehr verzagen;
Im Glauben treu
von Sünden frei
darf ich zu Jesu sagen:
　　Jesu, dir leb ich, ꝛc.

4 Geh fort, o Welt!
was dir gefällt,
das macht mich jetzt verdroßen:
In Gott allein
mein Ruh soll sein,
es ist nun fest beschloßen.
　　Jesu, dir leb ich, ꝛc.

5 Am letzten End
in deine Händ
will ich mein Seel aufgeben;
O Jesu mein,
nun bin ich dein:
gib mir das ewig Leben.
　　Jesu, dir leb ich, ꝛc.

154. Die auserwählte Blume.

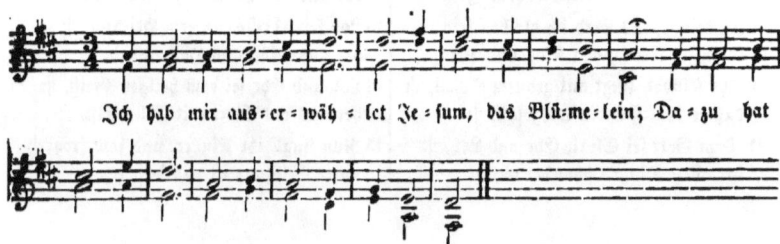

Ich hab mir aus=er=wäh=let Je=sum, das Blü=me=lein; Da=zu hat

sich ge=sel=let das jun=ge Her=ze mein.

2 Es grünt in meinem Herzen,
sein Blühn ist mannigfalt,
Es kann mir wenden Kummer,
wendt all mein Leid mir bald.

3 Sollt ich das Blümlein meiden,
Jesus, das Blümelein,
Brächt meim Herzen groß Leiden
und meiner Seelen Pein.

4 Er hat bei uns gewohnet
auf diesem Jammerthal,
Er ist von uns geschieden
in bittrer Leiden Qual.

5 Er ist von uns geschieden
in großer Wonnsamkeit
Zu seim himmlischen Vater,
da wohnt er ewiglich.

155. Der 23. Psalm.

Ich weiß der Herr der ist mein Hirt, :|: Hal=le=lu=jah!*) der=halb mir

gar nichts man=geln wird. :|:

2 Er weidet mich auf rechter Au, :|:
er führet mich zum frischen Thau. :|:

3 Er führt mein Seel die rechte Straß :|:
von wegen seines Namens groß. :|:

4 Und ob ich wär im finstern Thal, :|:
fürcht ich kein Unglück überall. :|:

5 Denn du bist bei mir ewiglich, :|:
dein Stab und Stecken trösten mich. :|:

6 Den Tisch hast du vor mir bereit :|:
gegen mein Feinden, ihn zu Leid. :|:

7 Mit Öl salbst du das Haupte mein :|:
und schenkest mir die Fülle ein. :|:

*) „Hall." wird in jedem Gesätze vor der 2. Zeile gesungen.

8 Dein Güte und Barmherzigkeit :|:
　wird mir folgen meins Lebens Zeit. :|:

9 In deim Haus werd ich bleiben fein :|:
　in ewger Freud, ohn Klag und Pein. :|:

10 Ihr Kinder, fingt mit großem Schall, :|:
　daß es dem HErren wolgefall. :|:

11 Dem Gott fei Glori, Ehr und Lob, :|:
　der allen Dingen schwebet ob, :|:

12 Der uns allsamt erschaffen hat, :|:
　der uns ernährt und gibt das Brot. :|:

13 Lob fei Christo, unserm Heiland, :|:
　der uns erlöst aus Höllenband. :|:

14 Lob und Ehr fei dem heilgen Geist, :|:
　der uns das Wort mit Fülle leist. :|:

15 Nun fingt, ihr Kinder, und feid froh: :|:
　unfer Erlösung ist nah da! :|:

156. „Von Christo, der edlen Blume.

Jef. 11," 1—10.

Ich weiß ein Blümlein hübsch und fein, das ist mir Wol = ge = fal = len*), Das blüht
auf in un = fer Gmein gar schön für an = dern　al = len.

2 Der Zweig so solchs getragen hat
der ist von David kommen,
Da hat die Blum aus höchstem Rath
fein edel Gwächs genommen.

3 Wie Jesaia lobesam
das Blümlein klar beschreibet,
Daß solchs am Zweig von Jesse Stamm
ausspreißt und schön bekleidet.

4 Auf ihm soll ruhen Gottes Geist
voll Weisheit und voll Kräfte,
Er gibt die Stärk und Hilf am meist
in all unsern Geschäften.

5 Weil ich todkrank für Sünden lag,
vom Satan wund gebißen,
Der edlen Blumen Saft und Schmack
mir heilet mein Gewißen.

6 Das Blümlein hat viel Tugend groß,
den Tod kann es verjagen,
Macht uns der höchsten Krankheit los,
so wirs stäts bei uns tragen.

7 Es ist viel edler denn das Gold
und alle Schätz auf Erden:
Durch das wird Gott uns allen hold,
wenn wir ihm dienstlich werden.

8 Ich will mein Gärtlein richten an,
das Blümlein darein setzen,
Sein edler Ruch mich stärken kann
und meine Seel ergetzen.

9 Ich will das edle Blümlein fein
verschließen und bewachen,
Das soll stäts mein Luftgarten fein,
mein Gwißen fröhlich machen.

---

*) Später, z. B. Nürnberg, Endter, 1631: das thut m. wolg.

10 Ob schon die Welt das Blümlein zart
für Klugheit thut verachten,
Doch weil es ist der höchsten Art,
will ich ihm stäts nachtrachten.

11 Denn solchs ist Gott und Mensch zugleich,
die edelste Person;
Es gibt uns in dem Himmelreich
den besten Schmack zu Lohne.

12 Wo wir es zeugen fleißiglich
und halten seinen Samen,
So wirds uns schützen ewiglich
vor allem Übel. Amen.

157. Höchste Freude.

Je=su, deins Namens Sü = ßig=keit bringt un=sern See=len höch=ste Freud: sü = ßer
Je = su! mil=der Je = su! gu = ter Je = su!

2 HErr Jesus geht im Parabeis,
er gibt den keuschen Leuten Preis.
Süßer Jesu! milder Jesu! guter Jesu!*)

3 HErr Jesus in der Krippen leit:
nun wär es Jubilierens Zeit.

4 HErrn Jesu ist nach Minnen weh,
er gehrt der keuschen Bräute mehr.

5 HErr Jesus klopfet an dem Thor,
er gehrt der keuschen Bräute Chor.

6 HErr Jesus machet Freuden viel,
er ist der Seeln ein Saitenspiel.

158. Jesus, der Preis Himmels und der Erden.

Weise nach: Mit diesem neuen Jahre.

Je = sus, du sü = ßer Na = = me, gött=li=cher Min=ne Flam =

*) Diese letzte Zeile wird in jedem Gesätze wiederholt.

me, du gna = ben = rei=cher Stam = me, du gan=zer Him = mel Hort, Du

Ho = nig übr all Sü = ße, von Her=zen ich dich grü = ße, mein Seel blüh

min=nen mü = ße, du vä=ter = li = ches Wort.

2 Jesus, meins Herzen Wonne,
du lebensreiche Sonne,
meins Herzen kühler Bronne,
du edle Lilje weiß,
Aller Lust Maiengarte,
des Feldes Blume zarte,
Geschmacks so edler Arte,
der Freuden Paradeis!

3 Jesus, der Engel Freude,
der Himmel Augenweide,
der Mägde Tugendkleide,
der reinen Herzen Lohn,

Der Seelen ganzes Leben,
ein Traub der Himmelsreben,
mein Herz soll an dir kleben,
du bist der Ehren Kron.

4 Jesus, du edler Freie,*)
meiner Wunden Arzeneie,
ein Harf der Himmelsreihen,
der Engel Lobgesang,
Du aller Sterne Glaste,
du reiner Seelen Raste,
du aller Reichheit Kaste,
du ewigs Lichtes Trank.

*) Bräutigam.

5 Jesus, der Seelen Buhle,
der Müden Ruh und Stuhle,
der wahren Weisheit Schule,
der Künste Meister reich,
Du höchstes Jubilieren,
Freud über alles Küren,
den Weg wollst du uns führen,
daß wir auch finden dich.

6 Jesus, ein Kindlein kleine
der Jungfrau Mutter reine,
des Vaters Wort alleine
zu Bethlehem bekannt:
Führ uns hin über Meere
mit deiner wahren Lehre
durch deins Verdienstes Ehre
hoch in der Engel Land!

159. O süßer Nam bei Lebenszeit! o Trost in alle Ewigkeit!

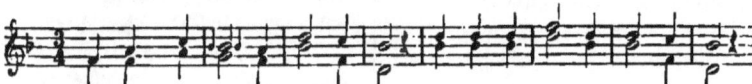

Je = sus! HErr Je = sus! See = len=freud, o schö = ne Kron in E = wig = keit!

Auf Er = den dies mein Hoff=nung ist, ein Schrecken in der Höl=len ist.

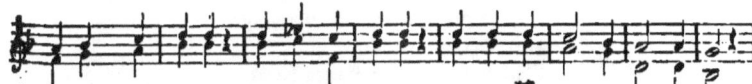

Je=sus! HErr Jesus! schönster HErr Jesus! O sü = ßer Nam bei Le = benszeit!

o Trost in al = le E = wig=keit!

2 Jesus! HErr Jesus, schau mich an,
mein ganzes Herz durchgeh. Wolan!
Hinweg was dir mißfallen will!
die Lieb brenn ohne Maß und Ziel.
  Jesus! HErr Jesus! heiligster Jesus!
O süßer Nam bei Lebenszeit!
o Trost in alle Ewigkeit!*)

3 Jesus! HErr Jesus, was ich hab
laß sein eine angenehme Gab;
Mich will ich ganz ergeben dir,
dein höchste Lieb brenn sehr in mir.
  Jesus! HErr Jesus! reichster HErr
Jesus! 2c.

*) Diese zwei Zeilen werden bei jedem Gesatz wiederholt.

4 Jesu! HErr Jesu, mich bedeck,
dein heilger Geist sei meine Stärk;
Gib was die Lieb erwecken mag.
O Sünd hinweg, du böse Sach!
    Jesus! HErr Jesu! freundlichster
            Jesus! ꝛc.

5 Jesu! HErr Jesus! ich höre auf
zu sündigen, zu dir ich lauf.
Barmherzigkeit, Barmherzigkeit
mich und mein arme Seel weid.
    Jesus! HErrJesus! mildesterJesus! ꝛc.

6 Jesu! HErr Jesu, deinem Knecht
barmherzig sei, wiewol er schlecht;
Sei ihm ein Trost im letzten Ziel,
wann seine Seel von hinnen will.
    Jesus!HErrJesus!gnädigsterJesus!ꝛc.

7 Jesu! HErr Jesu, Lebensgrund,
ein Zittern bist dem Höllenhund,
Ein Schutz in der Bußfertigkeit,
ein Trost in aller Traurigkeit.
    Jesus! HErr Jesus! stärkster HErr
            Jesus! ꝛc.

8 Jesu! HErr Jesu, nimm mein Herz,
dein soll es sein ohn allen Scherz.
Ach meiner Seelen Innigkeit
wollest erfreuen allezeit.
    Jesus! HErr Jesus! höchster Schatz
            Jesus! ꝛc.

9 Jesu! HErr Jesu, deinen Preis
mein Herz und Mund mit allem Fleiß
Wird singen dir ohn alles Ziel,
ja nimmermehr aufhören will.
    Jesus! HErr Jesus! Himmelsfreud
            Jesus! ꝛc.

10 Jesu! HErr Jesu, bleib bei mir,
allzeit will ich anhangen dir.
Ach bleib bei mir, so lang ich leb
und wann ich in Todsnöthen schweb.
    Jesus! HErr Jesus! treuster HErr
            Jesus! ꝛc.

11 Jesu! HErr Jesu, wahrer Bund,
dein Lob sing ich mit Herz und Mund.
Hilf daß doch meine arme Seel
den Tod möcht überwinden schnell.
    Jesus! HErr Jesus! Lebensfürst
            Jesus! ꝛc.

12 Jesu! HErr Jesu! das Leben bist
den Büßenden zu aller Frist.
Dein Lob in meinem Herzen bleibt,
kein Tod, kein Höll von mir austreibt.
    Jesus! HErr Jesus! seligster Jesus! ꝛc.

160. Flehen beim Namen Jesu.

1. Je = sus ist ein sü = ßer Nam, den ru=fen wir ar = men
2. Je = sus, wer dich su=chen will, der findt bei dir Ge =
3. Jesus wir fal=len dir zu Fü = ßen, wir wol=len dich so lang an =
4. Jesus, du bist mein höchster Trost, den mir Gott selbst hat
5. Jesus, mit deinem ro=sin = far=ben Blut hast uns er = wor=ben das
6. Je = sus, lie = = ber HEr = re, durch dei = ner Mar = ter
7. Lob und Ehr in der E=wig=keit sei dir, du höch=ste Drei=
8. Hal = le = lu = = jah sin=gen wir, — Je = sum Chri=stum

1. Sünder an, Da=durch wir Huld er = lan = = gen um un=ser Sünd be=
2. naden viel. — Hei=lig, se = lig ist der Mensch der Je=sus Tag und
3. ru = fen Mit Kla=gen und mit Wei = nen mit Ma=ri=a Mag = da=
4. aus=er=kiest; In rech=ter Lieb und gan=zer Be = gier hoff ich bei=ner Ge=
5. ewig Gut, Das du, von Himmel kom=men, bist, hast uns er=löst von des
6. Ehr = re Ver=leih uns hie ein se = lig's End und dort ein fröh = lich
7. fal=tig=keit, Gott Vater, Sohn, hei = li = ger Geist, dein Ma = je = stät sei
8. loben wir In die=ser gna=den = rei=chen Zeit, die uns viel Freud und

1. gan = gen. Ge=nad, HErr, Genad, HErr, Ge = nad um all un=ser Mis=se=that.
2. Nacht bedenkt; Der wird ge=tröst, wird ge=tröst, von al = len Sünden er=löst.
3. le = na, Biß wir fin=den — wir fin=den Vergebung un=ser Sün = den.
4. na=den schier. Hilf, HEr = re, mir — HEr=re, mir, daß ich nimmer scheid von dir.
5 Teufels List. Lob, Preis und Ehr — Preis und Ehr sei dir im Himmel und auf Erd.
6. Auf=er=ständ. Das ist die Freud — ist die Freud die Gott seinen Dienern geit.
7 hoch ge=preist. Wer dir sich verpflicht — sich ver=pflicht, der findt das e=wig Licht.
8. Wonne geit. Das hilf du, Jesu — du, Je = su, uns jetzt und biß zur ew=gen Ruh.

161. „Ein Abendreihen vom HErrn Christo, für christliche Jungfräulein vorzusingen."

a.

Ihr Schwester=lein, ihr Schwester=lein, ihr al = ter = liebsten Gespie = len mein, Wir

wolln sin=gen ein A=bendreihn von un=serm HEr=ren Je = su=lein.

b.

Ihr Schwe=ster=lein, :|: ihr al = ter=lieb=sten Gespie = len mein, Wir wol=len

singen ein A = bend=reihn von un = serm HEr = ren Je = su=lein.

2 Ein wahrer Gott :|:
ist er und hilft aus aller Noth;
Er ist Gotts einig Söhnelein
und Marien, der Jungfrau rein.

3 Von Ewigkeit :|:
wahrhaftig ist seine Gottheit,
Er ist der gebenedeite Sam,
Adam verheißn und Abraham.

4 Ein Kindlein klein :|:
von seiner werthen Mutter rein
Ist er geborn ohn alles Leid,
heilig, ohn Sünd ist sein Menschheit.

5 Der Schlangen Gift :|:
that ihm kein Schaden, verletzt ihn nicht;
Der heilge Geist wirkt solches Gut
mit dem keuschen Mariä Blut.

6 Des wundert sich :|:
die Natur und verstund es nicht;
All Engel sahen dran ihr Lust,
daß ein Kind säugt der Jungfraun Brust.

7 Maria zart, :|:
kein seligers Weib geboren ward,
Sie hat geborn ein Söhnelein,
den Herren aller Engelein.

8 Des Teufels List :|:
durch ihren Sohn zerstöret ist,
Sein Tyrannei, Lügen und Mord
hat überwunden Gottes Wort.

9 O Gottes Lamm, :|:
wir müßten doch all sein verdammt,
Wenns ohn dein Tod und Opfer wär,
drum singen wir dir Lob, Preis und Ehr.

10 Behüt uns, HErr, :|:
für Irrtum und für falscher Lehr,
Wehr und steur aller Gleisnerei,
Betrügerei und Tyrannei.

11 Dein heilger Geist : :
allzeit uns Hilf und Beistand leist,
Auf daß wir nach dem Willen dein
leben und fromme Christen sein.

12 Für Krieg und Blut :|:
behüt uns, o du höchstes Gut,
Den lieben Kornbau uns bewahr,
daß kein Theurung werd dieses Jahr.

13 Für Feuersnoth :|:   [Gott!
schütz unser Stadt [Ort, Dorf], o lieber
Ach pflanz in uns christliche Lieb,
all unser Schuld und Sünd vergib.

14 Auch unser Stadt, :|:
die ganze Gmein, ein ehrbarn Rath,
Die Kirch und Schul, das Bergwerk fein
laß dir, HErr Christ, befohlen sein.

15 Ein seligs End :|:
gib uns, mit Gnad dich zu uns wend
Und hilf uns in der letzten Noth
durch dein Wunden und bittern Tod.

16 Bewahr auch, HErr, :|:
aller Jungfrauen Zucht und Ehr,
Behüt ihr Kränzlein für Unfall, —
das wünschen wir euch allzumal.

162. Hingabe an Christus.

Lieb = lich hat sich ge = sel = let mein Herz zu al = ler Frist
Zu eim der mir ge = fäl = let, das ist der HEr = re Christ:

Der lie = bet mir ganz in=niglich, der Herz=aller = lieb=ste mein, sein Ei=gen

will ich sein.

2 Aus Lieb und großer Güte
  hat er mich auserkorn,
  Er freut mir mein Gemüthe,
  denn er hat mir geschworn:
    So ich ihm traue stätiglich,
  er will mich nicht verlan,
  so lang ichs Leben han.

3 Er ist ein Herr der Engel,
  der Gott und Heiland mein,
  Geborn aus Davids Stamme
  von einer Jungfrau rein:
    Er liebt die Menschen überall,
  die halten seinen Bund,
  ihm traun zu aller Stund.

4 Mit seiner Hand gefaßet
  hat er das Leben mein,
  Ob mich die Welt schon hasset
  und muß ein Bann ihr sein.
    Er weiß wol wann er helfen soll,
  und bleibt nicht aus zu lang:
  ihm sei Lob, Ehr und Dank.

163. Jesus allein liebenswerth.

Mein Herz ent=zündt vor Lie=be brennt, Lieb sü=ßig=lich mich quä=let;
Lie=ben will ich be=stän=dig=lich den ich mir aus=er=wäh=let:

Der ist al=lein auf die=ser Erd viel tau=sendmal des Lie=bens werth. O Je=su,

wo bist du? Dich mei=ne Seel be=gehrt.

2 Die Welt zu sich
  zwar locket mich,
  viel Liebstrick sie mir leget;
  Zeigt mir viel Gunst,
  braucht all ihr Kunst,
  doch mich gar nichts beweget.

    Ich seh mich um, und seh mit Fleiß
  den Bräutigam so roth und weiß;
  treff ich dann
  dich nicht an,
  o meiner Seelen Speis?

3 Auf dieser Welt
mir nichts gefällt,
kein Mensch vom Weib geboren;
Sein Contrafee
vergeht wie Schnee,
grün fängt er an zu dorren;
   Zuletzt ein Kreuzlein auf sein Grab
ist von der Welt die beste Gab.
Fort, o Gunst,
wann ich sonst
nichts zu gewarten hab!

4 Was ewig bleibt
zur Lieb mich treibt,
denn Scheiden thut bald kränken.
Die Lieb zu Gott
fürcht keinen Tod,
thut Scheidens nicht gedenken.
   O Mensch, du bist ein fremder Gast,
die schnöde Welt nicht lieb zu fast!
Lieb dafür
was du hier
ewig zu lieben hast!

5 Lieben will ich
was adelich,
allein was ohne Tadel;
Mein Bräutigam
mit Nam und Stamm
der ältest ist von Adel,
   Der sein Geschlecht viel Jahr und Zeit
probieren kann von Ewigkeit.
Dieser ist
für gewiß
der meine Seel erfreut.

6 Mir kommt gesandt
aus Judenland
sein Bildniß voll des Schmerzens;
Die Liebsgestalt
er selbst gemalt
am Trosttag seines Herzens;
   Dies soll sein meiner Augen Licht,
bis jener schöne Tag anbricht;
da er mir
thut herfür
sein fröhlichs Angesicht.

164. „Um Vergebung der Sünden und ein seliges Ende."

Im Ton: Von edler Art.

O Chri=ste zart, gött=li=cher Art bist du ein Kron, dem ich mich han

Er=ge=ben gar in al=ler Fahr: das Herz in mir kränkt sich nach dir,

Drum ich be=gehr durch all dein Ehr, hilf mir aus Nöthen, lie=ber Herr!

2 Wie ich ihm thu,
hab ich kein Ruh
ohn deine Gunst,
die ich mit Brunst
Des Herzen begehr.
Gib mir, o HErr,
daß ich guts mich
zu dir verseh
  In Hoffnung viel:
nicht mehr ich will,
allein hilf mir von Sünden schnell!

3 Dieweil du bist
der wahre Christ,
das Gottes Lamm,
welchs an dem Stamm
Des Kreuzes hart
geopfert ward
für unser Sünd:
gedenk der Stund
  Des Todes mein,
kürz mir die Pein
und laß mich ewig bei dir sein.

165. Jesus über alles.

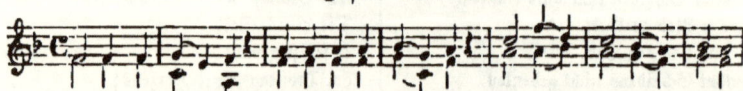

Schönster HErr Jesu, Schöpfer aller Dinge, Gottes und Marien
Sohn, Dich will ich lieben, dich will ich ehren, meines Herzen Freud und Kron.

2 Alle die Schönheit
Himmels und der Erden
ist verfaßt in dir allein.
Keiner soll nimmer
mir lieber werden
als der schönste Jesus mein.

3 Schön ist die Sonne,
schön ist der Monden,
schön die Sterne allzumal:
Jesus ist feiner,
Jesus ist reiner
als die Engel im Himmelssaal.

4 Schön sind die Wälder,
schöner sind die Felder
in der schönen Frühlingszeit:
Jesus ist schöner,
Jesus ist reiner,
der unser traurigs Herz erfreut.

5 Schön sind die Blumen,
schön sind die Menschen
in der frischen Jugendzeit:
Sie müßen sterben,
müßen verderben,
Jesus lebt in Ewigkeit.

6 Er ist wahrhaftig
allzeit gegenwärtig
in dem heiligen Sacrament.
Jesu, dich bitt ich,
sei uns gnädig
jetzt und an dem letzten End.

166. Vom Allerliebsten.

Von Freu=den muß ich sin=gen, daß ich nicht schweigen kann, Von Je=sus

mei=nem Lie=be, der mich er=freu=en kann.

2 Er freut mich übermaßen,
er ist mir lieb und werth,
Von ihm will ich nicht laßen,
er ist meins Herzen Begehr.

3 Sein Liebe will ich kiesen
für all der Welt Gemach;
Was ich daran verliere,
dem frag ich nimmer nach.

4 Ich will so gerne streiten
wol um den Willen sein,
Und scheuen noch Disteln noch Dornen,
wollt er mein Helfer sein.

5 Wer da der Dornen scheuet,
der kriegt der Rosen nicht,
Und wer dem Streit entfleuchet,
der kriegt den Ölzweig nicht.

6 Ach wollt ihr ihn wol kennen?
Roth Purpur hat er an
Und eine Dornenkrone,
der mich erfreuen kann.

7 Wer trauren will der traure!
das Meine das fahr dahin;
Er ist über den Engeln,
der mir der Liebste soll sein.

8 O Jesus allerliebster,
was Lohnes soll ich empfahn?
„Nun laß, Gutlieb, dein Trauren,
mich selbsten sollt du han"

9 Ich sah ihn zu der Letzten
stehen in schwerer Pein,
An einem Kreuze hangen,
der mir der Liebste soll sein.

167. Die Stimme des Bräutigams.

Wach auf, wach auf, du Trau=te,   du Herz=ge=lieb=te mein,
Und hör die sü=ßen Lau=te   des zar=ten Bräut=gams dein.

Hommel, geistl. Volkl.   12

Er hat wol zu der hal = ben Nacht in Lieb zu dir sich auf = ge=macht, daß dir vorm er = sten Mor=gen=schein auf=geh die Son=ne dein.

2 Mach auf, mach auf! in Treuen
steht ganz mein Herz zu dir;
Du traust mir ohne Reuen,
setz du dein Herz zu mir.
   Ich bring dir alle Süßigkeit,
Lust, Freud und Wonn ohn alles Leid,
alls Gut im Haus des Vaters mein:
willst du mein Eigen sein.

3 Für dich hab ich gerungen,
mein Blut versprützt so roth;
Gar hart ist mirs gelungen,
daß ich mein Lieb dir bot.
   Den Tod zwingt meiner Liebe Muth,
ihr Feur brennt wie der Höllen Glut;
kein Wasserstrom es löschen mag,
es leuchtet Nacht und Tag.

4 Mein Lieb als Sigel setze,
o Freundin, auf dein Herz;
Dran du dich ewig letze,
fest wider Angst und Schmerz.
   In meiner Treue ruhst du fein,
da hüten dein all Engelein;
sie singen dir viel süßen Ton,
du meines Herzens Kron.

5 Komm, komm in meinen Garten,
da ist der Blümlein viel,
Da wir der Freuden warten,
lieblich ohn End und Ziel.
   Da feiern wir das Hochzeitmahl,
fern weg ist Leid, Noth, Angst und Qual;
die süße Frucht der Thränensaat
labet dich früh und spat.

6 Im Schatten kühler Laube
ruhst du an meiner Brust,
Du Eine, meine Taube;
wir tauschen Lust um Lust.
   Da wird dein Geist von meinem Geist,
dein Fleisch von meinem Fleisch gespeist;
da eint sich Leib, Herz, Sinn und Muth
in heißer Liebe Glut.

7 Was ich dir da beschieden
hat nie kein Sinn erdacht.
Drum auf in süßem Frieden!
nun ist vorbei die Nacht;
   Die Morgenröthe bricht herein,
der Tag geht auf in lichtem Schein.
Dein Freund ist dein und du bist sein, —
nun, Liebste, laß mich ein.

168. Der Freier sonder gleichen.

Nach der Weise: Da spreußt ein Baum an jenem Thal.

*) War = um follt ich denn trau = rig fein, mein fröh=lich Sin = gen la=ßen? Ein

Jüngling e = del, schön und fein freit um mich ü = ber = ma = = ßen.

2 Wollt ihr wißen wer er ist?
Ich will ihn euch wol nennen:
HErr Jesus ist der Name fein,
von Formen ist er schöne.

3 Ich hatt wol eher ein andern gewust,
doch Jesus ist der beste;
All ander Liebe steht wol ab,
er bleibt treu biß zuletzte.

4 Sein Antlitz fein, fein Augen klar,
ja klarer denn die Sonne,
Sein Kleider blinken von Gold so roth,
so außermaßen schöne.

5 Die Engel find die Diener fein,
fie stehn bei seiner Seiten,
Sie fingen, fie springen, fie find so froh
in lauter Seligkeiten.

6 Er ist ein Meister von Saitenspiel,
dazu von allen Künsten,
Sein Stimm die lautet als ein Posaun
nach aller Herzen Wünschen.

7 Wes ich von Tugenden nicht kann,
das wird er mich wol lehren,
Ists daß ich Herz und all mein Sinn
mit Fleiße zu ihm kehre.

8 Sein Macht ist groß, fein Lieb ist breit
und tief find seine Gerichte,
Himmel und Erdn er geschaffen hat
und alle Ding von nichte.

9 Er ist geworden ein Kindlein klein,
von Marien geboren,
Ein Bräutigam aller Herzen rein
die hat er auserkoren.

10 Streitet hier ein kurze Zeit
und laßt euch nichts abbrängen,
Bleibt beständig zu aller Zeit,
ihr follt die Kron empfangen.

11 Er hat euch bereit ein reichen Schatz
dort oben in seinem Throne,
Mit Zierheit um und um besetzt,
dazu ein gülden Krone.

*) Im 2. u. 10. Verse fällt die 1. Note weg.

169. Bleib bei Christo!

War=um willt du doch schei = den von dei=nem lie - ben Gott, Der dich mit

sei=nem Lei = den er = lö = set hat vom Tod?

2 Und hat auf sich genommen
all unser Schuld und Pein,
Darein wir sind gekommen,
und will uns gnädig sein.

3 Kein größern Trost auf Erden
den kannst du haben nit.
Willt du nun selig werden,
so weiche keinen Tritt.

4 Sondern thue beharren
bei deinem lieben Gott,
Der wird dich wol bewahren,
hilft dir aus aller Noth.

5 Für solche große Güte
sollt du ihm dankbar sein.
Der woll uns all behüten
vor der höllischen Pein.

170. Wie lieblich bist du mir!

Wie lieblich bist du mir,   gü=tigster Je=su!   o sü=ßer Je=su!   was Freud hab

ich von dir, herzlieb=ster Je = su!   In dir hab ich al=lein   was mir ein

Freud kann sein,   o sü=ßer Je=su!   lieb=reich=ster Je=su!*)

2 Wann du im Herzen bist,
kein Freud darüber ist,
Nicht mehr was in der Welt
dem Herzen dann gefällt.

4 Gib daß all Christenheit
nach dieses Lebens Zeit

3 Wollt Gott daß nach Gebür
dich lobt all Creatur!
Dein Lob zu aller Stund
soll gehn aus meinem Mund.

Im Himmel ewiglich
in dir erfreuen sich.

*) Die Anrufungen Jesu werden in jedem Verse nach der 1., 2. u. 4. Zeile wiederholt.

171. Willkommen, Morgensterne!

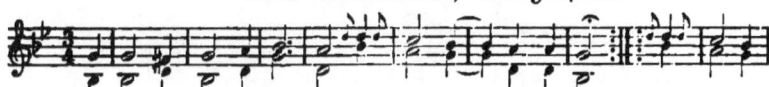

Will=kommen, Mor=genster = ne! er = leucht uns mil=dig=lich: } Unser Herz dich
Wir die=nen dir so ger = ne, er = hör uns gnä=dig=lich! } du bist auch

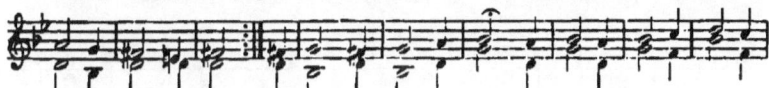

zu lo = ben be=gehrt,
al=les Lo = bes werth
im Himml und auch auf Erd. Wir fin=gen dir viel fü = ßen

Ton, dich lo = ben al = le En = gel schon hoch in des Him=mels Thron.

2 Du Gott und Mensch alleine
aus der menschlichen Schaar,
O Sonne du viel reine,
so golden, fein und klar,
  Du Salomonis reicher Saal:.
komm uns zu Troste überall
in diesem Jammerthal!
Du bist doch aller Menschheit Zier,
hilf uns, Jesu, und thu es schier,
daß wir gehörn zu dir!

3 O gnadenreiche Sonne,
viel schönr als alles Licht,
Du aller Güte Bronne,
zeig uns dein Angesicht:
  Bitt Gott für uns, Marien Kind!
der dir dient, er Gnade findt,
Sorgen er überwindt.
Fried und Gnad sei von dir bereit,
bekleid uns mit Gerechtigkeit,
treib weg auch alles Leid.

4 Durch alle deine Güte
unser Hoffnung an dir leit,
Vor Sünden uns behüte
an unser letzten Zeit.
  Ach Liljenzweig, du Rose roth,
in dir kam uns das Himmelbrot:
Jesu, hilf uns aus Noth.
Du Brücke zu dem Paradeis,
hilf uns daß wir mit allem Fleiß
eßen die Himmelspeis.

5 Ach väterliche Treue,
unser Hoffnung an dir leit;
Hilf uns um wahre Reue
zu unser letzten Zeit;
  Deinen heiligen Geist uns send,
komm selbst, Jesu, zu unserm End,
alls Leid von uns abwend.
Und hilf uns daß wir ewiglich
mit dir, HErr, müßen werden reich
hie und im Himmelreich.

172. Lobgesang.

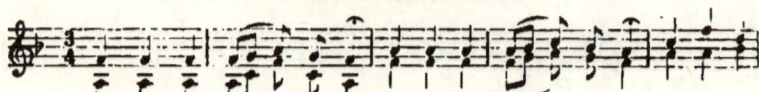

Wun = der = schön präch = ti = ge, gro = ße und mäch = ti = ge Son = ne der
Je = su, auf e = wig ich ganz dir ver = bin = de mich, ja auch mit

- Gna = den, du himm=li=sches Licht,
Leib und Seel gänz=lich verpflicht.   Wil=lig mein Le = ben, al = les bei =

ne = ben,   al = les, ja   al = les was im=mer ich bin,   geb ich mit

Freuden, o   Je = su, dir hin.

2 Du bist ja voller Zierd,
   kein Fehl gefunden wird,
   du bist, o Jesu, der Schönste allein.
   Auch deiner Majestät
   ewiglich nichts abgeht,
   was nur vollkommen und herlich kan sein;
   Dein ganzes Wesen
   ist auserlesen;
   :|: du bist der Reinheit vollkommner Glanz,
   selbst bist die Liebe, die Heiligkeit ganz. :|:

3 Der ganze Bau der Welt
   an deiner Hand sich hält,
   ganz majestätisch du alles regierst;
   Du König Jesu Christ,
   mächtiger Herscher bist,
   Himmels und Erden den Scepter du führst;
   Der Engel Scharen
   dein Lob nicht sparen,
   :|: singen, frohlocken mit fröhlichem Schall,
   dir, ihrem Meister, sie huldigen all. :|:

4 Vor dir der Mond verbleicht,
   ja auch voll Scham entweicht
   vor deinem Antlitz die glänzende Sonn;
   Kein Unvollkommenheit
   mindert dein Herlichkeit,
   du aller Himmel hellleuchtende Wonn.
   Alles was lebet,
   alles was schwebet,
   :|: alles was Himmel und Erden schränkt ein
   muß deiner Majestät unterthan sein. :|:

5 Doch hast du Kron und Reich,
   Gottheit und Macht zugleich
   willig gelaßen, die Menschheit erkorn,
   Schwachheit erwählt und Noth,
   Elend, Schuld, Schmach und Tod,
   daß du erlöst uns vom ewigen Zorn,
   Sünden und Schanden,
   höllischen Banden,
   :|: Gott aber hat dich erwecket vom Tod
   und dich erhöht als gewaltigen Gott. :|:

6 Gott dich erwählet hat
zu einer Zufluchtsstatt
allen Bedrängten und Sündern insgmein;
Du bist ein Helfer groß,
machst alle Bande los,
so groß nur immer der Jammer kann sein.
  Vor allen Gfahren
kannst du bewahren:
:|: ein ganzes Kriegsheer vertilget gar bald
dein unbeschränkte himmlische Gewalt. :|:

7 In diesem Jammerthal
seufzen wir allzumal
zu dir, o Jesu, in Elend und Noth.
Jesu, dein Tod und Pein
soll unser Labsal sein,
wann die Seel scheidet vom Leibe der Tod;
  Wann wir hinreisen,
thu uns erweisen |Thron,
:|: Huld und Barmherzigkeit bei deinem
gib uns aus Gnaden den himmlischen
                            Lohn. :|:

173. Der Welt Trüglichkeit.

Ach ar=me Welt, du trü = = gest mich, ja das be=kenn
Du fal=sche Welt, du sagst nicht wahr, dein Schein zer=geht,

ich ei = = gent=lich und kann dich doch —— nicht mei = den.
weiß ich —— für=wahr, mit Weh und gro = = ßem Lei = den.

Dein Ehr, dein Gut, du ar = me Welt, am Tod in rechten Nö = = then fällt, dein

Schatz ist ei=tel fal = = sches Geld. Des hilf mir, HErr, zum Frie=den!

174. „Von der Welt Eitelkeit."

Sag was hilft al = le Welt mit al = lem Gut und Geld? Al = les verschwindt ge =

schwind gleichwie der Rauch im Wind.

2 Was hilft der hohe Thron,
das Scepter und die Kron?
Scepter und Regiment
hat alles bald ein End.

3 Was hilft sein hübsch und fein,
schön wie die Engel sein?
Schönheit vergeht im Grab,
die Rosen fallen ab.

4 Was hilft ein goldgelb Haar,
Krystall die Augen klar,
Lefzen korallenroth?
alles vergeht im Tod.

5 Was ist das gülden Stück,
von Gold Zier und Geschmück?
Gold ist nur rothe Erd,
die Erd ist nicht viel werth.

6 Was ist das roth Gewand,
das Purpur wird genannt?
Von Schnecken aus dem Meer
kommt alle Purpur her.

7 Was ist der Seidenpracht?
wer hat den Pracht gemacht?
Es haben Würm gemacht
den ganzen Seidenpracht.

8 Was sind denn solche Ding
die ihr schätzt nicht gering?
Erd, Würmkoth, Schneckenblut
ist das uns zieren thut.

9 Ist das nicht Phantasei
und große Narretei?
Alles ist Narretei
und lauter Phantasei!*)

*) Statt dieser 9. Str. finden sich auch die 2 folgenden:

9 Fahr hin, o Welt! fahr hin!
bei dir bin ich kein Gwinn;
Das Ewig achtst du nit:
hier hast dein Ernt und Schnitt.

10 Fahr hin! leb wie du willt!
hast gnug mit mir gespielt.
Die Ewigkeit ist nah,
fremms Leben ich anfah.

175. Wider die Lust der Welt.

Im Ton: Sag was hilft alle Welt.

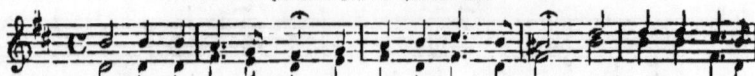

Gib uns, o Je = su, Gnad, daß uns die Welt nichts schad! Falsch ist die lo = se

Welt mit ih = rem Gut und Geld.

2 Gib uns, o Jesu, Gnad,
daß uns die Ehr nichts schad!
Glas ist der Ehrenthron
und Stroh die Ehrenkron.

3 Gib uns, o Jesu, Gnad,
daß uns der Pracht nichts schad!
Pracht ist ein blauer Dunst,
wie aller Menschen Gunst.

4 Gib uns, o Jesu, Gnad,
daß uns das Fleisch nichts schad!
Staub ist und nur ein Schein,
was hübsch daran und fein.

5 O Fleisch, o welkend Gras!
o Fleisch, o Wasserblas!
Heut frisch und rosenroth,
krank morgen, bleich und todt.

176. Verächtlichkeit der Welt.

Wo kommt es he = re daß ei = tel Eh = re so hoch stol = zie = ret in

die = ser Welt? Da doch nach Freu = den der kur = zen Zei = ten das Glück zum

Lei = den sich ganz verstellt.

2 Die Macht der Erden
muß zSchanden werden
gleich wie von Erben
formiert Geschirr;
Was man zu Zeiten
in Eis thut schreiben,
wird länger bleiben
denn Menschenehr.

3 Was jetzt thut stehen,
wird im Umsehen
wie Schaum vergehen
in kurzer Frist:
Wem soll man trauen?
auf Menschen bauen
ist nichts denn Grauen,
Betrug und List.

4 Bist heut in Ehren
mit Jubilieren
und Triumphieren,
ganz freudenreich:
Mußt morgen scheiden
mit schwerem Leiden,
du bist an beidem
ein todte Leich.

5 Man hats erfahren
in vielen Jahren
und sagts fürwahre
die heilig Schrift,
Daß Menschenkinder,
wie sich thut finden,
durch den Tod gschwinde
sind ganz verschlickt.

6 Denn wo ist Absalom
und König Salomon —
(der ein war schöne,
der ander weis) —,
Simson, der wilde
und starke Helde,
Jonathan milde,
Methusalah greis?

7 Man liest desgleichen
von einem Reichen:
ganz prächtiglichen
war er bekleidt,
Wollt allzeit schwärmen,
vergaß der Armen,
sich nit erbarmet
des Bettlers Leid;

8 Er fuhr hinabe
zum höllischen Grabe,
ihm half kein Habe,
kein Gut noch Geld.
Darum bei Zeiten
sollt dich bereiten,
denn du mußt scheiden
von dieser Welt.

9 Der Pabst andächtig,
der König prächtig,
der Kaiser mächtig —
gehn all dahin.
Da hilft kein Schöne,
da hilft kein Krone,
da hilft kein Stärke,
kein Gut noch Geld.

10 Da hilft kein Weinen,
kein Medicinen,
kein Kraut noch Steine:
der bitter Tod
Will all ersticken,
benimmt mit Schrecken
in einem Blicke
das Leben gut.

11 Weltliche Lüsten
sind kurze Fristen,
geben zum Besten
nur Angst und Noth;
Weltliche Freuden
thun dich verleiten
und ganz abscheiden
vom höchsten Gut.

12 Willt du hoch achten
weltliche Prachten
und darnach trachten
bei Jung und Alt?
Es sind nur Blumen,
ein Schein gar schöne
mit falschem Wahne,
verdorren bald.

13 Was hilft dein Ruhme,
du Wasserschaume,
du Speis der Würme,
du Erdengrund?
Kurz ist dein Leben,
und weist nicht eben
ob du sollt leben,
die Morgenstund.

14 Drum sei demüthig,
vor Sünden hüt dich,
sei allen gütig,
so viel du kannst.
Thu guts den Freunden,
zu allen Stunden
verzeih den Feinden
aus Herzengrund.

15 Sollt auch verachten
weltliche Sachen
und stäts betrachten
das ewig Gut:
So wird dir geben —
glaubs fest und eben —
das ewig Leben
der gütig Gott.

177. Warnung.

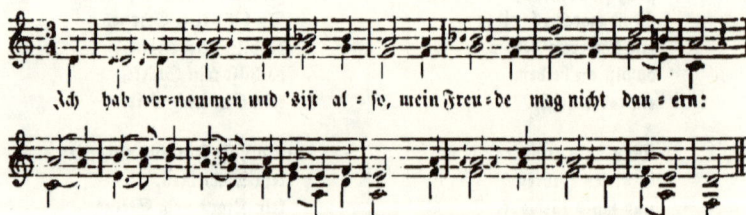

Ich hab vernommen und 'sist al = so, mein Freu = de mag nicht dau = ern:

Tan = zen und singen und sprin=gen hoch — dar=nach folgt nichts als trau = ern.

2 Und daurt es auch wol hundert Jahr,
es hat dennoch ein Ende;
Wer des zuletzte wird gewar,
der findt ein trüb Elende.

3 Nachdem ichs also seh gethan,
wol hin! ich bins berathen,
Zu kehren auf die schmale Bahn
und kehrn zu Gottes Gnaden.

4 Was ist doch dann das mich verhält
zu warten heut und morgen?
Es geht an ein Scheiden, wanns auch fällt,
darauf darf niemand borgen.

5 Dies Scheiden fällt auch mancherlei,
wie gerne wir auch bleiben;
Ohn Dank wir müßen an die Reih,
da uns der Tod hin treibet.

6 HErr Gott, wie mannig Blümchen schön,
das meinte des Mais sich zu laben,
Verwelket in so kurzem Thun,
der Tod wirfts in die Gruben.

7 HErr Gott, wie oftmals ist geschehn,
die ihres Willn genoßen,
Ihr Lämpchen fiel hin auf den Stein,
das Öle ward vergoßen.

8 Der Welte Trost hat kein Bestand,
der Jugend Lust zerschellet,
Naturen Spiel das hat kein Pfand,
darauf sein Trost man stellet.

9 So ruft man in den Himmel hoch:
Trug Welt, ich bin verrathen!
Wo komm ich armer Mensche zu?
was hab ich auf mich geladen?

10 Ach der sich nun ein Zeit bedächt,
was ihm hie selig wäre,
Und aus der Fahr das Blümchen brächt
zu Gottes ewigen Ehren!

11 Wie grauelt uns vor dem ersten Sprung!
wie sind wir also blöde?
O Blümchen zart, ach Herzchen jung,
wie macht dir sterben Rothe!

12 HErr Gott, die Thür laß offen stehn!
den Feind laß mich nicht rauben;
Ich trau dir fest, ich will zu dir gehn,
dein Worten will ich glauben.

178. Kehr dein Herz von hinnen!

Im Ton des Taubulers (Welle groß wunder schauen will).

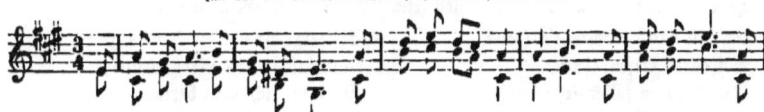

Ach Töchterlein, du zar=te Maid, willt du der Höll ent=rinnen Und schauen Gott in E=wig=keit, so kehr dein Muth von hin=nen.

2 Lieb Freund, Vater und Mutter dein,
Gewalt der Zeit und Ehren,
Das must du alles laßen sein,
willt du zu Gott dich kehren.

3 Die Welt geht in der Sünden Nacht
und irret in den Sinnen:
Ach edle Seele, das betracht
und kehr dein Herz von hinnen.

4 Dein Herz mit Reuens Bitterkeit
in Jesu sollt du gründen,
Und wär es aller Welte leid,
so hüt dich vor den Sünden.

5 Gott führt dich zu der rechten Hand
aus dieser Welt Freude,
Und setzt dich in der Minne Band,
da Freud hat nimmer Ende.

6 Da bleibst du Tag und auch bei Nacht
mit Gottes Minn umfangen,
Was Freuden je ein Herz erdacht,
die hast ohn alls Verlangen.

7 Steh auf, steh auf, du Seele mein,
kehr dich zum ewgen Gute,
Und bitt Jesum, den König dein,
daß er dich hab in Hute.

8 Sprich : Willkomm, edler König mein,
    durch dich ich Gnad hab funden,
    Empfah mich in die Minne dein
    an meines Todes Stunden.

9 Es ist mir oft und viel gemeldt,
    ich wollte nie es glauben,
    Von Lug und Trug der falschen Welt:
    nun seh ichs mit den Augen.

10 Schlag mirs nicht unter d'Augen mein,
    laß mich dich, HErr, erbarmen!
    Ach durch die bitter Marter dein
    empfah mich in dein Armen!

179 Ich will bei Gotte bleiben.

Mein Her-ze ist von Sor-gen frei, ich will bei Got-te blei-ben;

HErr Je-sus will dar-in-nen sein, den bö-sen Geist aus-trei-ben.

2 Er will darin machen ein Haus
    von puren Elfenbeinen,
    Die Mauren sollen feste sein
    von klaren Marmelsteinen.

3 Das Erdreich soll violen*) sein,
    das Dach von rothen Rosen,
    Darinne will HErr Jesus sein
    mit seinem Liebe kosen.

4 Ach edles Herze, halt dich frei
    und diene Gott mit Fleiße,
    Dein Lohn soll mannigfaltig sein
    bei Gott von Himmelreiche.

5 Ach edles Herze, halt dich frei
    und hüt dich vor Erliegen;
    Die Welt ist so voll Trügerei,
    ihr Worte sind wie Fliegen.

6 Sie zeigt dir vor ein Antlitz glatt,
    du meinst es aus Liebe scheine;
    Wenn sie dich dann betrogen hat,
    so läßt sie dich in Peine.

7 Er ruht auf einem morschen Stab,
    der ruht auf Creaturen;
    Der Welte Treu ist nichts als Spreu,
    ihr Lohn ist allzu sauer.

8 Ob du ihr folgen wolltest nun,
    sie gelobet dir so schöne;
    Doch wirst du ihren Willen thun,
    all Schand soll sein dein Krone.

9 Ach der sich je zu Gotte gab,
    das darf ihn nimmer reuen:
    Jesus von ihm steht nimmer ab,
    er lohnt ihm wol mit Treuen.

10 Mein Hoffen, mein Trost, mein Zuversicht
    das ist mein Gott, mein HErre;
    Wie gern bin ich ihm zu Dienst verpflicht
    zu seinen ewigen Ehren!

*) von Veilchen.

180. „Anweisung zu der Liebe Jesu."

Das Er=ste, o Ju=gend, zum An=fang der Tu=gend, So lern den Na=men Je=sus, den lie=ben Na=men Je=sus. Das Er=ste was den=kest, das Er=ste was re=dest: denk Je=sus, red Jesus, sprich: lie=be dich, Je=sus, lie=be dich, lie=be dich, lie=be dich, o Je=fus!

2 Das erste am Morgen
vor allen dein Sorgen,
So grüß den Namen Jesus,
den lieben Namen Jesus
    Ganz lieblich, ganz herzlich:
O Jesu, dich grüß ich,
von allem was sündlich
heut, Jesu, behüt mich;
liebe dich, :|: :|: o Jesu!

3 Wann waschest dein Hände,
so spreche behende:
Ach wasche mich, o Jesu,
mit deinem Blut, o Jesu!
    Dein Gnaden laß fließen
und reichlich ergießen,
daß all meine Sünden
bald mögen verschwinden.
Liebe dich, :|: :|: o Jesu!

4 Wann gehest zu beten,
vor Gott hin zu treten,
Der Anfang seie Jesus,
das Ende seie Jesus.
    Ihn lobe und preise,

all Ehr ihm beweise,
sprich: Jesu, dich lob ich,
sprich: Jesu, dich lieb ich,
liebe dich, :|: :|: o Jesu!

5 Wann gehest zur Arbeit,
so steh und denk allzeit
Daß mit dir arbeit Jesus,
fang an im Namen Jesus;
    Sprich: Jesu, mich stärke
in allen mein Werken.
Dein Ehren zu mehren
will nimmer aufhören,
liebe dich, :|: :|: o Jesu!

6 Wann gehest zum Schlafen,
so seie dein Waffen
Der mächtig Namen Jesu:
bewahre mich, o Jesu!
    Von allem dem Bösen,
wollst gnädig erlösen,
Vor Satans sein Listen,
verbotenen Lüsten;
liebe dich, :|: :|: o Jesu!

7 Wann kommeſt zum Sterben,
so ſetze zum Erben
Den ſüßen Namen Jeſus!
ſprich: erbe mich, o Jeſu;
   Dir leb ich, dir ſterb ich,
o Jeſu, dein bin ich,
mein Seele, mein Leibe,
dir alles verſchreibe,
liebe dich, :|: :|: o Jeſu!

181. Gnadenhand hier und dort.

Er = heb den HErren, lob ihn aus Herzen=grund   jetzt und zu al = ler Stund.
Sing ihm zu Ehren, ach lie = be Seel, jetz=und,   preis ihn mit Herz und Mund.

Er=höh ſei=nen Namen werth höch=lich, daß er dir auf Erd Treu und Gü=te

rein   Gnä=dig=lich er = zei = get hat,
       er=hält dich noch früh und ſpat: prei = ſe ſei=ne Wun = der=that, o

lie = be See=le mein. Re=giert und führt er dich nicht, nir=gends dir ſonſt

Hilf geſchicht, er iſt der Schutzherr dein.

2 Alle mein Glücke
und alles Unglück mein
stehet bei ihm allein.
Kehr nicht zurücke
von mir, o Vater mein!
nichts ohn dich werd ich sein.

In dir such ich allezeit
Glaub, Hoffnung, Trost, Fried und Freud;
lehre mich, bitt ich,
In all meiner Traurigkeit,
Kreuz und Widerwärtigkeit
harren deiner Gütigkeit;
entzeuch dein Hilfe nicht.
Nimm von mir was wendt von dir,
schenk mir was mich kehrt zu dir,
tröst und erhalte mich.

3 Ach was kann schaden
Menschenlist und Gedicht?
zu mir hast du gericht
Dein Herz in Gnaden,
empfind ich stätiglich,
nichts mehr erfreuet mich.

Nunmehr auch, du edler Hort,
erleuchtet dein göttlich Wort
mein Herz inbrünstlich.
Ach daß ich nur ganz allein
richten könnt das Leben mein
christlich nach dem Willen dein,
kindlich in Zuversicht!
HErr, mein Gott, weich nicht von mir,
erheb mein Gemüth zu dir,
regier mich gnädiglich.

4 Zu mir auch wende,
ob ich leid in Unschuld,
Glaub, Hoffnung und Geduld.
In mir vollende
nach deiner Gnad und Huld
zu haben recht Geduld.

Und laß mich zu aller Zeit
bei dir bleiben und kein Leid
reißen ab von dir.
Alsdann werd ich freuen mich
von nun an und ewiglich
nichts mehr wird betrüben mich,
sondern du wirst an mir,
Christ, du wahrer Gottes Sohn,
höchlichen vergelten schon
was ich gelitten hier.

5 In jenem Leben
Christus mich wird bereit
krönen mit Herrlichkeit
Und mich erheben,
nehmen zu sich mit Freud,
treiben ab alles Leid.

Lieblich wird die Stimme sein
in mein Herz erschallen sein:
„Ererbt das Reich mein!
Nunmehr ists von Ewigkeit
euch in Gnaden zubereit;
bei mir sollt ihr allezeit
unabgeschieden sein."
Reich mir deine Gnadenhand,
Christus, du wahrer Heiland!
komm bald, lös mich aus Pein!

182. Glauben, Hoffnung und Liebe.

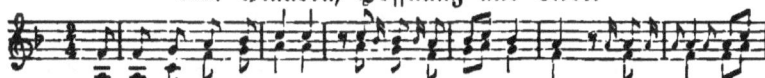

Es wollt ein Jä=ger ja=gen dort wol vor je=nem Holz: Was be=geg=net ihm
auf der Hei=den? drei Fräu=lein hübsch und stolz.

Hommel, geistl. Volkol.

13

2 Das ein das hieß Frau Glaube,
das ander Frau Liebe sein,
Hoffnung des dritten Name,
des Jägers wollt es sein.

3 Er nahm sie in der Mitte,
sprach: Hoffnung, nit von mir laß!
Schwenkts hinter sich zurücke
wol auf sein hohes Roß.

4 Er führt sie gar behende
wol durch das grüne Gras,
Behielts biß an sein Ende:
nicht hat ihn gereuet das.

5 Hoffnung macht nicht zu Schanden,
im Glauben fest an Gott,
Dem Nächsten geht zu Handen
die Liebe in der Noth.

6 Hoffnung, Liebe und Glaube,
die schönen Schwestern drei:
Wenn ich die Lieb anschaue,
die gröst sag ich sie sei.

183. Jesus Christus, unsere Seligkeit.

1. Je = sus Chri = = stus, un = se = re Se = lig = keit,
2. Er litt Schmer = = zen und sehr gro = ße Noth,
3. Auf die = se Er = = den er vom Him = mel kam
4. Wah = rer Mensch, da = zu auch wah = rer Gott.
5. Und hältst du nicht die Ge = bot des HEr = ren dein,
6. Da = für bhüt Gott Ba = ter, Sohn und hei = li = = ger Geist,
7. Die wollen uns be = hü = ten, sie wol = len uns be = wahrn,
8. Je = sus Chri = = stus, Brunn der Barmher = = zig = keit,
9. Das hel = fe uns die heil = ge Drei = fal = = tig = keit,

1. der ——— um un = sert = wil = len die bit = te = re Mar = ter leidt.
2. als er an dem hei = li = gen Kreuz ver = goß sein Blut so roth.
3. und ——— die wah = re Menschheit von der Jungfrau Ma = ri = a nahm,
4. Mensch, —— du sollt glauben und hal = ten was dir Gott ge = bot.
5. in der Höl = len must du lei = den Mar = ter und gro = ße Pein.
6. durch ——— sein lie = be En = gel helf er uns al = ler = meist.
7. wenn ——— wir ar = me Sün = der al = le von hin = nen fahrn.
8. bitt ——— ins Him = mels Thro = ne für un = se = re Se = lig = keit.
9. daß ——— wir sie mö = gen an = schau = en und lo = ben in E = wig = keit.

184. Schlecht und recht.

Geh deinen Weg auf rechtem Steg, Fahr fort und leid, trag keinen Neid, Bet, hoff auf Gott in aller Noth, sei still und trau, hab acht und schau: groß Wunder wirst du schauen.

185. Schatz der Seligkeit.

Weise: Wir wollen heute (alle) loben.

O Mensch, du wollst bedenken mein bitter Leiden groß! Ich will dir wiederschenken das Leben für den Tod; Bei mir so sollt du bleiben, ich hab dir durch mein Lei‑den den Himmel aufgethan.

2 Ich hab dich nicht erlöset
durch Silber noch durch Gold,
Hat mich mein Blut gekostet:
wie bist du denn so stolz?
Auf Erd thust Schätz erwerben,
an deiner Seel verderben,
gibst nichts auf meine Lehr.

3 Wer hier den Schatz begehret
für meine Gütigkeit,
Dem solls der Rost verzehren
und wird ihm ewig leid:
Wol in des Himmels Throne
da findst du also schöne
den Schatz der Seligkeit.

13*

4 Die Liljen auf dem Felde,
wie zierlich sie da stahn,
Bezahlen nicht mit Gelde
die Schönheit die sie han;
  Salomo in seim Gwande
  war nicht gleich einem Blatte
  derselben Blümlein eins.

5 Die Vöglein in den Lüften
erfreun sich ihrer Nest,
Die Füchs in ihren Klüften
werden von mir gespeist:
  Ich hab gar nichts behalten
  drans Haupt ich neigen sollte;
  was Mangels hab ich nun?

6 Ist mein doch Himml und Erde,
all Zierheit auch daran:
Mein Volk zu Fuß und Pferde
ich ausgeführet han
  Wol aus Ägyptenlande
  in Starkheit meiner Hande
  hoch hin ins globte Land.

7 So sorget nicht mit Leide,
ihr treue Diener mein,
Für Speis und auch für Kleider:
die Sorge die ist mein.
  Ich will euch all ernähren,
  Frost, Hungersnoth abwehren, —
  fürwahr, des glaubet mir.

8 Nur lasset euch genügen
am Solde den ihr han;-
Mein Vatr wird euch erzeigen
eur Nothdurft sonder Wahn,
  Auf daß ihr nicht verzaget,
  wenn ihr am jüngsten Tage
  vorm Sohn des Menschen steht.

9 Dank, Preis und Lob und Ehre
sei Gott in Ewigkeit
Für seine süße Lehre,
die er uns hat bereit
  Aus seim göttlichen Munde.
  Der helf uns alle Stunde
  zur ewigen Seligkeit.

186. Schule der Tugenden.

Im Ton: Es waren drei Gespielen.

Hier o = ben in dem Him = mel da wohnt mein sü =

ßes Lieb. Ach möcht ich zu ihm kom=men! da=für ich sonst

nichts er = kies.

2 „Wenn du zu mir willt kommen
in meines Vaters Reich,
So lern demüthig werden,
also wirst du mir gleich."

3 Wenn ich soll Demuth lernen,
so muß ich gehn zur Schul;
Willt du mein Meister werden,
so will ich lernen wol.

4 „Dein Meister will ich werden
nun und zu aller Stund,
Willt du mein Lehr empfangen
in deines Herzen Grund."

5 „Einfältig sei in Worten,
in Werken auch desgleich,
Demüthig in den Sitten,
also wirst du mir gleich."

6 „Von allen irdischen Sorgen
so must du ledig stahn,
In mir sollst dich erfreuen,
willt du die Kron empfahn."

7 O aller Tugenden Spiegel,
gelobet must du sein!
In dir will ich mich erfreuen
und gerne gehorsam sein.

187. Die Farben des Bräutigams und der Braut.

Im Ton: Nach grüner Farb mein Herz verlangt.

*) Ich hab er = kom ein feins Lieb gut, das läßt mich nim = mermehr;
Er ist gar schön, von Far = be roth, die Lieb ihn zwang so sehr,

Daß er ver = goß sein ed = les Blut; geb ich ihm e = wig Dank, und

alls das ich auf Er = den han, mein Leib, mein Gut und auch mein Seel geb

ich ihm all = zumal.

*) Im 2., 4. u. 5. Verse bleibt die erste Note weg.

2 Gelbe Farbe ist sehr schön,
  um ihn trag ich sie gern;
  In Duldigkeit allzeit zu stehn,
  daran will ich mich kehrn.
    Auftragen will ich ihm mein Noth,
  er ist der beste Trost;
  mein Lieb das ist also gethan,
  er will von mir nimmer abstahn,
  wenn ich mich zu ihm kehr.

3 Um seinetwillen trag ich Weiß
  in meines Herzen Grund:
  Dienen will ich ihm mit Fleiß
  stät und zu aller Stund.
    Auf daß ich ihn mir nah mög sehn,
  will ich mich wahren rein;
  also hat sich die Liebe sein
  gebildet in das Herze mein,
  sein Eigen will ich sein.

4 Blaue Farbe muß ich han,
  ich meine Stätigkeit.
  Er will nicht länger bei mir stahn,
  such ich ein ander Lieb.
    Die Liebe ist nicht stät noch recht
  die mehr denn einen sucht.
  Er hat mich doch sehr theur erkauft,
  dazu mit großer Pein erlöst,
  da ich verloren war.

5 Braune Farbe muß ich anthun
  um meines Herzen Lieb
  Und aus mir selbsten ganz ausziehn
  in rechter Gehorsamkeit.
    Hierin werd ihm mein Liebe kund,
  die ich trag in meim Grund;
  in seinem Dienste will ich stahn,
  so lang als ich das Leben han,
  biß an das Ende mein.

6 Nach grüner Farbe steht mein Herz
  zu rechter Fröhlichkeit,
  Mit ihm zu leben sonder Schmerz
  liegt all mein Seligkeit.
    Rechte Freude fand ich noch nie
  in einiger Creatur.
  Ihn zu sehen begehr ich sehr,
  er ists allein, kein ander mehr,
  des ich sein Lieb begehr.

188. Gesegnete Saat.

2. Kor. 9, 6–15.

Streuet uns mit ein gute Saat zur Kirchen und zu Gottes Ehr! Ich

bitt, macht euch doch des keine Beschwer.

2 Gott der ist reich und gibt euch viel:
  gebt wiederum um Gottes will.
      Ich bitt,
  gebt wenig die ihr habt nit viel.

3 Ihr Reichen, steuret tapfer zu,
  damit ihr habt die ewig Ruh.
      Ich bitt,
  nit schließt doch euer Herzen zu.

4 Wer gibt dem wird gegeben wol
  ein große Maß gerüttelt voll.
      Ich bitt,
  o Christenmensch, betracht es wol.

5 Gott sei eur Dank, Gott sei eur Lohn!
  Christ bitt für euch in seinem Thron,
      Ich bitt,
  daß er euch geb die himmlisch Kron!

XXIII. Nachfolge Jesu im Leiden.

189. Elend innen und außen.

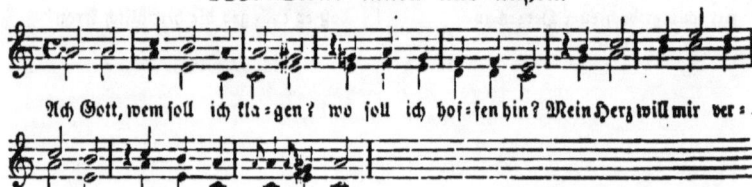

Ach Gott, wem soll ich kla=gen? wo soll ich hof=fen hin? Mein Herz will mir ver=

za=gen, daß ich so e=lend bin;

2 Daß ich so hab verloren
meins Herzen einig Freud.
Ach Gott, ich thu dirs klagen
mein großes Herzeleid.

3 Ob ich gleich viel muß leiden
allhie auf dieser Welt,
Und es mein Gott will haben
und ihm also gefällt;

4 Noch will ich nicht verzagen,
sondern Gott rufen an:
Er wird mich nicht verlaßen,
sondern treulich beistahn.

5 Tröst mir, HErr, durch dein Güte
das traurig Herze mein,
Für Unfall mich behüte
und lös mich aus der Pein.

6 Erhalt mein Seel in Hute,
Leib, Ehr und all das Mein,
Darnach dein ewig Gute
gib mir im Reiche dein.

7 Jetzund will ich vollenden
mein Leidn in dieser Zeit,
Mein Sach zu Gott nur wenden,
wo er mir Gnad verleiht.

8 Die Welt will ich verlaßen
mit ihrem stolzen Pracht,
Will ihr nimmer vertrauen:
hat mich in Unfall bracht.

9 Das gib, HErr Gott, aus Gnaden,
du edler Schöpfer mein!
Wend von mir großen Schaden
wol durch den Willen dein.

10 Bewahr mich und die Meinen
für aller Angst und Noth,
Bhüt uns, HErr Gott, für Peine
und dort fürm ewigen Tod.

190. Unlust des Lebens.

Im Ton: Jesu, dein Wunden grüße ich.

Ach trau=rigs Le=ben, betrüb=te Zeit! wie gar hast mir ge=nommen mein Freud!

Wie gar hast mir verändert mein Sinn, daß ich nicht weiß wor=an ich bin!

2 Mit Weinen bin ich auf d'Welt geborn,
mit Weinen bin ich erzogen wordn,
Mit Weinen trägt man mich wieder dahin,
der Tod ist doch mein letzter Gewinn.

3 Was hilft mich aber die schnöde Welt?
Vergänglich ist all Gut und Geld;
Sobald der Mensch nur wird geborn,
ist er den Würmen auserkorn.

4 So weiß ich auch kein Trost nicht mehr
denn dich allein, mein Gott und HErr;
Ich bitt durch dein heilig fünf Wunden roth,
tröst mir mein Seel in Todesnoth,

5 Wann schon verfault mein Leib und Blut,
sich manches Würmlein freuen thut,
Und all die Würmlein hoffen auf mich,
ich lieg im Grab ganz trauriglich.

6 Und wann mein Leib begraben wird
und von den Würmen wird verzehrt,
So wirst du doch am jüngsten Tag
ihn auferwecken ohn alle Klag.

7 Die Seel fähret ins Himmels Thron,
da alle Engelein singen schon;
Da will ich leben in Fried und Freud
bei der heilgen Dreifaltigkeit.

8 Das helf mir der HErr Jesus Christ,
der für mich am Kreuz gestorben ist
Und hat vergoßen sein theures Blut
mir und uns Christen allen zu gut.

9 Amen! Amen! o HErre Gott!
komm bald und hilf uns aus der Noth!
Es will doch ja nicht beßer werdn:
komm bald und machs ein End auf Erdn!

191. Noth von der falschen Welt.

Nach der Weise: Kein Menschenzung ausdprechen kann.

Ach Un = ge = fall, wie man = nig = mal tränkst du mir Muth und
Greis, grau und alt machst du mich bald, das bin ich wor = den

Sin = ne!
in = ne: Mein Glück ist klei = ner denn ein Haar, ich leid groß Ar = mut und

Ge=fahr und hab gar kein Ge = win = = ne.

2 Viel mancher spricht: Gott grüße dich!
aus seinem falschen Munde:
Des Neidharts Stich mich sehr anficht,
das thun mir falsche Zungen.
 Manch schleicht daher recht als ein Dieb,
giengs mir noch böser wär ihm lieb,
das hab ich oft befunden.

3 Wie mannig Mann ärgert sich dran,
das mir Gott hat gegeben:
Möcht er fortan sein Willen han,
er ließ mir nicht das Leben.
 Ten Neidhart kränket das er sieht, —
und muß doch leiden daß es gschieht,
kann dar nicht wider streben.

4 Ade! ade! ich will nicht mehr
von Ungelücke singen:
Er lebet noch im Himmel hoch,
der Glück kann wiederbringen:
 Tem will ich trauen stätiglich,
der kann mich wieder machen reich
und laßen mirs gelingen.

192. Der Anker im Sturme.

Ach weh, mein Herz, bist schwer verklagt, Ge=duld du must jetzt tra=gen;
Vom Glück bist ganz und gar verjagt, wem willst dus denn jetzt kla = gen?

Kein Hilf du nit zu hof=fen hast, ganz trost=los must ver=za = gen.

2 Wo willst du doch jetzt fahren aus,
dein Segel wohin wenden?
In diesem großen Windesbraus
dein Schiff kannst du nicht lenken;
  Das Unglück dir nacheilen thut,
wird dich zu Boden senken.

3 Ein Port du noch jetzt gewinnen kannst,
mit dem erhältst dein Leben:
Zu Jesu ruf, dort Gnad erlangst,
wird dir ein Anker geben,
  Dich führen glücklich an das Land,
auf freien Fuß darstellen.

4 Das ist des ewgen Gottes Bild,
auf dieses thu fest bauen;
Vor deine Feind führ diesen Schild,
allein auf ihn must trauen,
  Dann es dir keinmal fehlen kann,
inbrünstig ihn nur liebe.

193. Ach du HErr, wie lange?

Ach wie weh ist mei=nem Herzen, HErr Gott, in die=ser Zeit; Ich ver=geh für gro=ßen Schmerzen, für Trauern und für Leid; Ich seufz und Kla=ge all Nacht und Ta=ge, Trost ist von mir ganz weit.

2 Meine Kraft thut gar verschwinden,
ich bin gar matt und krank,
Keine Freud kann ich mehr finden,
mein Trübnis währet lang.
  Ich seufz und klage
all Nacht und Tage,
Trost ist von mir ganz weit.

3 Elend hat mich ganz umgeben,
welchs ich vor nie gedacht;
Mir wird saur mein ganzes Leben,
keiner Freud ich mehr acht.
  Ich seufz und klage
all Nacht und Tage,
Trost ist von mir ganz weit.

4 Meine Sünd so hart mich kränken,
  o treuer Gott und HErr!
  Wann ich thu daran gedenken,
  hab ich kein Trost nicht mehr.
    Ich seufz und klage
  all Nacht und Tage,
  Trost ist von mir ganz weit.

5 Mein Geist ist in mir zerschlagen,
  betrübt Herz, Muth und Sinn,
  Des ich auch bald möcht verzagen,
  mein Freud ist gar dahin.
    Ich seufz und klage
  all Nacht und Tage,
  Trost ist von mir ganz weit.

6 Drum ruf ich aus Grund des Herzen
  zu dir, mein lieber Gott,
  Und fleh dir mit bittern Schmerzen
  in Ängsten meiner Noth:
    Erhör mein Klagen,
  laß ab zu schlagen,
  sei gnädig, HErre Gott!

7 Thu mich doch einmal erlösen
  von meinem Widerpart,
  Reiß mich aus der Hand der Bösen,
  die mich verfolgen hart.
    Erhör mein Klagen,
  laß ab zu schlagen,
  sei gnädig, HErre Gott!

8 Ach neig zu mir deine Ohren,
  machs nicht zu lang, o HErr!
  Thu mein Bitt gnädig erhören,
  reiß mich aus Ängsten schwer.
    Erhör mein Klagen,
  laß ab zu schlagen,
  stäup mich doch nicht so sehr!

194. Die Seele soll Christo das Kreuz nachtragen.

Christ spricht zur Menschen-seel ver-traut: Heb auf dein Kreuz, mein lieb-ste Braut! folg mir ein Gang durchs bit-ter Kraut! Denn ichs ge-tra-gen hab vor dir: hast du mich lieb, so folg du mir.

2 Darauf die Seel sich klaget sehr:
Ach Jesu, allerliebster HErr,
ich bin noch jung und zart zu sehr;
Ich hab dich lieb, das ist wol wahr,
doch ist dein Kreuz mir viel zu schwer.

3 Darauf spricht Christ vom Himmel hoch:
Ich war noch jünger, da ichs trug;
klag nicht, du bist noch stark genug,
Aber wann du wirst alt und kalt,
hast du des Kreuzes kein Gewalt.

4 Die Seel klagt sich als wär sie krank:
Wie kann ich leiden dies Bezwang?
Der Tag sind viel, das Jahr ist lang,
Ich bin des Kreuzes ungewohnt:
ach schon, mein süßer Jesu, schon!

5 Christ spricht: Du must dich baß erwägn.
Wie ist dein Lieb so bald erlegn!
Du must noch streiten als ein Degn;
Ich muß kastein dein jungen Leib,
du wirst mir sonst gar viel zu steif.

6 Noch wär die Seel ohn Kreuz gern rein:
O HErr, was du willt das muß sein;
zum Kreuz gehn ist mir große Pein,
Und muß es sein, und soll ichs tragn,
so muß ich brechen und verzagn.

7 Drauf Jesus spricht zur Seel ohn Schaun:
Ei! meinst du sollst in Rosen badn?
du must noch durch die Dorne wadn.
Sieh an dein Kreuz und auch das mein,
wie ungleich sie an Laste sein.

8 Die Seel spricht vom Fleisch angestift:
Wir lesen in der heilgen Schrift,
dein Joch ist süß, dein Bürd ist leicht;
Wie bist du mir so ernstlich hart,
mein allerliebster Bräutgam zart!

9 Darauf spricht wieder Jesus gut:
Ungwohnheit beschwert deinen Muth;
wart, leid und schweig, es wird noch gut.
Mein Kreuz das ist ein köstlich Pfand,
wem ich das geb ist mir bekannt.

10 Die Seel dargegen spricht gar fast:
Dein Freunden gibst du wenig Rast,
mich greuelt vor der schweren Last;
Ich sorg ich werds nicht härten*) aus:
o HErr, was wird dann werden draus!

11 Darauf antwort der HErr gar bald:
Das Himmelreich das leidt Gewalt,
und du bist noch von Liebe kalt!
Hättst du mich lieb, es würd noch gut,
Gotts Lieb all Arbeit gerne thut.

12 Alsbald die Seel das hat erkannt:
O HErr, gib mir der Liebe Brand!
Mein Schwachheit ist dir wol bekannt:
Läßt du mich auf mir selber stehn,
so weist du wol ich muß vergehn.

13 Darauf spricht Jesus wunderlich:
Ich bin schwarz und doch säuberlich,
ich bin saur und doch ganz lieblich,
Ich geb Arbeit und auch die Rast:
vertrau auf mich, so stehst du fast.**)

14 Die Seel darnach diese Wort sprach:
O HErr, ob es immer sein mag,
des Kreuzes nehm ich gern Vertrag;***)
Doch willt dus han und muß es sein,
dein Will gescheh und nicht der mein,

15 Darauf lehrt Christ die Seel gar fein:
Zum Himmel ist ein Weg allein:
der Kreuzweg und sonst anders kein;
All dein Wolfahrt und auch dein Heil
steht an dem Kreuz: nun wähl ein Theil.

---

*) f. v. a. ausharren.
**) fest.
***) ich finde mich mit dem K. ab, mache mich davon los (Corner 1631: d. K. käm ich gar gern ab).

16 Darauf die Seel gar weislich spricht:
O HErr, dein Reich verscherz ich nicht,
ich geb mich in dein Zuversicht;
HErr, gib mir Kraft und Leidsamkeit,
gib Kreuz, es sei mir lieb oder leid.

17 Darauf spricht Christ mit Süßigkeit:
Wann dir dein Kreuz zu Herzen geht,
so denk was ich dir hab bereit;
Mich selber geb ich dir zu Lohn,
dazu die himmlisch ewig Kron.

18 Die Seel spricht letzlich ohne Fehl:
Ach nun, mein allerliebste Seel,
lieb Gott und laß die Welt hingehn,
Sieh auf das Gut das Jesus ist,
des Himmelreichs bist du gewis.

195. Elend nicht schadt, wer Tugend hat.

E=lend nicht schadt, wer Tu=gend hat,   das   ist mein Trost auf   Er = den;
E=lend ver = geht, Tu=gend be = steht,   läßt nicht zu Schan=den   wer=den.

Dar = um, o HErr, dich bitt ich sehr, du wollst mir Weis=heit ge = ben, im

E=lend gleich, mit Tu=gend reich, daß ich vollbring mein Le = ben.

2 Elend nicht schadt, wer Tugend hat
von Gott aus lauter Gnaden;
Elend und Noth biß in den Tod
mag keinem Christen schaden.
   Gott der HErr wendt alles Elend
zuletzt in große Freuden,
so ewig währt, drum hier auf Erd
ich Elend gern will leiden.

3 Elend nicht schadt, wer Tugend hat,
bringt Nutz und großen Frommen:
Elend obgleich, doch tugendreich
kann er endlichen kommen
   Zu großer Ehr; geschiehts nicht hier
in dieser Welt auf Erden,
wird er einmal ins Himmels Saal
herrlich erhaben werden.

4 Elend nicht schadt, wer Tugend hat,
derselb kann überwinden,
In Noth und Gfahr, sag ich fürwahr,
Hilf und Erquickung finden;
 Der Tugend Kraft Elend nicht acht,
läßt sich nicht unterdrücken.
Drum selig ist der zu jeder Frist
sich thut mit Tugend schmücken.

5 Elend nicht schadt, wer Tugend hat,
ist wahr, dabei solls bleiben.
Elend zurück! mein bschertes Glück
niemand mirs kann wegtreiben;
 Denn es Gott hat aus lauter Gnad
mir durch sein Sohn verheißen.
Drum, weil ich leb, nach Tugend streb
und will mich drein befleißen.

6 Gott geb daß wir dies Liedelein
mit Verstand möchten bedenken,
Auch stäts in unser großen Noth
dabei an Gott gedenken!
 Denn er gedenket auch an die
welch ihn von Herzen meinen;
wie ein treuer Vater für sein Kind,
viel mehr thut Gott den Seinen.

7 Nichts beßers ist in dieser Welt
denn Gott von Herzen preisen,
Denn er uns hier auf dieser Erd
viel Wolthat thut beweisen.
 Mensch, nimms in acht und wol betracht
die Gütigkeit des HErren,
wie er dich in manch schwerer Zeit
von Jugend thät ernähren.

8 Hiemit will ich dies Liedlein bald
zu Gottes Lob beschließen.
Nimms an zu Dank dein Leben lang
und sings mit Unverdrießen.
 Laßt singn und lobn den Vater dort obn,
Gott, unsern lieben HErren,
auf daß wir ja sein göttlich Wort
allzeit halten in Ehren.

9 Lob, Preis und Dank sei ihm geseit,
Gott, unserm lieben HErren,
Daß er uns noch von einer Zeit
zur andern thut ernähren.
 Was wolln wir mehr? wenn wir nur hier
ein gsundes Leben haben
und dort hernach in Ewigkeit
die himmlischen Gaben.

196. Der Führer auf der Himmelstraße.

„In dem Ton der zehen Gebet Gottes" (Dies sind die heiligen zehn Gebot).

Gott sei Lob, Ehre, Dank und Preis, der uns den rechten Weg wol weis Und in demselben nit ver=laß, sein Wort das ist die Himmel=straß. HErr, er=barm dich ü=ber uns!*)

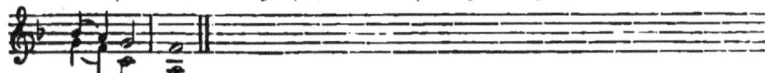

*) Dieser Ruf wird in jeder Str. wiederholt.

2 Heilig und selig ist der Mann
der auf den Wege bleiben kann
Den Gott der HErr gezeiget hat,
in keinem Übel nimmer staht.

3 Die Wahrheit und der Weg bin ich,
spricht Christus, wer nur glaubt an mich,
Denselben will ich nit verlan,
das ewig Leben muß er han.

4 In seinem Namen fahren wir,
biß daß die Zeit wird kommen schier;
Zum Sterben sich ein jeder schick,
er ist gewiß kein Augenblick.

5 Wir sind umlagert hin und her
und fahren auf eim wilden Meer:
Hilf, HErr, und mach es nit zu lang,
eh dann das Schifflein untergang.

6 Welt, Teufel und Fleisch ficht uns an,
vor den wir nimmer sicher stahn,
Mit Wellen groß auf beider Seit,
ein Sturmwind groß auf uns her treibt.

7 Laßt uns den Fährmann rufen an,
ich mein Christum im Himmelsthron,
Daß er selbst schau zu unser Fahrt,
reich uns das Ruder seiner Wort.

8 Er sagt, wir solln nit furchtsam sein,
er hab all Ding im Gwalt allein;
Sünd, Teufel, Welt und grimmen Tod,
er alles überwunden hat.

9 Darum auf ihn mans fröhlich wag,
und auf dem Weg niemand verzag,
Es sei auf Wasser oder Land —
glaubt mir, ihr seid ihm wol bekannt.

10 Sein Aug hat er auf uns geheft
und stellt für uns sein göttlich Kräft,
Nimmt sich unser gewaltig an;
wer uns thut der hat ihms gethan.

11 Wer will dann nun doch sein so keck,
der uns von solchem Trost abschreck,
So Gott allzeit nun mit uns ist
durch sein liebsten Sohn Jesum Christ?

12 Den laßt allein uns rufen an,
was wir bedürfen auf der Bahn,
Und bitten Gott nach seiner Lehr
im heiligen Vaterunser.

13 Laßt uns auch bitten inniglich
in Lieb und Treuen christenlich
Für alle unser Oberkeit:
erleucht sie Gott in Ewigkeit.

197. „Wie der Mensch sich selbst verläugnen und Gott nachfolgen soll."

1. Gott spricht: Wer in mein Reich will gehn, der muß sein Kreuz auf
2. Lieber HErr, wollt ger = ne bei dir sein, wollt gern dein ge = treuer
3. Liebs Kind, an die Welt sollt du dich nit kehrn, du magst dei=ne Tag in der
4. Lieber HErr, des bin ich wol zu krank, ich mag nit tragn ein
5. Liebs Kind, wie bist so gar er = legn! Du sollt gleich sech = ten
6. Lieber HErr, des bin ich viel zu krank, ich mag nit tragn ein
7. Liebs Kind, sei frisch und wol = ge = muth! es mag noch wer = den
8. Liebs Kind, wenn dich wirst kehrn zu mir, und die Welt nichts hal =
6. Des dank ich dir, HErr Je = su Christ, wol durch dein bit = ter
10. Al = so hat die = ses Lied ein End, und Gott will sein bei

1. sich neh=men, er muß mirs bil = lig hel = fen tra = gen, muß al = ler
2. Die = ner sein dort o = ben in dem e = wi=gen Le = ben, daß ich der
3. Jugend schon mehrn; nimm auf das Kreuz, trags bil = lig nach mir, laß al=le Welt
4. sol=chen Ge=dank; ein schwe=res Kreuz mag ich nit tra = gen, wol Hiß in
5. wie ein Degn; du sollt dir sel=ber ein Biß ein = le = gen und sollst nach
6. sol=chen Ge=dank; ein schweres Kreuz mag ich nit tra = gen, wol Hiß in
7. al = les gut. Ge = hab dich wol, es mag wol sein, sei fröh = lich
8. ten von dir, wenn du bist alt und un = ge=stalt wor=den, ver = föh = nen
9. Mar=ter so groß, weil du am Kreuz so wil = lig ge=stor = ben, hast uns Hilf
10. un = serm End, will un=ser See = len treu = lich pfle = gen, wenn sie wird

1. Welt bei Zeit nab = sa = gen.
2. Welt schon Urlaub möcht ge = ben.
3. fah=ren und bleib bei mir.
4. mei = nen jun=gen Ta = gen.
5. Got = tes Willn schon le = ben.
6. mei = nen jun=gen Ta = gen.
7. in dem Lei = den dein.
8. mußt dich mit Gott dem HErren.
9. und Gnad er = wor = ben.
10. scheiden aus die=sem Le = ben.

198. Kreuz überall.

HErr Christ, wenn man auf Er = den durch=wan = dert Berg und Thal, So

findt sich viel Be=schwer = den, Ver = su=chung, Noth und Qual, das Kreuz ist

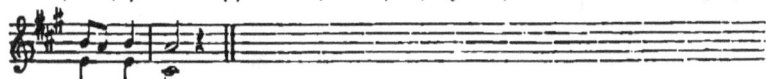

ü = ber = all.

2 Ach HErr, ich hab auch Plagen,
die du am besten weißt,
Doch will ich nicht verzagen,
weil du mir Beistand leist
mit deinem guten Geist.

3 Zu dir will ich mich lenken,
denn du bist allweg treu.
Du wollst an mich gedenken,
dein Güt ist täglich neu,
drum ruf ich ohne Scheu.

4 Von dir will ich nicht laßen,
ich schrei ohn Unterlaß;
Dein Zusag will ich faßen,
dein Güte hat kein Maß:
so wird mir wieder baß.

5 Wann sich mein Kreuz thut mehren,
daß ich mich kränke sehr,
Und du auch nicht willt hören,
so ruf ich desto mehr
und deiner Hilf begehr.

6 Dein Bröcklein laß mir werden
gleich wie den Hündelein
Von Himmel herab auf Erden;
ach HErr, dein Trost ist mein,
der mich erhält allein.

7 Den will ich mir auflesen
in meines Herzen Schrein,
So wird mein Seel genesen,
daß ich kann selig sein
mit deinen Engelein.

199. Um Jesu Hilfe in allem.

Nach der Weise: Wo soll ich mich hinkehren.

HErr Gott, dich will ich prei = sen e = wig ohn Un = ter = laß,
Daß du mir thust be = wei = sen Wol = that ohn al = le Maß,

gan = zen Le = ben mein ge = ben den Segen dein, gnä = dig mir noch er = zei = gest em =

pfindlich Hil = fe dein.

2 Bin ich in Noth und Leiden,
o HErr, so bitt ich dich,
Richt auf mein Herz mit Freuden,
nicht von mir wende dich.
Gib Hoffnung und Geduld,
errett mich in Unschuld
und laß mich nichts abscheiden,
schenk mir dein Gnad und Huld.

3 Kehre mein Herz in Gnaden
von aller Eitelkeit,
Nichts gib mir was möcht schaden
in dieser Sterblichkeit.
Gib mir was nützlich ist,
laß mich, o HErre Christ,
in dir stäts Hoffnung haben
christlich zu aller Frist.

4 Ich will mich ganz ergeben
und befehlen treulich
Nunmehr in meinem Leben
dir, o Gott, stätiglich,
    Christo, dem Heiland mein;
von ihm wart ich allein
reichlich Genad und Segen,
freu mich der Wolthat sein.

5 Und wenn die Welt vergehet,
Reichtum und Herlichkeit,
Sonst auch gar nichts bestehet,
tröst ich mich allezeit:
    Jesus, in dir bleib ich,
nichts läßt abscheiden mich;
zu dir, mein Hoffnung stehet,
und ob du tödtest mich.

6 Soll ich denn allhie leiden
allein nach deinem Willn,
Kreuz und Trübsal nicht meiden:
hilf du daß ich in Still
    Selig im Glauben rein
ende das Leben mein;
nur sanft in Fried und Freuden
nimm auf die Seele mein.

200. Ich hab mein Sach zu Gott gestellt.

Ich hab mein Sach zu Gott ge=stellt, der wirds wol machen wies ihm gefällt,
dem thu ich mich er=geben: Mein Leib und Seel, mein Ehr und Gut das erhält
Gott in sei=ner Hut hie und dort zum e=wigen Le = ben.

2 Was alle Welt verloren acht,
das erhält Gott stäts in seiner Macht,
wenns ihm gefällt zu wenden;
Ich geb mich in den Willen sein,
der wird mich als der Vater mein
ausführn zum seligen Ende.

3 Ach du, mein lieber HErr und Gott,
erhalt mich stäts bei deim Gebot,
deim Wort nicht zu widersprechen;
Gib mir Geduld im Willen dein,
zu vergeben auch den Feinden mein,
mein Unschuld wirst du rächen.

14*

4 Was kann mich ankommen für Noth,
  wenn du bist bei mir, gewaltiger Gott?
  was kann mir gebrechen eben?
  Du kannst mir helfen aus der Noth;
  welchs mir zu Leib und Seel ist gut,
  HErr, du kannst mirs wol geben.

5 O Jesu Christ, mein höchste Zier,
  laß mich kein Glück noch Unglück von dir
  in dieser Welt abwenden;
  Stärk meinen Glauben durch dein Gnad,
  behüt uns, HErr, vor Sünd und Schad,
  gib uns ein seligs Ende.

6 Der uns das Liedlein neu gesang,
  ein armer Sünder ist er genannt,
  Gott wird ihn nicht verlaßen.
  Wer sein Trauen stellt auf dich, HErr,
  dem wird sein Unglück nicht zu schwer,
  er weiß wol Zeit und Maße.

201. Der Himmelsweg.

O Him=mels=weg, o har = ter Steg von in = nen und von au = ßen!
O Him=mels=weg, o Mar = ter=steg! wem sollt da=vor nit grau = = sen?
Nur Stein und Fel = sen sind dar=auf, nur Di=stel, Dör=ner gehn da auf.
Frisch auf, mein Seel, du must dar=an! der Weg muß nur ge=lof=fen sein;
dein Je=sus geht dir selbst vor = an, sein Fußstapf must du tre=ten ein.

2 Mein liebster Jesus schwach und zart
  den rauhen Weg dir bahnet,
  Er Wunden voll auf Steinen hart
  zum Folgen dich ermahnet.
    Mit Dörnern er gekrönet ist,
des harten Wegs doch nit vergiß;
  hast Jesum lieb, nach Jesu lauf,
  und sollst auf Händen kriechen her;
  es ist zwar hart, setz herzhaft drauf,
  dein Jesus ist werth mehr und mehr.

3 Er geht den Dornweg nit allein,
viel tausend nach ihm folgen,
Viel tausend gehn in Himmel ein
durch Degen und durch Dolchen.
  Der ganze blutig Märtrerhauf
setzt Leben, Blut und alles auf;
war er schon schwach, gleich wie du bist,
doch nit von Jesu ließ er ab;
was er gethan auch möglich ist,
sollt es schon währen biß ins Grab.
4 Du mußt hier nit auf Rosen gehn,
wenn du willst selig werden,
Mußt auch nit viel in Freuden stehn
auf dieser schnöden Erden.
  All Rosenblüh auf dieser Welt

mit ihrer Freud gar bald abfällt.
Willst du zum Himmel sicher fort,
tritt in die Dörner keck hinein;
willst krönen dich mit Rosen dort,
so muß es hie gelitten sein.
5 Der Himmel ist viel mehrers werth
als alles was auf Erden;
Das Sauer muß sein aufgezehrt,
soll dir dort Süßes werden.
  Sich freuen hie und freuen dort
das thut sich nit an beiden Ort.
Frisch auf, mein Seel! du mußt nur dran,
der Dornweg muß geloffen sein.
Dein Jesus herzhaft geht voran;
liebst ihn, sein Fußstapf trete ein.

---

202. Wanderschaft durchs Jammerthal.

Im Ton: Innsbruck ich muß dich laßen.

O Welt, ich muß dich la=ßen und fahr da=hin mein Stra=ßen

ins Va=ter=land hin=ein. Ir=disch Freud ist mir gnommen, die ich nicht

mehr mag be=kom=men, weil ich in E = = = = lend bin.

oder ursprünglich:

weil ich in E = = = = = = = lend bin.

2 Groß Leid muß ich jetzt tragen,
das ich allein thu klagen
dem liebsten HErren mein:
Ach Gott, nun laß mich Armen
im Herzen dein erbarmen,
:|: weil ich so arm muß sein. :|:

3 Mein Trost in allem Leiden,
von dir soll mich nicht scheiden
kein Noth in dieser Welt,
Kein Armut sein zu schwere,
mein Sinn und all mein Begehre
zu dir allein hab gstellt.

203. Gott weiß die rechte Zeit.

Soll denn die Treu=e dein, HErr Chri=ste, Got=tes Soh=ne, so gar
ver=lo=ren sein? Mein Herz will mir schier gar vergehn, weil ich kein
Gunst von dir ver=steh, bringt mir ein schwe=re Pein.

2 Wir warn so sicherlich,
darum hat uns betrogen
der Satan listiglich.
Du meinst, HErr Christ, wir wären dein:
so nahm unser Herz der Satan ein;
die Untreu dauert mich.

3 Die Lieb regiert zuhand
bei dir, HErr Christ, in Gnaden;
das hab ich wol erkannt,
In deinem Wort hab ich Bericht,
daß du mich willt verlaßen nicht,
sei wo ich woll im Land.

4 HErr Christ, bedenk dich schier,
was du in deinen Worten
versprochen gegen mir;
Du sprachst, ich sollt mich trösten der Freud,
der himmelischen Seligkeit,
darauf fahr ich zu dir.

5 Das ist des Vaters Will,
daß uns sein Sohn erlöset
von aller unser Sünd;
Des sollen wir ihm dankbar sein,
bringts gleich dem Satan schwere Pein,
daß er schab ab muß sein.

6 Auf Gott ich endlich beit,
der wird mich noch erfreuen,
er weiß die rechte Zeit;
Man setz ihm weder Maß noch Ziel,
er weiß wol wann er helfen will:
dabei es jetzund bleib.

204. Solls sein, so seis!

Solls sein, so seis ge = lit = ten, liegt doch we = nig dran;
Solls sein, so seis ge = strit = ten, gehn doch mehr vor = an:
Mein Je = sus hat

auch ge = lit = ten, ge=strit = ten, war doch Gottes Sohn.

2 Solls sein, so seis, mich quäle
Angst, Pein, Furcht und Noth;
Solls sein, so seis, mich würge
auch der bittre Tod:
 Mein Jesus hat Angst und mehres ge=
   litten,
war doch Gottes Sohn.

3 Solls sein daß mich verachten
alle meine Freund,
So seis, wenn auch verlachen
mich all meine Feind:
 Mein Jesus hat dies und mehres ge=
   litten,
war doch Gottes Sohn.

4 Solls sein daß sich ganz schwächen
alle Glieder mein,
So seis, und solltn zerbrechen
alle mein Gebein:
 Mein Jesus hat noch ein mehres ge=
   litten,
war doch Gottes Sohn.

5 Solls sein, so seis der Geißlen,
Streich und Ruthen viel;
Solls sein, so sei der Dörner
kein Zahl oder Ziel:
 Mein Jesus hat viel ein mehres ge=
   litten,
war doch Gottes Sohn.

6 Solls sein, so seis, man schiebe
mich aufs harte Kreuz,
Das Kreuz ich dennoch liebe,
dazu mich nit spreiz:
 Mein Jesus hat Kreuz und mehres ge=
   litten,
war doch Gottes Sohn.

7 Solls sein, so seis, ich sterbe,
geb auf meine Seel;
Ich leid und streit, verderbe
unterm Himmel hell:
 Mein Jesus hat Tod und mehres ge=
   litten,
war doch Gottes Sohn.

205. Bei Ihm ist Trost zu finden immer und allezeit.

Von Grund des Her=zen mein hab ich mir aus=er = ko = ren Jesum, das Läm=me=

lein. Zu lo = ben ihn mit hel = ler Stimm bin ich all = zeit be = reit, denn

er mein Herz er = freut: bei ihm ist Trost zu fin = den im = mer und al = le = zeit.

b.

Von Grund des Her = zen mein hab ich mir aus = er = ko = ren Je = sum, das Läm = me =

lein. Zu lo = ben ihn mit hel = ler Stimm bin ich all = zeit be = reit, denn

er mein Herz er = freut: bei ihm ist Trost zu fin = den im = mer und al = le = zeit.

2 Nicht du, o HErr, mein Sach,
bei dir bin ich erhöret;
mit mir zum End es mach.
 Du weist es wol
wanns gschehen soll,
dir ist die Stund bekannt,
steht alls in deiner Hand:
du wirst mich nicht verlaßen,
sei wo ich woll im Land.

3 Solchs tröst ich mich im Leid;
wann ich an dich gedenke,
so wird mein Herz erfreut.
 Auf Glück ich bau
und Gott vertrau,

der kann wol helfen mir,
zu ihm steht mein Begier;
wer bei ihm thut anklopfen,
den läßt er nimmermehr.

4 Viel Unglück, Hohn und Spott
muß ich jetzunder leiden,
doch hab ich dich, mein Gott;
 Du wirst mein Leid
wenden in Freud,
du weist die Zeit und Stund,
darum lobt dich mein Mund;
du bist der rechte Helfer
und auch der beste Grund.

5 Von Gott laß ich nicht ab,
so lang ich hab das Leben,
biß man mich legt ins Grab.
  Da ruh ich fein
samt all den Mein,
keins mich aufwecken mag
denn Gott am jüngsten Tag
zu der ewigen Freuden,
da nimmt ein End mein Klag.

6 Allein Gott Ehr und Preis,
dem Vater aller Gnaden:
schenkt uns das Paradeis,
  Nach dieser Zeit
die ewig Freud.
Das helf uns allen gleich
Gott Vater im Himmelreich,
daß wir dich allzeit loben
hie und dort ewiglich.

---

206. Erwart der Zeit!

Was ist es doch, mein Herz, daß du hast noch viel Schmerz und gro=ßes
Ob dem das dich all = zeit so schwer an = ficht, den A = bend als den

Quä=len an dei = ner See=len
Mor=gen dir machst viel Sor = = gen?

Erwart der Zeit, die Gott ver =

leiht: sie wird zu dei=nem From=men gar bal=de kom = men.

2 Was achtst du groß
des Satans hartn Anstoß?
kein Unmuth sollt du treiben
in deinem Leiden.
Es sind doch gar
sein Lügen offenbar,
sie mögn an dir nicht bekleiden,
du wirst wol bleiben.
  Thu recht, nichts scheu,
auf Gott vertrau,
der wird dein Sach wol wenden,
er hats in Händen.

3 Traust du denn nicht
dem lieben Gott, der dich
errett aus aller Nothe,
ja auch vom Tode
Mit seinem Blut,
welchs er nur dir zu gut
vergoßn an Kreuzes Stamme
als Gottes Lamme?
  Drum trag Geduld,
ob du hast Schuld,
und laß dir gar nicht grauen,
wirst Wunder schauen,

4 Wenn nun dein Herz,
vergißet allen Schmerz,
durch Gottes Geiſt erkoren
wirſt neu geboren;
Und zweifel nicht
das Chriſtus dir verſpricht,

du ſollt nicht ſein verloren,
er hats geſchworen.
　Iſt dem alſo,
ſo bin ich froh
und will mein Herz forthin nicht lan
drum mehr in Sorgen ſtahn.

207. Trotz, Unfall!
Im Ton: So wünſch ich nun ein gute Nacht.

Wie = wol Un = fall ſein Muth　　will han,　ſo will ich doch
Wer Gott zu eim Hel = fer　　ge = wann,　der mag es

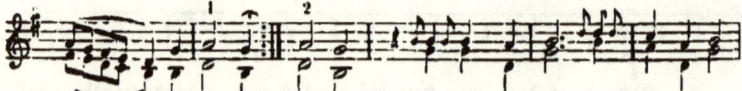

nit ver = za = gen:
ta = pfer wa = gen.　　　Wer dem ver=traut hat wol ge=baut,

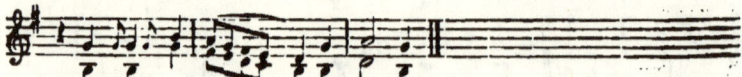

ſein Feind wird ihn ver = ja = gen.
　3. das zeug ich vor al = len Menſchenkin=den.

2 Soll ich denn dran, kann nicht davon,
ſo muß ichs gſchehen laßen:
Gott, dem ich allzeit vertrauet han,
der weiß noch Ziel und Maßen;
　Wies nun dem gefällt,
hab ichs geſtellt,
er wird mich nit verlaßen.

3 So komm, Geduld, du edles Kraut,
und hilf mir überwinden!
Wer in ſein Nöthen zu Gott ſchaut,
der wird auch Troſt da finden.
　Bei mein jungen Jahrn
hab ichs oft erfahrn,
das zeug ich vor allen Menſchenkinden.

4 Unfall, Unfall, du wildes Thier,
wie thuſt dich gegen mich ſperren!
Zeitlich Ehr und Gut das behalt doch dir,
vergönn mir nur Gott, mein HErren.
　Das ewig Gut
macht rechten Muth,
das ſei mein Troſt auf Erden.

5 All Ding ein Weil, man ſagen thut,
das hab ich gar oft vernommen,
Und der Gotts, ſeins HErren, warten thut,
das Glück wird auch noch kommen.
　Damit fahr nun
mein Trauren hin!
nach Regen ſcheint die Sonnen.

208. „Ehrenfähnlein des Christen.“

Zum Berg, zum Berg Cal = va = ri = ä*), da die Kreuz = fa = =

All die ihr lei = det Kreuz und Weh, mit Chri=sto sterbt

ne schwe=bet!
und le = bet! Wer nun ein küh=ner Rit=ter ist soll sei=nem HErrn zu

Eh = ren, wie=wol das Lei = den bit = ter ist, biß in den

Tod sich weh = ren.

2 Was zeuchst du dein Kopf aus der Schling?
Jesu hast du gehuldigt;
Diesem Führer vor allem Ding
bist du zu folgen schuldig.
　Es ist auf Erd die größte Ehr
um Gottes willen leiden;
wenn schon dein Trank der bitterst wär,
sollst ihn doch nit vermeiden.

3 Wann du mit Schwachheit bist bedrangt,
laß dich drum nit erschrecken:
Der Arzt mit dir ist selber krank,
aus Bett des Kreuzs gerecket;
　Es ist kein Glied an seinem Leib
vom Haupt an biß zun Füßen,
welches nit größre Schmerzen leidt,
um deine Sünd zu büßen.

4 Hast du dein Hab und Gut verlorn,
bist schier zum Bettler worden:
Christus für dich ist arm geborn
und bloß am Kreuz gestorben.
　Der Spaz sein Nest, der Fuchs auch hat
sein Höhl, da er sich rege:
Jesus am Kreuz hat gar kein Statt
da er sein Haupt hinlege.

5 Obschon dein Ehr gestohlen wird
und Bös für Guts vergolten,
So wär es noch ein leichte Bürd,
Christus wird mehr gescholten.
　Die Nägel zwar sehr spitzig sein
und bohren tiefe Schrunden,
jedoch dringen noch tiefer ein
der falschen Zungen Wunden.

*) Schädelstätt oder Golgatha.

6 Wann schon der grimme Tod dir will
 des Lebens Lauf zerstören,
 So denk es sei kein neues Spiel,
 der Knecht stirbt mit dem HErren.

 Den härtsten Streich dein Heiland hat
 am Kreuz vom Tod bekommen,
 dadurch er ihm den Pfeil entmatt
 und alle Kraft benommen.

7 Eins ist so dich am höchsten schmerzt,
 der Stachel des Gewißen:
 So faß dannoch ein gutes Herz,
 sei auf die Buß beflißen.

 Verzeihung ist dir schon erlaubt
 und Ja gesagt zum Leben:
 da Christus mit geneigtem Haupt
 am Kreuz den Geist aufgeben.

XXIV. Bitte.

209. Vater unser.
Ein Ruf.

Va=ter un=ſer, der du biſt — Ky=ri = e e = lei = ſen! — im
2. Ge = hei=ligt

Him=mel da e = wi = ge Freu=de iſt, o Va=ter mein! er=barm dich un=ſer auf

Er = den, auf daß wir dei=ne lieben Kin=der wer=den. *)

2 Geheiligt werd der Name dein,
  du wolleſt uns Sündern gnädig ſein.
3 Verleih uns, HErr, das Himmelreich,
  daß wir dich loben ewiglich.
4 Dein Will geſcheh deſſelben gleich
  auf Erden wie im Himmelreich.
5 Gib uns, o HErr, das täglich Brot,
  behüt uns vor dem ewigen Tod.
6 Vergib uns, HErr, all unſer Schuld,
  erhalt uns auch in deiner Huld.
7 Als wir unſerm Nächſten vergebn
  all ſeine Schuld in dieſem Lebn.
8 Und führ uns in Verſuchung nicht,
  hilf wann uns der böſe Geiſt anficht.

9 Von allem Übel uns erlös,
  hilf daß wir ewig werden getröſt.
10 O Gott, du edler Schöpfer mein,
  wir bitten dich als die Kinder dein.
11 Behüt uns vor dem gähen Tod,
  und ſtehe uns bei in aller Noth.
12 O HErr, wann wir dein Hilf nit han,
  ſo ſind wir hie und dort verlan.
13 Darum nimm unſer eben war
  und führ uns zu der Engel Schaar.
14 Daſelbſt ſind aller Freuden viel,
  die Gott den Frommen geben will,
15 Die glauben in ſeinen Namen
  durch Jeſum Chriſtum. Amen!

*) Kyrie eleiſon! — o Vater mein! u. ſ. w. werden bei jeder Strophe wiederholt.

210. Flehen zur heiligen Dreieinigkeit.

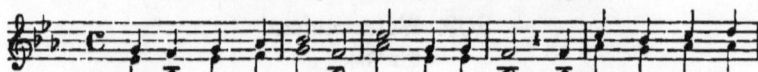

1. O e = wi = ger Va = ter, bis gnä=dig uns, be=weis uns dein Barm=
2. Chri = ste, heil = ger Hei=land, hilf in der Noth, zu dir steht un = ser
3. Heil=ger Geist und Trö=ster, bleib stäts bei uns, — schenk uns bei = ne

her = zig=keit all = zeit und Gna = den = gunst; mach uns ar = me Sün=der
Hoff = nung und Trost. O wah = rer Gott, des Va=ters Zorn thu stil=len
Ga = ben, da = zu der Lie = be Brunst, er=leucht du un = ser Her=zen

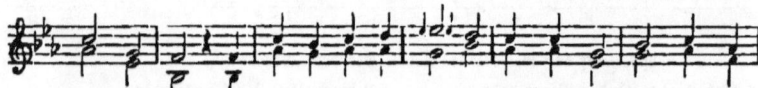

Chri = sto gleich, da = zu auch sein Mit = er = ben dei = nes Reichs, hei = li = ger
e = wig = lich, bis al = ler Sün=der Mitt=ler gnä = dig=lich, wahr Mensch und
durch dein Schein und mach uns al = ler Sünden frei und ganz rein, hei = li = ger

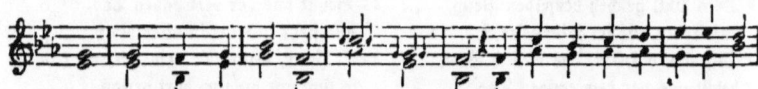

Gott! wol durch die Mar=ter, Angst und Noth, die er am Kreuz ge = lit=ten hat,
Gott! wol durch die Mar=ter, Angst und Spott, die du am Kreuz ge = lit=ten hast,
Gott! von uns wollst auch nit weichen in der Noth, so uns die Höll wird äng = sten

da er starb eins bit=tern Tods. ⎫
da du starbst eins bit=tern Tods. ⎬ Ky=ri = e=lei = son! Christe e=lei = son!
mit dem Teu = fel und dem Tod. ⎭

211. Gemeines Bittlied zur heiligen Dreieinigkeit.

Ge = lobt sei Gott der Va = ter in sei=nem höchsten Thron, Und auch der Se=lig =
ma=cher, sein ein = ge = bor = ner Sohn, Ge = lobt sei auch der Trö=ster, der
le=bendmachend Geist, der ei = nig Gott und Her=scher, die höchst Drei=fal=tig =
keit. Ky = ri = e e = lei = son!*)

2 Daß er uns aus Gnaden
anfangs erschaffen hat,
Mit sonderlichen Gaben
ganz väterlich begnadt,
   Damit wir möchten kommen
endlich zur Seligkeit,
so Gott hat allen Frommen
von Ewigkeit bereit.

3 Als wir aber verloren
sein Huld durch Adams Fall,
Hat er uns neu geboren
und uns genommen all
   Widr auf zu seinen Gnaden
durch sein geliebten Sohn,
so wir an ihn thun glauben
und nach seim Willen thun.

4 Drum laßt uns auch begehren
vom HErren Jesu Christ
Daß er uns woll erhören
zu dieser Gnadenfrist,
   Daß er uns woll vergeben
all Sünd und Laster groß
und uns nach unserm Leben
aufnehmen in sein Schoß.

5 So bitten wir dich, HErre,
durch deine Marter gut,
Den Glauben in uns mehre,
halt uns in deiner Hut.
   Gib auch ein rechts Vertrauen,
du unser HErr und Gott,
daß wir stark auf dich bauen
in aller Angst und Noth.

*) Kyr. el. wird nach jeder Str. wiederholt.

6 Weil aber ohn die Liebe
sonst alls vergeben wär,
Verleih daß wir die üben
dir, Gott, zu Lob und Ehr;
Daß wir dich, Gott, zum höchsten
lieben mit Herzen rein,
von wegen dein dem Nächsten
hilflich und räthlich sein.

7 Zu dem wir, HErr, dich bitten,
erleucht die Christenheit
Im Glauben und in Sitten
durch dein Barmherzigkeit.
Gib Hirten uns zu weiden
mit wahrer gsunder Lehr,
auf rechter Bahn zu leiten
in aller Zucht und Ehr.

8 Gib allen Potentaten,
der hohen Obrigkeit
Und allen ihren Räthen
Eifer zur Gerechtigkeit,
Daß sie nach ihren Pflichten
in Fried und Einigkeit
alles richten und schlichten
nach Recht und Billigkeit.

9 Du wollest auch ausreuten
Irrtum und Ketzerei,
Damit bei Christenleuten
ein Glaub und Gottsdienst sei.
Den Glauben hilf vermehren
auf Erden weit und breit,
daß alle dich recht ehren
nun und in Ewigkeit.

10 Hilf alle Päß versperren
türkischer Kraft und Macht,
Verleih Fürsten und Herren
den Sieg in aller Schlacht.
Weiter wir, HErr, dich bitten
durch dein sehr große Lieb,
du wollest uns behüten
vor Aufruhr, Mord und Krieg.

11 Wollst unser Sünd nicht rächen,
getreuer HErr und Gott,
durch Pestilenz und Gebrechen
noch theure Hungersnoth.
In diesen unsern Nöthen
erhör uns, lieber Gott,
darum wir dich gebeten.
Hilf uns aus aller Noth.

12 Gib daß wir alle halten
dein heiliges Gebot;
Gib daß wir uns nicht spalten
von dir, o treuer Gott.
Gib daß wir glaubig bleiben
biß zu dem letzten End
und laß uns nicht ableiben
ohn deins Leibs Sacrament.

13 Gib daß wir selig werden
durch deine große Gnad;
Gib daß uns nichts auf Erden
an Leib und Seelen schad,
Daß wir kommen zusammen
dort in der Engel Schaar.
Wer das begehrt sprech Amen,
das werd uns allen wahr.

- -

212. Wider zeitliche und ewige Noth.
„Ruf auf der Kirchfahrt.“

So bitten wir unsern HEr = ren, den Vater HErrn Je = su Christ, Der hel = fe mit sei = ner Gna = den alls was in Nö=then ist Und

dem der sei = ner Hilf be=gehrt; wir bit=ten dich, du all=mäch=ti = ger Gott, und

laß uns nicht verderbn.

2 Wir bitten dich, du allmächtiger Gott,
wir rufen zu deiner Gnad,
Zu Jesu Christo, dem Heiland,
daß er sich über uns erbarm,
Über uns und über die Christenheit.
Wir bitten dich, du allmächtiger Gott,
behüt uns vor allem Leid.

3 Wir bitten dich, du allmächtiger Gott,
führ uns den rechten Weg,
Daß wir nicht werden verirret
und finden den Himmelssteg.
Behüt uns vor dem gähen Tod;
wir bitten dich, du allmächtiger Gott,
hilf uns aus aller Noth.

4 Wir bitten dich, du allmächtiger Gott,
behüt uns vor bösen Leutn;
Wir bitten dich, o allmächtiger Gott,
behüt uns vor allem Leid;
Vor Ketzerei und falscher Lehr
wollst uns allzeit behüten,
o lieber Gott und HErr.

5 Wollst unser Sünd nit rächen,
getreuer HErre Gott,
Durch Pestilenz und Gebrechen
noch Theurung und Hungersnoth.
Erhör uns, lieber HErre Gott,
darum wir dich thun bitten:
hilf uns aus aller Noth.

6 Wenn Gott der HErr am Gerichte sitzt
wol an dem jüngsten Tag,
Und daß uns weder Silber noch Gold
gar nicht mehr helfen mag,
Auch gar kein Gut noch alles Geld,
kein Mensch auf dieser Erden
noch in der ganzen Welt —

7 Auch unsere gute Werke nicht
die wir auf Erdreich gethan — :
Wir bitten dich, du allmächtiger Gott,
so nimm dich um uns an,
Um uns und um die Christenheit.
Wir bitten dich, du allmächtiger Gott,
gib uns allen die Seligkeit.

8 Wir bitten dich, du allmächtiger Gott,
schaff uns ein seligs End,
Schick uns dein heilgen Engel
an unserm letzten End,
Daß er uns führ in das Himmelreich,
daß wir darinnen bleiben
immer und ewiglich.

9 Gib daß wir würdig nießen
das heilig Sacrament,
Wann wir von hinnen müßen
an unserm letzten End,
Daß wir kommen zu der Engel Schaar.
Wer das begehrt sprech Amen!
das werd uns allen wahr.

213. Ruf zum HErrn Christus um allerlei geistliche Güter.

Weise: Nun gib uns Gnad zu singen (oder: Wolauf zu Gott mit Lobeschall).

Der du si=tzest im höchsten Thron, HErr Jesu Christ, dein gnä=dig Au=gen went

zu uns schon. Er = hö = re uns, HErr Je = su Christ.*)

2 Der du künftiger Richter bist
alls was todt und lebendig ist.

3 Tu bist der gebenedeite Sam,
geboren von Abrahams Stamm.

4 Du bist der wahre Gnadenthron
und Gottes lebendiger Sohn.

5 Du bist unser Heiland allein,
regier uns nach dem Willen dein.

6 Du bist das rechte Osterlamm,
das der Welt Sünd trug und hinnahm.

7 Du bist allein das wahre Licht,
in der Finsternis laß uns nicht.

8 Du bist der Weg zur Seligkeit,
lehr uns auch dein Gerechtigkeit.

9 Du bist auch die Wahrheit gar rein,
laß uns an dir nit zweiflend sein.

10 Du bist auch das ewig Leben,
dasselb wollest uns dort geben.

11 Du bist das ewig Himmelbrot,
komm uns zu Hilf in unser Noth.

12 Und wollst uns Christen regieren,
auch mit guten Werken zieren.

13 Daß wir mit Namen nit allein,
sondern mit Werken Christen sein.

14 Damit wir seliglich leben,
das kannst du uns allen geben.

15 Gib uns auch inbrünstigliche Lieb,
daß keiner sein Nächsten betrüb.

16 Die Hoffnung gib auch gleicherweis,
daß wir auf dich hoffen mit Fleiß.

17 Denn wer dir stäts vertrauen kann,
derselbig thut gar wol daran.

18 Gib uns Geduld in aller Noth,
daß wir nit thun wider dein Gebot.

19 Wollest uns auch dein Geist geben,
dem Teufel zu widerstreben.

20 Dergleichen auch verlaß uns nicht,
wenn uns das Fleisch und dWelt anficht.

21 Mach uns all an der Seel gesund
und tröst uns in der letzten Stund.

22 Auch vor dem gähen Tod bewahr,
und bring uns zu der Engel Schaar.

23 Gib daß wir hie in Einigkeit
dir dienen in Gerechtigkeit.

24 Von wegen deiner Barmherzigkeit
wollst uns gnädig sein allzeit.

25 Du bist ja allein unser Trost,
der uns vom Teufel hat erlöst.

26 Unser Flucht steht zu dir allein,
darum wollst uns barmherzig sein.

27 Vergib uns unser Missethat,
daß wir dort nit kommen in Noth.

*) Die 2. und 4. Zeile werden vom 2.—31. Gesätze wiederholt.

28 Erlös uns auch genädiglich
von allem Übel ewiglich.

29 Damit wir dich ohn Unterlaß
loben für deine Wolthat groß.

30 Mit Vater und heiligem Geist
lebst und regierst in Ewigkeit.

31 Welchen im Himmel immerdar
lobt aller Auserwählten Schaar.

32 Von uns sei dir groß Lob und Dank,
HErr Jesu Christ!
erhör uns in unsrem Gesang.
Erbarme dich, HErr Jesu Christ.

33 Zu Lob und Ehr deinem Namen,
HErr Jesu Christ,
singen wir allesamt Amen
und danken dir, HErr Jesu Christ.

214. Ruf zu Christo.

In unsern Nöthen bitten wir, du Sohn Maria = en! O Christe

brings beim Va = ter für, o du Sohn Maria = en! O Je = = su,

wollst dich un = ser doch er = bar = men thun.*)

2 Wir bitten für Korn, Wein und Treid,
daß es Gott bhüt vor allem Leid,

3 Vor Pestilenz und Hagelschlag;
bitten auch für all böse Sach.

4 Vor Krieg, Theurung und Hungersnoth
behüt, auch vor dem gähen Tod.

5 Wir bitten dich alle zugleich,
gib nach dem Tod das Himmelreich.

*) Die 2., 4., 5. u. 6. Zeile werden in jeder Strophe wiederholt.

215. „Ruf" zu Christo auf der Kirchfahrt.

So fal-len wir nieder auf un-se-re Knie, den wahren Sohn Gottes bit = ten wir hie.

Hal = le = lu=jah!*)

2 Den ewgen Erlöser Jesum Christ,
er woll uns erhörn zu dieser Frist.

3 Und bitten gar hoch in unsrem Leid,
o HErr, dein göttlich Barmherzigkeit,

4 Wol durch das heilig Leiden dein,
wollest uns allen gnädig sein.

5 Erbarm dich, o Gott, über deine Kind,
so in deim Namen versammlet sind.

6 Er ward ans Kreuz geheftet an,
dadurch für uns all hat gnug gethan;

7 Vergoßen hat sein theures Blut
uns armen Sündern all zu gut,

8 Und erlitten den bittern Tod
durch sein heilig fünf Wunden roth.

9 Er hat uns Sünder all erlöst,
als wir ins Teufels Gwalt gewest.

10 O Mensch, laß dirs zu Herzen gahn,
das hat Christus für dich gethan.

11 Drum sollen wir ihm dankbar sein
der großen Marter und der Pein.

12 Wir bitten durch dein bittern Tod,
o Gott, hilf uns aus aller Noth.

13 In unser Krankheit stehe uns bei,
in Unfall nit weit von uns sei.

14 Behüt uns auch stäts allesammt
vor Irrtum, Laster, Sünd und Schand.

15 Beschütz uns auch vor Krieg und Neid,
vor Waßer, Feur und theurer Zeit,

16 Vor Pestilenz und Krankheit gschwind,
vor Ungewittr und schädlichem Wind.

17 Bewahr auch unser Leib und Gut,
wend ab all Aufruhr, Krieg und Blut.

18 Beschirm die ganze Christenheit
und wehr aller Widerwärtigkeit.

19 Wir Brüder und Schwestern allzugleich
bitten ums ewig Himmelreich.

20 So stehn wir wieder auf unsre Bein,
Gott helf uns fröhlich wieder heim.

21 Und wollen wir in dem Namen des HErrn
wiedrum zu unsern Häusern kehrn.

22 Nun bitten wir in unserm Leid
die göttliche Barmherzigkeit.

23 Die woll mit uns aufm Wege sein,
daß wir mit Segen kommen heim.

24 Woll uns behüten vorm ewigen Tod
und uns helfen aus aller Noth.

25 Nun schick uns, HErr, die Engel dein,
die unser treue Wächter sein.

26 Denn, HErr, so wir dein Hilf nit han,
so sind wir hie und dort verlorn.

27 Nun helf uns Gott Vater und der Sohn,
Gott heiliger Geist, die dritt Person.

28 HErr Jesus Christ, der Heiland sein,
der helf uns alln mit Freuden heim.

29 Amen! Amen! das werde wahr!
Gott helf uns zu der Engel Schaar.

30 Damit wir loben in Ewigkeit
die hochgelobte Dreifaltigkeit.

*) „Hallelujah" wird nach jeder Strophe gesungen.

216. „Ruf" auf der Heimkehr von der Kirchfahrt.

Von bei = net = we = gen find wir hie, HErr Je = fu Chrift, und fal = len nie = der auf

un = fe = re Knie. Ky = ri = e e = lei = fon!*)

2 Wir fallen nieder auf unfere Knie,
Urlaub wollen wir nehmen hie.

3 Wir Sünder und Sünderin bitten dich,
erhör unfer Gebet gnädiglich.

4 Daß unfer Gebet Gott angenehm fei,
das bitten wir ganz fleißiglich.

5 Gefegn dich Gott, du Gotteshaus,
von welchem wir jetzund gehen aus.

6 Gott woll uns behüten vor allem Leid,
auf daß wir dich wiederfehen mit Freud.

7 Wir heben uns auf und ziehen dahin:
bitt du für uns, Marien Kind.

8 Bitt du für uns im höchsten Thron
den Vater dein, o Gottes Sohn.

9 Daß er uns schick die Engel fein,
die unfer treue Wächter fein.

10 Wie bitten die heilig Dreifaltigkeit,
Gott Vater, Gott Sohn, Gott heiligen Geift.

11 Gott Vater, Gott Sohn, Gott heiliger Geift
der woll uns bhüten auf dieser Reis.

12 Wir bitten dich aus Herzengrund,
du wollst uns geben den Leib gefund.

13 Wollst uns behüten auf Wasser und Land,
hilf daß wir nicht falln in Sünd und Schand.

14 Wir bitten dich um dein heiligen Segn,
hilf daß wir nicht sterben unterwegn.

15 Wir bitten, HErr, all in gemein
um unfer Hüter, die bleiben daheim, —

16 Um unfere Hüter nicht allein,
für die ganze chriftliche Gemein.

17 Wir bitten, HErr, auch noch wol mehr
für unfern Hirten und Seelforger.

18 Bhüt fie und uns vor Herzenleid,
hilf daß wirs wieder fehn mit Freud.

19 Erbarm dich über deine Kind,
die in deim Namen verfammlet find.

20 HErr Jesu Christ, wir bitten auch,
hilf uns mit Freuden wieder zu Haus.

21 Denn, HErr, fo wir dein Hilf nicht habn,
fo find wir hie und dort verlorn.

22 Ach Jefu Chrift, du Heiland fein,
wollst unfer treuer Fürbitter fein.

23 Wollst unfer treuer Fürbitter fein
bei unferm und dem Vater dein.

24 Daß er uns alls laß widerfahrn
um was wir ihn gebeten han.

25 Amen! Amen! das werde wahr!
Gott helf uns zu der Engel Schaar.

*) Die 2. u. 4. Zeile werden in jedem Verse wiederholt.

XXV. Jahres- und Tageszeiten.

---

217. „Reihenlied für die Jugend" von Gottes Treue.
Im Ton: Der Maie der Maie.

Der Mai = e der Mai = e bringt uns der Blümlein viel; Ich trag ein freis Ge=

müthe, Gott weiß wol wem ichs will, Gott weiß wol wem ichs will.

2. Ich wills Christo dem HErren,
der unser Heiland ist:
Er trägt das Kreuz für unser Sünd,
:: ja wie man von ihm liest. :|:

3. Darum so laßt uns preisen
den HErren, unsern Gott,
Der uns solch Treu beweiset,
hilft uns aus aller Noth,
auch von dem ewgen Tod.

4. Was wir von ihm begehren
gibt er uns gnädiglich,
Er thut uns all ernähren,
:|: versorgt uns väterlich. :|:

5. Was uns Gott hat versprochen
in seinen Worten klar,
Hat er noch nie gebrochen,
:|: er hälts gewis fürwahr. :|:

6. Nun schau herab von oben,
sieh uns, dein Kinder, an,
Daß wir dich täglich loben,
:|: bleiben auf rechter Bahn. :|:

7. Mit deiner starken Hande
erhältst in Gnaden sein
Die Frücht in allen Landen
:|: und gibst uns Brot und Wein. :|:

8. Daß man dich allzeit ehre,
gfällt dir, o HErr Gott, wol;
Dasselb wollst uns auch lehren,
:|: wie man dich loben soll. :|:

9. Uns freut aus deiner Güte
die fröhlich Sommerzeit,
In der wollst uns behüten
:|: die Frücht vor allem Leid. :|:

10 Daß wir dadurch erkennen
  dein väterliche Hand;
  Laß uns nicht von dir trennen
  :|: kein falsche Lehr noch Schand. :|:

11 O Gott, thu uns bereiten
  wie es dir wolgefällt;
  Mit Gnaden thu uns gleiten
  :|: durch diese arge Welt. :|:

12 Das sei dir jetzt gesungen
  zu Ehr, o starker Gott,
  Von uns viel schwachen Jungen.
  :|: Sei bei uns hie und dort. :|:

218. Herlichkeit Gottes in der Schöpfung.

Die Blum in Wal=deschlüften, das Gold in Er=den=klüf=ten, Des Himmels Dach, des Mee=res Grund, das al=les ist dir, HEr=re, kund und hü=tens dei=ne Hän=de, Und al=les him=me=li=sche Heer spricht dei=ne Treu und Gü=te nicht zu En=de.

2 Die Läuber an den Zweigen,
  die Halme die sich neigen,
  Des Meeres Sand, der Sterne Schar
  die bleiben unermeßen gar
  mit Augen und mit Sinnen:
    So mag auch, HErre, deinen Preis
  nie Menschenmund vollenden noch beginnen.

219. Geiſtliche Sommerluſt.

Im Ton: Herzlich thut mich erfreuen.

Herz=lich thut mich er=freu=en die lie = be Som = mer=zeit, All

mein Ge=blüt verneuen, der Mai viel Wol=luſt geit, Die Lerch thut ſich erſchwing=

en mit ih=rem hel=len Schall, lieb=lich die Vö = gel ſin = gen, vor=

aus die Nach=ti=gall.

2 Der Kuckuck mit ſeim Schreien
macht fröhlich jedermann,
Des Abends fröhlich reihen
die Maidlein wolgethan;
　Spazieren zu den Brunnen,
pflegt man zu dieſer Zeit,
all Welt ſucht Freud und Wonne
mit Reiſen fern und weit.

3 Es grünet in den Wälden,
die Bäume blühen frei,
Die Röslein auf dem Felde
von Farben mancherlei.
　Ein Blümlein ſteht im Garten,
heißt: Chriſt, vergiß nicht mein!
das edel Kraut Gotts warten
gibt Troſt der Seele dein.

4 Ein Kraut wächſt in der Auen,
das heißt: Sei wolgemuth!
Auf Chriſtum feſt thu bauen,
dazu ſein werthes Blut,
　Die weißen und rothen Roſen,
am Kreuz halt feſt in Acht!
Gotts Sohn thät mich erlöſen
und hat mich ſelig gemacht.

5 Das Kraut: Je länger je lieber
in meinem Herzen blüht,
Bringt mich zu Gott hinüber,
HErr Chriſt mich ſtäts behüt.
　Ich hab es wol vernommen
was dieſes Kraut vermag:
wol dem der mit Gotts Namen
und Gſetz umgeht all Tag.

6 Des Morgens in der Aue
ſo thu ich früh aufſtahn,
Für mein Sünd Leid und Reue
von Herzen Grund zu han,
　Zu bitten meinen HErren
daß mirs möcht wol ergehn,
daß er ſein Gnad möcht mehren
und mir treulich beiſtehn.

7 Darum lobt Gott im Sommer,
desgleich im Winter thut!
Chriſt wendt uns allen Kummer
und bringt viel Freud und Muth.
　Der Zeit will ich genießen,
dieweil ichs Leben han;
Gotts Gnad wird ſich ergießen,
übr uns wird ſie aufgahn.

220. Erstes Wort am Morgen.
Nach der Weise: Das sind die heiligen zehen Gebot.

Je = su, du sü=ßer Hei=land mein, früh ruf ich an den Na = men dein, Dein

sel = ger Nam mein er = stes Wort heut früh soll sein und im = mer=fort. Ky =

ri = e e = lei = son!*)

2 Mein liebe Seel die ganze Nacht
gar oftmals hat an dich gedacht;
Ob schon der Leib sein Schlaf verbracht,
hat doch mein Herz zu dir gewacht.

3 Das erst das kommt in mein Gedank,
so bald der Schlaf sein End erlangt,
Das erst des sich mein Gmüth erfreut
sei du, HErr Jesu, allezeit.

4 O wär von Sünd und aller Gfahr
mein Herz gereinigt ganz und gar!
So könnt darinnen haben Platz
Jesus, meiner Seelen bester Schatz.

5 Mach du mich fromm, mach du mich rein,
entzünd mich in der Liebe dein,
Laß mich in Tugend nehmen zu,
so findst in meinem Herzen Ruh.

6 O herziger HErr, o liebster Gott,
in dein heilige Wunden roth
Befehl ich heut Leib, Seel und Ehr,
verlaß mich nun und nimmermehr.

7 Schleuß jetzund ein das Herze mein
in das getreue Herze dein,
Vom Morgen an biß Abend spat
halt mich allzeit in deiner Gnad.

8 Send mir die lieben Engelein,
die deine treue Diener sein,
Die nehmen mich in ihre Hut,
beschützen mir Seel, Leib und Gut.

9 Ihr starker Schirm und deine Gnad
wende von mir ab allen Schad:
So bleib ich an Leib und Seel bewahrt
von heut an biß auf mein Hinfahrt.

10 Was ich heut thu, was ich heut mach,
auch was ich leid für Ungemach,
Sei alls gelitten und gethan
zu deiner Ehr, zu deinem Ruhm.

11 Amen! Amen! das sei gewis,
dieweil mein Gott genädig ist.
In seiner Huld und Barmherzigkeit
begehr ich zu bleibn in Ewigkeit.

*) K. e. wird in jedem Gesatze wiederholt.

221. „Morgensegen."

Im Na = men meins HErrn Je = su Christ steh ich ar = mer Sün = der auf,

Auf den der für mich kreuzigt ist, mit seim Blut hat er = kauft,   glaub ich und

bin   getauft.

2 Der woll mich heut behüten
vor allem großen Leid,
Vor Satans List und Wüthen;
sein Engel mich stäts beleit
biß zu der Seligkeit.

3 Ich dank dir, Gott, mein HErre,
daß du mich hast bewahrt
In dieser Nacht so schwere,
darin ich lag so hart
und hab des Tags erwart.

4 Dem bösen Feind ich widersag,
seim Eingebn, Rath und That,
All seiner Hoffahrt ich nicht mag,
sein böse Werk veracht,
will dienen Gott Tag und Nacht.

5 HErr, thu mein Mund und Lefzen auf,
daß ich preis den Namen dein,
So lang ich leb dein Lob schrei ans;
mach rein das Herze mein
von aller Sünd und Pein.

6 Erlös mein Seel so kranke
vor bös verkehrtem Sinn,
Und gib mir gut Gedanken,
die bösen fahrn weit von hinn,
den heilgen Geist genß mir ein.

7 HErr Gott, wollst heute diesen Tag
im Gutn erhalten mich;
Wend ab all Straf und alle Plag,
treib von mir hinter sich
all feindlich List und Tück.

8 Verleih mir starken Glauben,
gut Hoffnung, rechte Lieb;
Deiner Gnad mich nicht beraube,
dein Hilf mir allzeit gib,
daß ich mein Nächsten nicht betrüb.

9 HErr Gott, wollst mir auch geben
Keuschheit, Demüthigkeit;
Zu beßern hie mein Leben,
verleih mir Bständigkeit,
Gottsfurcht und Gütigkeit.

10 Gesegn mich Gott der Vater,
der Sohn und heilig Geist.
Sei Lob göttlicher Majestät,
sein Nam sei hoch gepreist,
der mich recht lehrt und weist.

222. „Vor Tisch — das Benedicite."

Ein Ruf.

Im Ton: HErr Jesu, öffne unsern Mund.

HErr, Gott Va=ter im Himmel=reich, wir dei=ne Kin=der all=zu=gleich)

2 Bitten dich gar aus Herzensgrund,
  speis uns alle zu dieser Stund.

3 Thu auf dein reiche milde Hand,
  behüt uns auch vor Sünd und Schand.

4 Und gib uns Fried und Einigkeit,
  bewahr uns auch vor theurer Zeit,

5 Damit wir leben seliglich,
  dein Reich besitzen ewiglich —

6 In unsers HErrn Christi Namen:
  Begehrt ihr das, so sprecht Amen.

223. „Nach Tisch — das Gratias."

Ein Ruf.

Im Ton: Singet zu Gott mit Lobesschall (Wohlauf zu Gott mit Lobesschall).

Lobt Gott in sei=nem höch=sten Thron, — Halle=lu=jah! — daß er uns gro=ße

Gnad hat than. Ge=lo=bet sei die heil=ge Drei=fal=tig=keit!*)

2 Er hat sein Segen uns gesendt,
  er hat uns gspeist, er hat uns tränkt.

3 Drum preisen wir Gott um sein Wohlthat,
  die er uns Sündern bewiesen hat.

4 Wir loben und ehren, wir danken ihm
  und preisen ihn mit heller Stimm.

5 Heilig, heilig, heilig ist Gott,
  der starke Gott, HErr Zebaoth.

6 Die Himmel und die Erde weit
  loben Gott den HErrn allezeit.

7 Er hat uns mit sein Blut erlöst,
  mit seiner Gnad hat er uns tröst.

8 Ach HErr, bewahr dein Christenheit
  vor aller Widerwärtigkeit.

9 Und segne dein christlichs Erbtheil,
  von allem Übel mach uns heil.

10 Verzeih auch unser Missethat
  und theil uns mit dein göttlich Gnad.

11 Behüt uns, HErr, all Tag und Stund
  vor Sünd und Schand, vor der Höllen Grund.

12 Verleih uns Fried und Einigkeit,
  den Seligen gib die ewig Freud.

13 Gott Vater, Sohn, heiliger Geist
  sei globt, geehrt und hoch gepreist.

*) Die 2. u. 4. Zeile kehren in jedem Verse wieder.

224. Zu guter Nacht.

Nach der Weise: Dein, dein soll sein.

Nun wün=schen wir zu gu=ter Nacht viel Guts uns al=len
glei = = che, Daß uns be=wahr aus Lieb mit Macht der Gott von
Him=mel=rei = = che, Und ob et=was ü=ber die Maß wir ha=ben
für=ge=nom=men, daß sol=che That der treu = e Gott uns laß zu Gnaden
kom = = men.

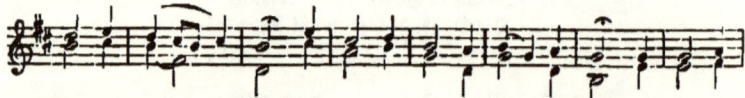

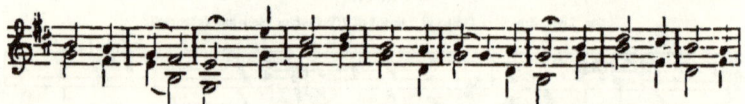

2 Behüt uns jetzt und alle Stund
der HErr für Satans Listen,
Daß wir bewahren seinen Bund
als rechte fromme Christen;
   Ob sich gleich heint zu Gottes Kind
der Satan möcht verfügen
mit seiner Tück, daß er zurück
sich troll mit seim Vermögen.

3 Gesegne Gott uns allesamt,
wie wir da sind gesessen,
Daß jeder treulich thu sein Amt
und Gottes nicht vergesse;
   Weil wir zur Ruh gedenken nu,
daß er uns woll enthalten
in seiner Gunst, dazu auch sonst
in Christo unser walten.

225. Wiegenlied.

Weise nach: O Engel Gottes, Hüter mein.

Ach lie-ber HErre Je-su Christ, seit*) du ein Kind ge-we-sen bist,

So gib auch die-sem Kin-de-lein dein Gnad und auch den Se-gen dein. Ach

Je-sus, HErre mein, be-hüt dies Kin-de-lein.

2 Seit in dem Himmelreich, HErr Christ,
du aller Ding gewaltig bist,
So thu dein Hilf und Steur dazu,
behüt dies Kindlein spat und fruh.
Ach Jesus, HErre mein,
behüt dies Kindelein.

3 Deinr Engel Schaar die wohn ihm bei,
es schlaf, es wach und wo es sei;
Das heilig Kreuz behüt es schon,
daß es besitz der Heilgen Kron.
Ach Jesus, HErre mein,
behüt dies Kindelein.

4 Nun schlaf, nun schlaf, mein Kindelein,
Jesus der soll dein Bule sein,
Der woll daß dir geträume wol
und werdest aller Tugend voll.
Jesus, der HErre mein,
behüt dies Kindelein.

5 Ein gute Nacht und gute Tag
geb dir der alle Ding vermag.
Hiemit sollt du gesegnet sein,
mein herzeliebes Kindelein.
Jesus, der HErre mein,
behüt dies Kindelein.

226. Wiegenlied.

Nun schlaf, mein lie-bes Kin-de-lein, und thu dein Aug-lein zu,

*) weil.

Denn Gott der will dein Va=ter sein, drum schlaf mit gu=ter Ruh,

drum schlaf mit gu=ter Ruh.

2 Dein Vater ist der liebe Gott
und wills auch ewig sein,
Der Leib und Seel dir geben hat
:|: wol durch die Eltern dein. :|:

3 Und da du warst in Sünd geborn
wie Menschenkinder all,
Und lagst dazu in Gottes Zorn
:|: um Adams Sünd und Fall.:|:

4 Da schenkt er dir sein lieben Sohn,
den senkt er in den Tod,
Der kam auf Erd von Himmelsthron,
:|: half dir aus aller Noth. :|:

5 Ein Kindlein klein ward er geborn,
am Kreuz sein Blut vergoß,
Damit stillt er seins Vaters Zorn,
:|: macht dich von Sünden los. :|:

6 Hör was dir Christ erworben hat
mit seiner Marter groß:
Die heilig Tauf, das selig Bad
:|: aus seiner Seiten floß. :|:

7 Darin bist du nun neu geborn
durch Christus Wunden roth,
Verschlungn ist Gottes grimmig Zorn,
:|: dein Schuld ist quitt in Tod. :|:

8 Mit seinem Geist er dich auch krönt
aus lauter Lieb und Treu,
Der in dein zartes Herzlein stöhnt
:|: und macht dich gar spanneu. :|:

9 Er spendt dir auch sein Engelein
zu Hütern Tag und Nacht,
Daß sie bei deiner Wiegen sein
:|: und halten gute Wacht, :|:

10 Damit der böse Geist kein Theil
an deinem Seelchen sind:
Das bringt dir alles Christus Heil,
:|: drum bist ein selig Kind. :|:

11 Dem Vater und der Mutter dein
befiehlt er dich mit Fleiß,
Daß sie dein treue Pfleger sein,
:|: ziehn dich zu Gottes Preis. :|:

12 Dazu das liebe Jesulein
das gsellt sich zu dir sein,
Will dein Emanuelchen sein
:|: und liebes Brüderlein. :|:

13 Drum schlaf, du liebes Kindelein,
preis Gott, den Vater dein,
Wie Zacharias Hänselein,
:|: so wirst du selig sein. :|:

14 Der heilig Christ der segne dich,
bewahr dich alle Zeit,
Sein heilger Nam behüte dich,
:|: schütz dich für allem Leid. :|:

15 Amen! Amen! ja das ist wahr,
das sagt der heilig Geist.
Geb Gott daß du von heut zu Jahr
:|: ein gottselig Mensch seist. :|:

227. Wiegenlied.

„Im Ton: Resonet in laudibus."

O Jesu, lie=bes HErr=lein mein, hilf mir wiegen mein Kin=de=lein:

Es soll zu Lohn dein Die=ner sein im Him=mel=reich und in der lie=ben

Chri=sten=heit. Ei=a! ei=a! schlaf du lie=bes Kin=de=lein!

der hei=lig Christ will bei dir sein mit sei=nen lie=ben En=ge=lein in

E=wig=keit. O mein lie=bes Je=su=lein, du Trö=ster mein, er=freu mich

sein, und mach uns ar=me Wür=me=lein zu Die=nern dein.

2 O Jesu, Gottes Söhnelein
und Marien Kindelein,
Laß dir mein Kind befohlen sein
im Himmelreich
und in seim kleinen Wiegelein.
Eia! eia!
schlaf, mein herzes Kindelein,
dein Christ bringt dir gut Äpfelein,

baut dir ein schönes Häuselein
im Himmelreich.
O du trautes Jesulein,
Gotts Lämmelein,
erbarm dich mein
und faß mich auf dein Rückelein
und trag mich fein.

3 O Jesu, liebes Brüderlein,
du wollst Emanuelchen sein
Und unser ewigs Priesterlein
im Himmelreich
und in der lieben Christenheit.
   Eia! eia!
schweig, du trautes Kindelein,
es beißt dich sonst das Eselein
und stößt dich Josephs Öchselein
zu Bethlehem.
O du süßes Jesulein,
erhalt uns rein
im Glauben dein,
bitt für uns arme Sünderlein
den Vater dein.

4 Jesus, das zarte Kindelein,
lag in eim harten Krippelein,
Gewindelt in die Tüchelein
zu Bethlehem
im finstern Stall beim Öchselein.
   Eia! eia!
Joseph kocht ein Müßelein,
Maria streichts ihrm Söhnlein ein,
das Küßlein wärmt ein Engelein
und singet fein.
O du liebes Jesulein,
die Unschuld dein
laß unser sein,
und mach uns arme Leutelein
heilig und rein.

XXVI. Pilgerschaft.

228. Wanderstab.

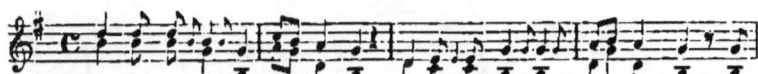

In Gottes Namen fahren wir, seiner Gnaden begehren mehr. Nun

helf uns allen Gottes Kraft, verleih uns allzeit große Macht. Ky-ri-e-lei-son!*)

2 Der hieng ans heiligen Kreuzes Stamm,
der mach uns allzeit friedesam;
Das Kreuz dran Gott sein Marter leidt
dasselb sei unser Trost und Freud.

3 Gott wohn mit seiner Huld uns bei
und mach uns aller Sünden frei
Durch sein fünf Wunden also hehr:
so fahren fröhlich wir daher.

4 Kyrieleis! Christe eleis!
Nun helfe uns der heilig Geist
Und die hochwerthe Gottes Stimm,
daß wir fröhlich fahren dahin.

*) Kyr. kehrt in jeder Str. wieder.

229. Pilgerlitanei.

In Got-tes Na-men fah-ren wir, sei-ner Gna-den be-geh-ren
wir; Ver-leih uns die aus Gü-tig-keit, o hei-li-ge Drei-fal-tig-
keit! Ky-ri-e-leis!*)

2 In Gottes Namen fahren wir,
zu Gott dem Vater schreien wir:
Behüt uns, HErr, vorm ewigen Tod
und thu uns Hilf in unser Noth.

3 In Gottes Namen fahren wir,
zu unserm Heiland rufen wir,
Daß er uns durch die Marter sein
machen woll von den Sünden rein.

4 In Gottes Namen fahren wir,
vom heilgen Geist begehren wir,
Daß er wolle erleuchten uns
durch die rechte göttliche Kunst.

5 In Gottes Namen fahren wir,
in dich allein, HErr, glauben wir;
Behüt uns vor des Teufels List,
der uns allzeit nachstellend ist.

6 In Gottes Namen fahren wir,
auf dein Tröstung, HErr, hoffen wir;
Gib uns Frieden in dieser Zeit,
wend von uns alles Herzenleid.

7 In Gottes Namen fahren wir,
seiner Verheißung warten wir;
Die Frücht der Erden uns bewahr,
von den wir leben das ganz Jahr.

8 In Gottes Namen fahren wir,
kein Helfer ohn ihn wißen wir;
Vor Pestilenz und Hungersnoth
behüt uns, lieber HErre Gott!

9 In Gottes Namen fahren wir,
allzeit dir, HErr, vertrauen wir;
Mach rein dein Kirch von falscher Lehr
und unser Herz zur Wahrheit lehr.

10 In Gottes Namen fahren wir,
welchen allein anbeten wir;
Vor allem Übel uns bewahr,
HErr, hilf uns an der Engel Schaar.

*) K. wird am Schluß jeder Strophe gesungen.

—

230. Pilgergeleite.

Zu die=ser un = ser Pil = = = ger=fahrt wollst

du uns, HErr, be=glei = ten. Gott Va=ter, Sohn und heil=ger Geist uns

Beistand leist, thu uns den Weg be = rei = = = ten.

2 Die heiligste Dreifaltigkeit
woll unser wol gedenken,
Wann wir in großen Nöthen stehn
und traurig gehn,
mit Hilf sich zu uns lenken.

3 Sein liebe Engel er uns send,
die uns auch Hilf beweisen,
Zu führen auf der Pilgerfahrt
christlicher Art,
Gott zu loben und preisen.

4 Christ, unser Heiland, bitt für uns
daß Gott uns sei genädig,
Behüt uns vor dem Übel all
im Jammerthal,
mach uns von Sünden ledig.

5 O du Lamm Gottes, Jesu Christ,
thu dich unser erbarmen.
Erhör was unser Bitten ist
zu dieser Frist,
verschone doch uns Armen.

XXVII. Abschied von dem Leben.

231. Flehen zur heiligen Dreieinigkeit.

Nach der Weise: Gott der Vater wohn uns bei.

Gott der Va = ter wohn uns bei, und wann wir sol = len fter = ben,
Mach uns al = ler Sün = den frei, daß wir nicht drin ver = der = ben;

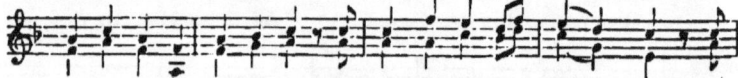

Speis uns mit dem Him=mel=brot, das Gott sein hei = ligen Jüngern spendt wol

an der hei = li = gen Ant = laß = nacht.*) Gott Va = ter sei ge = lobt ohn End.

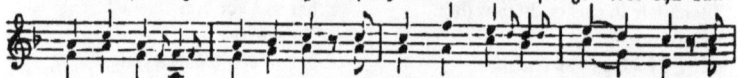

An dem hei = li = gen Kar=frei=tag der HErr litt Marter den hal=ben Tag, den

an=dert=halben Tag im Grab er lag biß auf den hei = li = gen O = ster=tag,

stund er selbst auf von dem Grab: so fin=gen wir Hal=le = lu=jah.
3. Ky=ri=e=lei=son! Chri=fte e=lei=son!

*) f. z. Nr. 72.

2 Jesus Christus wohn uns bei
und laß uns nit verderben,
Mach uns aller Sorgen frei,
auf daß wir selig sterben,
  Daß er uns beweis sein Gnad
durch sein viel heiligen Tode,
den er für uns gelitten hat
am Stamm des heiligen Kreuzes.
An dem Kreuz da litt er Pein,
und Christus starb viel werthe.
Des solln wir ihm all dankbar sein,
dieweil wir lebn auf Erden,
daß er uns erlöset hat:
so singen wir Hallelujah.

3 Heiliger Geist nun wohn uns-bei,
und wann wir sollen sterben,
Wann unsers Lebens nimmer sei,
so laß uns nit verderben.
  Vor dem Teufel uns bewahr,
mach heilig Muth und Sinne
und führ uns zu der Engel Schaar
wol an des Himmels Zinne,
da unser süßer Jesus ist,
scheint wie die klare Sonne,
und unser Vater Jesu Christ
und all Gotts Heiligen schone.
Kyrieleison! Christe eleison!
Gott helf uns alln ins Paradeis!

232. Klage.

Im Ton: Ach Gott, wem soll ich klagen mein Angst.

Ich muß jetzt all=zeit trau=ren, ich kann nit fröh=lich sein,

Mein Herz hat sich ver = keh=ret in Leid und gro=ße Pein. Das klag ich

mei=nem lie = ben Gott, er kann mir gar wol hel = fen in mei-

ner Angst und Noth.

2 O Gott in deinem Reiche,
gib Gnad daß ich jetzund
Betrachten mög zugleiche
all Tag und alle Stund

Mein Jammer und mein große Noth,
hilf mir gar treulich tragen,
bitt ich, mein HErre Gott.

3 HErr Gott, thu mir verleihen
allhie ein seligs End,
Tröst mich in meinem Leiden
und in meinem Elend
　Allhie auf diesem Jammerthal,
　daß ich in Fried mög sterben
　zu deinem Freudensaal.

4 Ach HErr, ich thu dich bitten
allhie zu dieser Stund,
Wollst mir mein Sünd verzeihen,
bitt ich aus Herzengrund.
　Mach dus mit mir, wies dir gefällt
　allhie in dieser Welte,
　es sei dir heimgestellt.

5 Nach Christo, meinem HErren,
stehn mir all meine Sinn,
Und wenn es wär sein Wille,
daß er mich nähme hin
　Auf in das ewig Himmelreich,
　so wollt ich bei ihm leben
　immer und ewiglich.

6 Ärger thut es nur werden
auf dieser Welt zugleich,
Niemand will gar nit trachten
wol nach dem Himmelreich;
　Es gehet dahin alles samt,
　Unzucht und Büberei
　nimmt auch sehr überhand.

7 So thu ich mich nun freuen
meines HErrn Jesu Christ,
Der an dem Stamm des Kreuzes
für mich gestorben ist;
　Das ist geschehen mir zu gut,
　er hat mich auch erlöset
　mit seinem theuren Blut.

8 Darum so thu ich glauben
aus meines Herzen Grund,
Mein Sünd sein mir verziehen
allhie zu dieser Stund,
　Und bitt dich, mein getreuer Gott,
　wollst mich hinfort behüten
　für Unglück, Schand und Spott.

9 So will ich dir drum danken,
weil ich das Leben hab.
Auf der Welt ist kein Freude,
zu scheiden begehr ich ab;
　Das ist mir ganz in meinem Sinn:
　komm, Christe, lieber HErre,
　und nimm mich gar bald hin.

10 Wollst mich, o HErr, begnaden
an meinem letzten End,
Mein Sünd und Missethate
du gnädig von mir wend.
　O HErr Gott, in den Willen dein
　thu ich mich gar ergeben
　biß an das Ende mein.

11 Fahr hin, mein liebe Seele,
zu deinem lieben Gott,
Er hat dich schon erlöset
aus aller Angst und Noth.
　Fürcht du hinfort keinen Unfall,
　er wird dich schon bewahren
　für Todes Noth und Qual.

12 Der das Liedlein hat gesungen
aus traurigem Herzen sein,
Sein End ist ihm fürkommen,
dazu groß Angst und Pein.
　Er befiehlet sich seinem Gott,
　er wird ihn gar wol retten
　aus aller Angst und Noth.

233. Denk ans Ende!

Nach der Weise: Sterben ist ein harte Buß.

Ich weiß nicht wann ich ster=ben muß, für all mein Sünd weiß ich kein Buß; :|: Hab doch der Sünd so viel ge=than, hab Sorg ich werd vor Gott nicht bestahn. :|:

2 Ach HErr, verleih mir so viel Gnad,
daß ich das heilig Sacrament empfah!
:|: Das heilig Sacrament hat so viel Kraft,
das wäscht mir all mein Sünde ab. :|:

3 Wenn mich der bitter Tod überwindt
und mir all mein Vernunft zerrinnt,
:|: So kommn ihr vier und heben mich auf
und tragen mich aus meim eignen Haus. :|:

4 Auf den Kirchhof so trägt man mich,
unter das Erdreich gräbt man mich:
:|: Was thut man da zu mir stoßen?
die Schlangen sind meine Rosen. :|:

5 Mein Leib der ist gelb und gar weiß,
wird letzlich gar der Würmer Speis,
:|: Und wenn die Glock verleurt ihren Ton,
so haben die Freund mein vergeßen schon. :|:

6 Eh daß verfault mein Leib und Blut,
eh ihn ein Würmlein angreifen thut,
:|: So theiln die Freund mein Gut mit Zan
und sagn mir doch nicht einmal Dank. :|:

7 O Christenmensch, gedenk an dich,
hab Reu deiner Sünd und beßer dich,
:|: Bedenk Anfang und End allzeit,
so wirst du lebn in Ewigkeit. :|:

234. „Um ein seliges Ende."

„Im Ton: Derjenig Tag, des Zorns ein Tag."

Je=sus, mein al=ler=lieb=ster Gott, hilf uns jetzund aus die=ser Noth,

uns dro=het der streng bit=ter Tod.

2 Mein Seel hat noch ein kleine Frist,
in Angst und Jammer sie gstellet ist;
allein du, HErr, mein Zuflucht bist.

3 Nun weiß ich jetzt kein Trost nicht mehr,
denn dich allein, mein Gott und HErr;
schick mir dein Hilf vom Himmel her.

4 Auf dich vertröst sich ganz mein Herz,
von mir weich aller Spott und Scherz,
behüt mich, HErr, vor ewgem Schmerz.

5 Ich seh jetzund ganz offenbar
daß diese Welt betrüget gar;
hilf mir, HErr, zu der Engel Schaar.

6 Wer jetzund in die Welt hinschaut
ist gleich als der aufs Eis viel baut;
wol dem der Gott herzlich vertraut.

7 O Welt, fahr hin mit deinem Braus,
mein Gunst sei gegen dir ganz aus;
mein Hoffnung steht in Gottes Haus,

8 Darin nichts ist als ewge Freud
und da die ewge Schaar allzeit
von Herzen Hallelujah schreit.

9 Pfui dich, du Satan, mit deim Rath,
der mich allzeit betrogen hat!
ich sag dir ab mit Mund und That.

10 Für mich hast du den bittern Tod
gelitten, o HErr, mein höchster Gott;
tröst mich auch in der letzten Noth.

11 Das bitt ich dich aus Herzengrund,
HErr Jesu, in der letzen Stund
nimm du mein Seel aus meinem Mund.

12 Damit ich in dem Fried hinfahr
und dir lobsinge immerdar
mit aller Auserwählten Schaar.

13 Amen! Amen! daß es wahr werd,
daß wir allsamt auf dieser Erd
werden der ewgen Freud gewährt.

---

235. Verlangen nach dem Bräutigam.
Für Ehegatten.*)

Meim lie=ben Gott all=ein hab ich mich ganz er=ge=ben, es mag nicht anders
sein. Von Her=zen=grund wart ich der Stund, wann er mich for=dert
ab, daß mein Leib kommt ins Grab, mein Seel ins e=wig Le=ben, des
ich Ver=lan=gen hab.

*) mit Weglaßung der 2 letzten Verse aber für jedermann.

2 Christus, mein Bräutigam
hat mich ihm auserkoren,
daß ich ganz tugendsam
   Ihm werd vertraut
   als seine Braut
in wahrem Glauben rein,
darin hat er mich sein
im Geist ganz neu geboren
durch seine Taufe rein.

3 Gewis von ihm ich hab
das ewig selig Leben
zu einer Morgengab.
   Solchs er mir fest
   aufs allerbest
verspricht in seinem Wort,
des trau ich ihm hinfort:
er wird mirs gwislich geben,
mein Trost und Seelenhort.

4 Den Trauring hat er auch
mir allbereit verehret
nach rechtem Liebesbrauch
   An meine Hand
   zu einem Pfand,
daß ich bleib seine Braut,
die er ihm hat vertraut,
wie mich sein Geist recht lehret,
darauf mein Herz fest baut.

5 Der Ring ist lauter Gold,
das ist sein Wort so klare,
in dem er mir ist hold;
   Darin ist fein
   der edle Stein,
der Rubin köstlich gut,
gefärbt mit seinem Blut
rosinfarb, welchs fürwahre
gnug für die Sünde thut.

6 Den Brautrock hat er fein
mir selbsten angezogen
wol durch die Unschuld sein,
   Damit ich frei
   bekleidet sei

mit hochzeitlichem Kleid
seiner Gerechtigkeit,
daß ich nicht werd betrogen
durchs Teufels List und Neid.

7 Das hochzeitliche Mahl
hat er mir zubereitet
in seines Himmels Saal,
   Da ich der Speis
   geistlicher Weis
genießen werde frei
und des Tranks auch dabei,
welchs mich dahin beleitet,
daß unvergänglich sei.

8 Da wird ins Himmels Thron
ganz freudenreich erschallen
die lieblichst Musik schon,
   Wann also sein
   die Engelein
auf himmelische Weis
ihr Lobgesang mit Fleiß
richten werden ob allen
zu Gottes Lob und Preis.

9 Kein Freud kann mich nicht mehr
in dieser Welt erfreuen,
darum verlangt mich sehr
   Bei dir zu sein,
   o Bräutgam fein,
herzliebster Jesu Christ;
denn du zu jeder Frist
mit rechter Lieb und Treuen
mein lieber Bräutgam bist. —

10 Du allerliebstes Herz,
welchs ich auf dieser Erden
mir hab erwählt ohn Scherz
   Mit Liebesband
   zu dem Ehstand,
daß du forthin allein
mit Zucht und Ehren fein
mein Ehgemahl sollst werden:
jetzt muß geschieden sein.

11 Jetzund geſchieht allein
daß ich ſcheid hie auf Erden;
dort wird es anders ſein,
   Wann Gott zu mir
  wird helfen dir,

ſo nun kommt deine Zeit;
alsdann werden wir beid
nicht mehr geſchieden werden
in alle Ewigkeit.

236. Abſchied von der Welt.

Im Ton: Mein junges Leben hat ein End.

Mein e-lend Le-ben hat ein End, mein Schmerz und auch mein Leid; Mein ar-me Seel will ſich be-hend ſchei-den von mei-nem Leib; Mein Le-ben kann nicht läng-er ſtehn, es iſt ſehr ſchwach und muß ver-gehn, und fährt da-hin mein Seel.

2 Es fährt dahin ein weiten Weg
mein Seel mit großer Freud,
Mein Leib ins Grab man traurig trägt
und gleich wie Aſch zerſtäubt,
   Als wenn ich nie geweſen wär
und nimmermehr wär kommen her
aus meiner Mutter Schoß.

3 Ade! ade! o Welt, ade!
verlaßen muß ich dich;
In dir hab ich kein Freud nicht mehr,
von dir will ſcheiden ich.
   Bei dir hab ich nunmehr kein Ruh,
biß man mir drückt die Äuglein zu:
ſo fahr ich hin im Fried.

4 Ich klag nicht daß ich ſcheiden ſoll
von dir, du ſchnöde Welt,
Denn mein Herz iſt nun Freuden voll,
weils Gott alſo gefällt.
   Das Elend ich verlaßen thu
und bring mein Seele nun zu Ruh
und meinen Leib ins Grab.

5 Ach falſche Welt und voller Schmerz,
haſt mir oft weh gethan
Und unter eim verfluchten Scherz
dein Tück mir ſehen lan;
   Stellſt meiner Seel nach wie ein Dieb,
drum hab ich dich nicht länger lieb:
ade! ich fahr davon.

6 Denn ich hab deine Tyrannei
   lang tragen mit Geduld.
Gott Lob daß ich des einmal frei
   und aller meiner Schuld!

   Das ewig Lebn ist freudenreich,
auf Erd findt man nicht seines gleich,
   ist nur ein Jammerthal.

7 Die Welt ist meiner Seelen feind,
   jedoch ohn all mein Schuld,
Denn sie ihr Bestes immer meint,
   darum hab ich Geduld.

   Allein sie liebt mein traurigs Herz,
der Tod nimmt hin all solchen Schmerz
   und bringt mir Gottes Huld.

8 Ach Gott, schau an mein große Pein
   durch deins Sohns Tod und Blut,
Und hilf mir überwinden sein,
   nimm mich in deine Hut.

   Mein Herz brennt wie ein glühuder Stein
nach deinem Reich, o Vater mein:
   drum dich meiner erbarm.

9 Dieweil dir abr gefällig ist,
   daß du durch solchen Schmerz
Allhier in dieses Lebens Frist
   zerbrichst mein armes Herz,

   So gscheh dein Will; dir sei Lob, Ehr,
zu dir allein dasselb ich kehr,
   auf dich scheid ich dahin.

237. Im Todeskampf.

Mein jun = ges Le = ben hat ein End, mein Freud und auch mein Leid;
Mein ar = me See = le soll be=hend schei = den von mei=nem Leib;

Mein Le = ben kann nicht läng=er stehn, es ist sehr schwach und muß vergehn

im To=des=kampf und Streit.

2 Es fährt dahin ein weiten Weg
   mein Seel mit großem Leid,
Mein Leib man traurig ins Grab einlegt,
   wie Asche er zerstäubt,

   Als wenn er nie gewesen wär
und nimmermehr wär kommen her
   aus meiner Mutter Leib.

3 Ade! ade! o Welt, ade!
   verlaßen muß ich dich,
In dir hab ich kein Freud nicht mehr,
   von dir muß scheiden ich.

   In dir hab ich kein Freud noch Ruh,
man drückt mir denn die Augen zu:
   das muß ich klagen sehr.

4 Ich klag nicht daß ich scheiden soll
von dir, du schnöde Welt,
Allein mein Herz ist Traurens voll,
daß mich mein Sünd überfällt.
　Die ich mein Tag begangen hab,
die hilft mir von meim Leben ab
und bringt mein Leib ins Grab.

5 O Jesulein, du höchster Gott,
was hab ich doch gethan!
All meine Sünd und Missethat
klagen mich heftig an.
　Dennoch will ich verzagen nicht
vor dem göttlichen Angesicht,
um Gnad ruf ich dich an.

6 Ach HErre Gott, mein Kreuz und Noth
ertrag ich mit Geduld
Und bitt dich, liebes Jesulein,
wollst mir verzeihn mein Schuld
　Und mich nehmen zu Gnaden an,
den gefaßten Zorn setz immer hintan,
du edler Ehrenpreis.

7 Ach sieh doch an die höchste Flamm,
Jesu, du König mild,
Welch schlägt über meinem Haupt zusamm
und mich verzehren will!
　Mein Herz glüht wie ein glühnder Stein
und ist bekleidt mit Angst und Pein:
ach hilf mir einmal davon!

8 Kein Freud ich in der Welt mehr hab,
verlaßen will ich sie,
All meine Freund gesegnen nun,
es muß geschieden sein.
　Trum will ich jetzund laßen ab,
zurichten thun ein trarigs Grab,
darin mein Leib Ruh hat.

9 Gesegne dich Gott, Stern, Sonn und Mond,
desgleichen Laub und Gras
Und alles auf der Erden Grund
und was der Himmel beschloß.
　Ich befehl mich nun dem Schutzherrn mein
mit allen lieben Engelein.
Ade! zu guter Nacht!

10 Der dieses Liedlein hat erdacht
aus traurigem Herzen sein,
Der wünscht hiemit viel guter Nacht
seim Weib und Kindlein klein,*)
　Befiehlt sie Gott dem HErrn allein,
der woll hinfort ihr Helfer sein
und sie beschützen sein.

238. Bereitschaft.

Im Ton: Was ich bisher besorget sehr.

Mein Gott und HErr, steh du mir bei, wenn ich soll scheiden von hinnen

*) Dafür mag auch gesungen werden: sein Freunden groß und klein.

Aus die=ser Welt in Him=mel frei: hilf mir, HErr Christ, ge=win = nen.

Ich bit=te dich aus Her=zengrund, wollst mir mein Sünd ver=zei=hen

und mich füh=ren auf rech=ter Bahn wol in dein Erb und Ei=gen.

2 Ach Jesu, liebster Schatz, mein Held,
wie traure ich so sehre,
Wenn ich verlaßen soll die Welt!
Durch deinen Geist mich lehre,
    Daß ich dem Satan widerstreb
und mein bösen Gedanken,
damit der Feind setzet an mich:
hilf, HErr, daß ich nicht wanke.

3 Betrübt euch nicht, spricht Jesus Christ,
warum thut ihr so zagen?
Ich will hinunter zu der Höll,
mich mit dem Satan schlagen;
    Da will ich als ein tapfrer Held
für meine Schäflein streben
und euch auch führen in mein Reich
zu dem ewigen Leben.

4 O Jesu Christ, du Gottes Sohn,
wo sollt ich mich hinkehren?
Wenn du mich wolltst verlaßen thun,
mein Trauren würd sich mehren.
    Aber du bist aus großer Lieb
für uns in Tod gegeben,
dein Auferstehn und Himmelfahrt
bringt uns allen das Leben.

5 Ich will mich nun ohn Furcht und Ziel
unter die Feinde geben,
Nach meines lieben Vaters Will
wider den Satan streben,

    Der alten Schlangen ihren Kopf
und all Anschläg verwenden,
daß er sein falsche Tück und List
nicht eines mög vollenden.

6 Kann es denn jetzt nicht anders sein,
so will ich mich bereiten
Zu wandern nach des Himmels Thron
in die ewigen Freuden,
    Die mir Christus erworben hat
durch sein Leiden und Sterben,
und uns mit allen Engelein
sein Reich gemacht zu ererben.

7 Gesegne dich Gott, du schnöde Welt
allhier auf dieser Erden!
Nur abzuscheiden mir gefällt
und von dannen zu kehren
    In das ewige Vaterland,
das mir Christus erworben
und an des heilgen Kreuzes Stamm
für meine Sünd gestorben.

8 Bewahr dich Gott, all Freud und Lust,
darnach die Welt thut streben!
Allhier hab ich gar keine Lust
im Jammerthal zu leben.
    Ich will durchdringen als ein Held
mit dein heilgen fünf Wunden,
darnach du als ein Siegesfürst
dem Tod sein Gwalt genommen.

9 Noch eins kommt mir jetzt in mein Sinn,
Jesu, mein Trost auf Erden:
Daß ich so bös gewesen bin,
geführt ein gottlos Leben.

  Doch tröst ich mich deiner Zusag,
die du, HErr Christ, versprochen:
Wirst du von Sünden Buße thun,
solls werden nicht gerochen.

10 Darauf bau ich all Stund mit Fleiß
und scheid mit Freud und Wonne
In das ewige Paradeis,
wol in des Himmels Throne

Mit allen lieben Engelein
in großer Freud zu leben
bei der heilgen Dreifaltigkeit
in Majestät und Ehren.

11 Das helf uns Jesus Christ allzeit,
der für uns ist gestorben
Und uns die Kron der Seligkeit
durch seinen Tod erworben.

  Der woll uns führn aus allem Leid
zu Ehren seinem Namen
in die ewige Seligkeit.
Wer das begehrt sprech Amen!

---

239. „Vom Tod.“

„Im Ton: Nun höret zu, ihr Christenleut.“

Und wollt ihr hö = ren schrecklich Ding? vom Tod ich euch ein Klag=lied sing. Wir

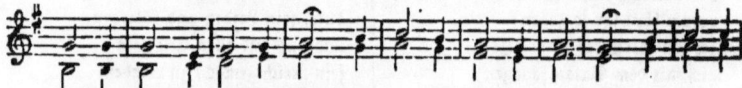

sind beschloßn in sei=nem Ring; wer den will ü = ber=win=den muß Gnad in

Chri=sto fin = den.

2 Ein jeder Mensch führs wol zu Herz,
der leiblich Tod wär ihm ein Scherz,
  Dort ist ewig der Höllen Schmerz.
Wo nicht recht Buß geschehen,
so magst Gotts Reich nit sehen.

3 Das Wort Gotts stieg vom höchsten Thron,
den Tod wollt leiden Gottes Sohn,
  Daß er erstehen möcht davon,
uns mit seim Geist ergetzen
und in sein Reich versetzen.

4 Wer nun in Gotts Reich leben wöll,
entfliehen ewig Tod und Höll,
  Bekehren soll sich bald und schnell,
daß er zu allen Stunden
christgläubig werd erfunden.

5 Auf Christum deinen Glauben stell
und bitt daß er erlösen wöll
  Von Satans Reich, von Tod und Höll,
daß er dich woll ausführen,
mit seinen Gaben zieren.

6 Denn alles Fleisch im Tod hinfällt,
Christus beruft aus dieser Welt,
 Die Zeit und Stund ist uns bestellt,
es ist um uns geschehen:
auf Jesum Christ wir sehen.

7 Der Tod der ist der Sünden Lohn:
alle die hie das Bös gethan,
 Von Sünden nit wollten abstahn,
das Kreuz hie wollten meiden,
müßen dort ewig leiden.

8 Wir fechten von Herzen und Muth
wider Teufel, Welt, Fleisch und Blut,
 Daß wir erlangen ewigs Gut;
denn wer die überwindet,
das ewig Leben findet.

9 Wir fahren aus dem Jammerthal,
da Angst und Noth war überall;
 Wir trachten nach des Himmels Saal
mit Seufzen und mit Beten,
der Satan soll abtreten.

10 Es sind doch selig alle die,
die mit Christo absterben hie,
 Das Kreuz nachtragen spat und früh;
er wollt drum für uns sterben,
das Leben zu erwerben.

11 HErr Jesu Christ, dein Kraft mir send,
sei bei mir an meim letzten End;
 Mein Geist befehl ich in dein Händ,
lös auf von diesem Leibe,
die Seele bei dir bleibe.

12 Vom ersten Tod mich auferweck,
daß mich der bös Feind nit abschreck;
 In deiner Hütten mich bedeck
durch dein göttlichen Namen.
HErr, mach mich selig. Amen!

240. Wider des Todes Schrecken.

Warum sollt ich mich fürchten sehr fürs To-des Grimm und Wü-then? Dieweil Christus, mein Gott und HErr, mich kann all-zeit be-hü-ten für To-des
Grimm und Wü-then.

2 Der Tod kann ja mir schaden nicht,
weil Christus ist mein Leben,
Und ob ers Leben raubet mir,
muß ers doch wiedergeben,
weil Christus ist mein Leben.

3 Dazu ist Sterben mein Gewinn:
wie kann der Tod mich schrecken?
Die Welt fahr hin in ihrem Sinn!
Christus will mich aufwecken:
wie kann der Tod mich schrecken?

241. Sterbenstrost.

Weil ich nun soll von dan = nen   aus die = ser Welt hin = fahrn,   So ruf ich

an dein Na = men, HErr Christ, mein Seel be = wahr;   Behüt mich vor der Höl = len

Pein und laß mich nicht ver = der=ben durchs bit=ter Lei = den dein.

2 Du läßt mich nicht verderben,
bu bist der Gnadenthron,
Und ob ich wol muß sterben,
das ist meiner Sünden Lohn:
   Des bin ich, HErr, in dir getröst,
daß du, mein Gott und HErre,
mich hast am Kreuz erlöst.

3 Du hast dein Blut vergoßen
aus deinem ganzen Leib,
Von Sünden mich gewaschen,
wie ich von Herzen gläub;
   Du hast gelitten für mich den Tod,
und daß ich mit dir lebe,
geholfn aus aller Noth.

XXVIII. Ende der Welt und Gericht.

242. Bereitschaft.

Nach der Weise: Ich gieng noch gestern Abend (Ich stund an einem Morgen).

Von Her=zen thu ich kla = gen, merk auf, du from = mer Christ!
Es geht zum jüng = sten Ta = ge, der nicht weit von dan = nen ist.

Ach frommer Christ, be = tracht es wol all = hie zu die = ser Stun =

de! Be=wahr uns der lie = be Gott!

2 Bewahr uns, HErr, vor Sünden,
vor dem ewigen Tod;
Laß uns doch Gnade finden,
weil du uns erlöst hast.
   Am End sei unser Mittler gut,
weil du uns, HErr, erlöst hast
durch dein rosinfarbes Blut.

3 Halt uns, du treuer Gotte,
in deiner rechten Hand,
Daß wir nicht werdn zu Spotte,
ewig falln in Sünd und Schand.

Hommel, geistl. Volksl.

   Das bitt ich dich, HErr Jesu Christ,
wollst uns allzeit bewahren
vors Teufels Trug und List.

4 Ach hört was Gott thut sprechen
in den zehen Gebot:
Dein Eh sollt du nicht brechen,
das verbeut dir dein Gott;
   Sollt auch nicht schwörn beim Namen sein,
sonst wird dich Gott bestrafen
wol an der Seelen dein.

17

5 Wer sich auf Erd thut üben
in Gott des HErren Wort,
Den wird Gott auch thun lieben,
wird nicht sehen den Tod,
   Er wird bsitzn ewig Gottes Reich —:
Kommt her, ihr Auserwählten!
ihr seid den Engeln gleich.

6 Damit will ich beschließen
das schöne Lobgesang.
Gotts Wort thut einher fließen,
dem sei Lob, Ehr und Dank
   Durch Jesum Christ, sein lieben Sohn,
der woll uns gnädig helfen
alln in des Himmels Thron.

243. Die Braut harrt ihrer Heimführung.

Wie bleibst so lang = e au = ßen,   o Je = su, Got = tes Sohn,
Daß du nicht holst zu Hau = se   dein lie = be Braut so schön?

Wie magst so lang ver=zie=hen,   mein ei = nig Hoffn und Trost? wie kannst so

lang an = se = hen   unsr Angst und Trüb=sal groß?   Wir sind so ar = me
                                                          mach du uns dei=nes

E = = = = ven Kin=der in die=sem Thrä=nen = thal:
Va = = = = ters Kin=der in je=nem Freu=den = saal.

2 Herzlichen uns verlanget
nach dir, o Bräutigam!
Herzlichen uns verlanget,
o du mein Heil und Mann!
   Thu dich bald zu uns kehren,
der du dich uns vertraut,

und uns einmal heimführen,
dein herzeliebe Braut.
Wir sind so arme Even Kinder
in diesem Thränenthal:
mach du uns deines Vaters Kinder
in jenem Freudensaal.

3 Daß wir uns einst recht freuen
mit dir in deinem Reich,
Wenn wir werden anschauen
dein herlich Angesicht;
    Wenn du uns wirst hinsetzen
an deine rechte Hand
und alles Leids ergetzen
in der Lebendgen Land.
Wir sind so arme Even Kinder
in diesem Thränenthal:
dort sind wir deines Vaters Kinder
in jenem Freudensaal.

4 Komm, Jesu, komm mit Schalle,
mach dieser Welt ein End,
Und führe du uns balde
hin aus diesem Elend!
    Komm, Jesu, dein wir warten
in dieser letzten Zeit,
daß wir bald mit dir lachen
und gehn in ewig Freud!
Wir sind hie arme Even Kinder
in diesem Thränenthal:
dort sind wir deines Vaters Kinder
in jenem Freudensaal.

244. Nahen des Frühlings.

„Im Ton: Der Faftenabend tritt heran."

Der jüng-ste Tag nun tritt her-an, es kür-zen sich die Ta-ge, Die Bäu-me gro-ße Knos-pen han, werden bald ausschlan: wie kann ein Christ nun za-gen?

2 Die Winterzeit bald ist vorbei,
der Sommer thut herbringen,
Er bringt uns Freuden mancherlei,
den himmlischen Mai,
daju die Engel singen.
3 Du bist, HErr Christ, der rechte Mai,
den wir täglich erwachten;*)
Die Knospen all vorhanden sein,
darauf wir sein
nach deinem Worte achten.

4 Du wirst nun brechen bald herfür,
du wirst mit nichte fehlen;
Dein Zukunft nah ist für der Thür:
brich nun herfür,
ei lieber HErre, eile!
5 Hebt auf eur Haupt, es währt nicht lang,
der HErr wird nun bald kommen;
In seinen Armen wonnesam
der Bräutigam
sein Braut wird heimeholen.

6 Daß ich nun bald soll bei dir sein,
des freu ich mich von Herzen.
Reich mir bald her die Arme dein,
schleuß mich darein,
lös mich von Angst und Schmerzen!

*) s. v. a. erwarten.

245. Der Welt Ende.

Kommt her wer Kron und Inful trägt, roth Hüt und Bischofs=sta=be,
Kai=fer, Kö=nig und die ihr pflegt zu her=schen biß ins Gra=be!

All die ihr lebt und im=mer strebt, und noch werdt fein, ihr Jungen, merkt auf dies

Lied mit trau=ri=gem Gmüth vom End der Welt ge=fung = = en!

2 Heifchend ich aus betrübtem Geift
fing nur mit halben Worten;
Die Zung ihr Amt gar übel leift,
verfchlickts an diefen Orten;
Die heißen Thrän über die Wang
reichlich herunter fließen.
Sei weit und ferr, Welt, Narrengfcherr!
lachen thut mich verdrießen.
3 Ich kehr mich hin, ich kehr mich her,
fo feh ich alls verfchmachtet,
Die Stern des Himmels trauren fehr,
jetzt Sonn und Mond betrachtet:
Der Sonnen Glanz verdunkelt ganz,
der Mondfchein ift verloren;
das Meer das fauft, tobt, wüth und brauft,
die Welt erbebt mit Zoren.
4 Die Grüft und Höhlen brummlen faft,
die Fels und Berg verfchmelzen,
Das Feur fein Flamm ohn alle Raft
thut biß in Himmel wälzen;
Es kracht und knallt die Welt mit Gwalt,
Städt, Schlößer falln zu Haufen;
was lebt allfamt zum Feur verdammt,
niemand wird ihm entlaufen.

5 Die Welt entfetzt fich, daß fie liegt
im Afchen tief vergraben.
Die finfter Nacht hat obgefiegt,
kein Stimm will fich erhaben.
Kein Schall erklingt, kein Vogel fingt,
kein Löwen hört man brüllen,
kein Ochfen röhrn, kein Schaf mehr blerrn,
man hört kein Hund mehr billen.
6 Der Welt Tyrann und greulich Mann,
der Tod mit feinen Waffen
Macht alles gleich zu einer Leich,
alfo pflegt er zu ftrafen.
Die Todtenbein tritt er allein
fieghaft mit feinen Füßen,
als wär er Gott und nicht der Tod,
fragt nicht nach Wehr und Spießen.
7 Da läßt fich unverfehens hörn
Pofaunen großer Schalle,
Der höchfte Hauptmann Gott des HErrn
citiert die Todten alle.
Pofaun erfchallt aus Gottes Gwalt,
die Gräber kanns durchdringen;
zum letzten Gericht fie all verpflicht,
folln aus den Gräbern fpringen.

8 Ein Schauspiel neu sich da erregt,
Spectakel voller Schrecken:
Die Erd sich wunderlich bewegt
die Todten aufzudecken.
Sie ist bereit was lange Zeit
getragn hat zu gebären;
den Beinen das Lebn vom Geist wird gebn,
die Gliedmaß wiederkehren.

9 Jedoch mit gar ungleicher Gstalt
ungleiche Leut man zählet:
Dieser ist häßlich abgemalt,
sein Angesicht verstellet;
Die schönen Stern selbst weichen gern
des andern Zier und Klarheit:
die siebenmal der Sonnen Strahl
übertrifft ist die Wahrheit.

10 Bald wird der Himmel aufgethan,
die Thor vonander fahren,
All Gottes Heilgen außergahn,
all engelische Schaaren.
Ein kleine Zahl wird da zumal
tausendmal tausend scheinen,
so dickes Heer als Sand im Meer
wirst du da sein vermeinen.

11 Ein Fürst, der Engel Gott des HErrn,
trägt vor die köstlich Stangen,
Den Baum des Heils mit höchsten Ehrn,
daran Gott selbst gehangen,
Da er den Tod hat bracht in Noth,
durchs Kreuz den Tod getödtet,
des Teufels Pracht kraftlos gemacht,
all fromme Seeln errettet.

12 Den Regenbogn, sein Richtersthron,
der höchste Richter bsitzet,
Die Stern erzittern, falln davon,
die Erd vor Ängsten schwitzet;
Das höllischGsind erbleicht und schwindt,
will sich in Abgrundstiefen,
in d'Berg versteckn und sich verdeckn,
vor Gottes Zorn verschliefen.

13 Da müßen aber all erschein
bei ganzer Welt Verhöre:
All die von Himmel kommen sein
dienen des Richters Ehre;
Die Höll ihrn Schlund thut auf zur Stund,
sie merkt des Richters Strenge;
von Adam an Kind, Weib und Mann,
hie steht die ganze Menge.

14 Da werden alsdann offen stehn
die Heimlichkeit der Seelen;
Der Richter scharf darauf wird gehn,
man kann da nichts verhehlen:
Alls muß an Tag und auf die Wag,
was dacht, was gredt, was gschehen.
Drauf folgt der Lohn für jedermann,
was Urtel wird verjehen.*)

15 Alsdann man von einander scheidt
die Frommen und die Bösen,
Viel Scharn der Engel allbereit
was gut ist raußer lesen.
Die Gsandten zwar durch alle Schar
gschwind hin und wieder laufen
und stelln die Frommn, wo sies bekommn,
fröhlich zum rechten Haufen.

16 Die Berg geben ein Widerhall
von der Verdammten Klagen,
In Himmel wolltens allzumal,
die Streitbarn und die Zagen.
Manch Gold und Seidn muß sich jetzt leidn,
manch schlechtes Kleid thut prangen;
man jagt hinweg die schlimmen Böck,
die Schaf werdn schön empfangen.

17 O traurig und erbärmlich Ding!
o klägliche Tragödi!
Wer hats erlebt was ich da sing!
die Höll hat es gesehn nie.
Jetzt mancher Sohn darf fröhlich gohn
in Himmel mit sein Gesellen;
der Vater sichts und hilft ihn nichts,
er muß zum Teufl in d'Höllen.

*) was das Urtheil ist, wird verkündet.

18 So wird auch mancher Sohn verlorn,
aber der Vater selig;
Der Mann zum Himmel auserkorn,
sein Weib wird sein unselig.

    Hergegn den Stern wird zuggsellt wern
das Weib, der Mann den Böcken:
ungleiches End, ewig vertrennt
zwei unter einer Decken!

19 Auch scheiden sich die lieben Freund,
das Blut man hie nicht achtet;
Der Bruder von der Schwester weint,
die Schwester von ihm trachtet;

    Fragt nichts darnach, aus grechter Rach,
nach des Verfluchten Zäher;
es gilt nicht mehr das spat Geblerr,
man lacht nur solcher Träher.*)

20 Wann dann sind abgesondert gar
die Frommen und Gottlosen,
So triumphiert die rechte Schar,
umgibt ihrn Herrn wie Rosen.

    Das gottlos Gsind, dems Hirn zerrinnt,
seufzet zu dieser Stunde;
das selig Volk schwebt ob der Wolt,
der bös Hauf sinkt zu Grunde.

21 Des höchsten Richters Zorn und Grimm
von seinem Thron herbrummet,
Die Welt erzittert hart ob ihm.
Himmel und Erd erstummet;

    Dem kühnen Held das Herz entfällt,
Tyrannen höchst erschricken;
die Unschuld selb wird bleich und gelb
von des Richters Anblicken.

22 Biß er sie bald gnädig ansicht
mit holdseligen Augen,
Und ihnen ganz freundlich zuspricht,
sie sollen ihm vertrauen,

    Auch mit der Hand das Vaterland
zeigt ihn, des Himmels Saale;
der neidig Stamm wird ihnen gram
in seinem schweren Falle.

23 Bald wiederum wie Donnerschlag
sein Stimm die Bösen quälet,
Sein Stimm droht ihnen große Plag,
drauf das letzt Urtheil fället:

    Thu auf dein Schlund, o Höllengrund,
verschling dies' Ungeheuer!
Vermaledeit in Ewigkeit
seid ihr, geht hin ins Feuer!

24 Zieht hin, ihr Feind des höchsten Guts,
ihr widerspännig Gsellen!
Der grecht Sentenz†) meins Tods und Bluts
verdammt euch in die Höllen.

    Eur eigen Gwißn gar wüst zerrißn
sagt euch: zieht hin behende
dem Feur zur Speis! das ist eur Preis,
da schwitzt ohn alles Ende!

25 O Tod! o Noth übr alle Noth!
o weh, man muß von hinnen!
In Abgrund geht die elend Rott,
da muß sie ewig brinnen.

    Die höllisch Flamm schlägt hoch zusamm,
die Rott die nimmt sie gfangen;
Hoffnung ist hin samt allem Gwinn, —
o Welt, wo ist dein Prangen?

26 So viel Propheten haben gschriebn,
so oft davon gesungen:
Wer wird zur Tugend angetriebn,
die Alten oder Jungen?

    Man lebt dahin ohn allen Sinn,
als wär kein Tod vorhanden;
man frißt und sauft, kurzweilt und rauft,
verdirbt und stirbt mit Schanden!

---

*) Thränen.   †) Urtheilsspruch.

XXIX. Himmel und Ewigkeit.

---

246. Wallfahrt nach dem Himmelreich.

Ich weiß mir ein ewigs Himmelreich, das ist ganz schön ge = bau = et, Nicht von Sil = ber noch ro = them Gold, mit Got = tes Wort ge = mau = ret.

2 Darin da wohnet Gottes Sohn,
  Jesus, das Kindlein fromme,
  Zu welchem all mein Zuflucht steht,
  biß daß ich zu ihm komme.

3 Ein armer Pilgram bin ich genannt,
  muß wandern meine Straßen
  In das ewige Vaterland;
  bitt wollst mich nicht verlaßen.

4 „Mit meinem Blut bist du erlöst,
  ich hab dich lieb von Herzen!
  Trag nur Geduld im Leiden dein,
  ich will wenden dein Schmerzen.

5 Wenn du bist fromm und brauchst bei Zeit
  der heilgen Sacramenten,
  All deiner Sünd und Missethat
  will ich nicht mehr gedenken.

6 Wenn du gleich bist von jedermann
  verlaßen hie auf Erden,

  Will ich auf deiner Seiten stahn,
  dein Trost und Zuflucht werden.“

7 Weinen das war mein erste Stimm,
  mit Weinen war ich geboren,
  mit Weinen trägt man mich wieder hin,
  den Würmen zur Speis erkoren.

8 Doch weiß ich daß dieser mein Leib
  im Grab nicht werde bleiben,
  Am jüngsten Tag von Engeln schön
  erweckt zur ewigen Freuden.

9 Das woll uns helfen Jesus Christ,
  der für uns ist gestorben
  Und uns durch seinen bittern Tod
  das Himmelreich erworben.

10 Laßt uns bitten alle zugleich
  den HErren all zusammen
  Für seine große Gütigkeit
  durch Jesum Christum. Amen!

---

247. Ich wollt daß ich daheime wär.

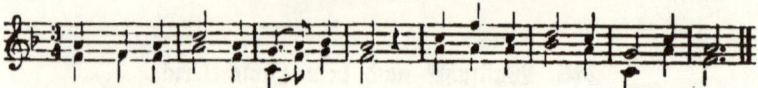

Ich wollt daß ich da=hei=me wär   und al=ler Wel=te Trost gar leer.

2 Ich mein daheim in Himmelreich,
da ich Gott schauet ewiglich.

3 Wolauf, mein Seel, und richt dich dar,
da wartet dein der Engel Schar.

4 Denn alle Welt ist dir zu klein,
du kommest denn eh wieder heim.

5 Daheim ist Leben ohne Tod
und ganze Freud ohn alle Noth.

6 Da ist Gesundheit ohne Weh
und währet heut und immer mehr.

7 Da sind als heut doch tausend Jahr
und ist auch kein Verdrießen gar.

8 Wolauf, mein Herz und all mein Muth,
und such das Gut ob allem Gut.

9 Was das nit ist, das schätz gar klein,
und jammer allzeit wieder heim.

10 Du hast allhie kein Bleiben doch,
es sei heut oder morgen noch.

11 Weil es denn anders nit mag sein,
so fleuch der Welte faschen Schein.

12 Und reu dein Sünd und beßer dich,
als wollst morgen gen Himmelreich.

13 Ade, Welt! Gott gesegen dich!
ich fahr dahin gen Himmelreich.

248. Alles Trauerns Ende.

Ach wär ich in meim Va=terland!   so dürft ich nicht mehr trau=ern.

Den eng=en Weg hab ich zu gahn,   er wird mir oft=mals sau=er.

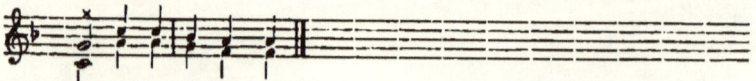

Str. 11. Se=li=gen sü=ßer sein?

2 Den engen Weg den muß ich gahn
und ich muß immer sterben;
Der Welt Genüge, Trost und Freud
der muß ich lernen darben.

3 Ich hab so lang Genüge gesucht
in Liebe der Creaturen,
Die hab ich also theur gekauft,
die Freude mag nicht dauern.

4 Sie müßen all gelaßen sein
mit Herzen und mit Sinnen,
So bleibst du frei und unverstrickt
von ihrer falschen Minne.

5 Ach lieblich Lieb, ein himmlischer Trost,
ich will mich zu dir fügen
Und lieben unbekannt zu sein,
in ihm ist mein Vergnügen.

6 Ach einig Ein und anders kein,
wann willt du mich doch trösten?
Ich leid so mannig Herzenweh,
ach wolltst du mich erlösen!

7 Ach edle Seel, verwöhnte Braut,
laß stehn ein wenig Trauern;
Der ewig Trost ist dir gelobt,
er kommt in kurzer Dauer.

8 Ach Herze frei, wie wol ist dir,
faßtest du recht zu Sinnen
In Lieb und Leid getröst zu sein
und Gott allein zu dienen.

9 Der Liebe Qual thut weh und wol,
ach möcht ich sie beschauen!
Ich würd gesund in kurzer Stund,
in ihr ist mein Erfreuen.

10 Jerusalem, mein Vaterland,
nach dir verlangt mich sehre;
Hier ist so manche Bitterkeit,
die macht mich dein begehren.

11 Da ist also groß Lohn bereit
nach dieser kurzen Arbeit,
Ein froh Gesicht, ein klarer Schein,
was mag den Seligen süßer sein?

12 Die Bürger haben frischen Muth
von außen und auch von innen,
Sie trinken aus der Liebe Flut,
sie mögen wol fröhlich singen.

13 Sie loben Gott so süßiglich,
das ist nicht auszusprechen.
Ihr Freude ist so mannigfalt,
die Traur ist all vergeßen.

249. Ach Gott, daß ich wär da!

„Im Ton: Nach grüner Farb mein Herz verlangt."

Nach ew = ger Freud mein Herz ver=langt im E = lend hier auf Erd,
Da sich das Le = ben recht an=fangt, das nicht ge = en = det werd,

Da al = les Trauren hat ein End, all Schmerz und Leid sich wendt, da nim=mer Kla=gen wird ge=hört, die Se=li=gen kein Qual be=rührt: ach

Gott, daß ich wär da!

2 Kein menschlich Herz betrachten kann
was Gott den hat bereit,
Die ihm von Herzen hangen an
in Geduld und Ghorsamkeit;
    Was alles diesen soll geschehn,
kein Aug das hat gesehn,
kein Ohr hat es gehöret an,
kein Zung es all außsprechen kann:
ach Gott, daß ich wär da!

3 Da sitzt zur Rechten Gottes schon
Christ, unser Fleisch und Blut,
Wahr Gottes und Marien Sohn,
der Ehren König gut;
    Ten werden wir samt dem Vater sehn —
das wird gewis geschehn —
von Angesicht zu Angesicht,
als uns sein heilig Wort bericht:
ach Gott, daß ich wär da!

4 Kein Gotts Verächter findt sich dar,
kein Teufel und kein Tod;
Ins höllisch Feur ghört solche Schar,
zu ewger Qual und Noth.
    All Gottes Freund wird man bei ein*)
im hohen Himmel sehn,
wo sie sich kennen eigentlich,
allein Gott preisen ewiglich:
ach Gott, daß ich wär da!

5 Ach HErr Gott, laß mich sein der ein,
den solchs all ist bereit!
„Hör, Mensch, das laß ich wol geschehn,
so dir zu Herzen geht
    Mein heilig Wort und glaubest dem,
so bist du angenehm;
hast du allein den Glauben recht,
der Früchte guter Werke trägt,
mein Liebster sollt du sein."

250. Die Himmelsblume.
Im Ton: O reicher Gott im Throne.

Ein Blum steht auf der Hei=den, es mag wol Je=sus sein, Dar=um

trag ich groß Lei=den, daß ich nit bei ihm bin; Dar=um da will ich mei=den

*) s. v. a. beisammen.

gar al = le bie = fe Welt, mein Ei = gen will ich la = ßen, wol burch bie eng = e

Straßen, wol auf bie Hei=ben groß.

2 Die Heiben bie ich meine
bie ist keiner anbern gleich,
Sie ist nit hie auf Erben,
fie ist im Himmelreich:
    Darin ba blüht ein Blümlein,
bas gibt ein lichten Schein;
ach Gott! möcht es mir werben,
barum ba wollt ich geben
bas junge Leben mein.

3 Gäb ich mein junges Leben
um Gott, ben Schöpfer mein,
Sein Reich wollt er mir geben,
wie möcht mir beßer fein!
    Er hat um uns erlitten
ein scharfen bittern Tob,
unb ritterlich gestritten,
fein Reich hat er gemieben,
baß er uns brächt aus Noth. —

4 Soll ich bie Welt verlaßen,
bas acht ich sicher klein,
Ich will mich fürbaß kehren
zu Jefu Christ allein:
    Er kann bie Seel erfreuen
unb ist ihr höchster Trost,
unb will ihr wenden Kummer
unb grünet Winter unb Sommer,
bas sonst kein Blum nit thut.

5 Darum, ihr junge Herzen,
halt euch in großer Hut,
Daß ihr nit leicht verscherzet
bas ebel Blümlein gut;
    Denn er boch nichts begehret
benn unfer Seel allein:
baran follt ihr gebenken
unb unfer Jugend schenken
bem eblen Blümelein.

251. Himmelreich, ich freu mich bein.

Him = mel=reich, ich freu mich bein, ba ich Gott wer=be schau = en, Va = ter,

Sohn unb Geist fo fein, bas Lamm mit ben Jungfrau=en, Al=le Heil=gen mit ben

Kro = nen und die Eng = el an den Thronen. Sor = ge um dich! sor = ge um dich!

Su = che nur was dro = ben, das ist tu = gend = lich. *)

2 Himmelreich, seit ich mich dein
erwäg in meinen Sinnen,
Ist die Welt mir viel zu klein,
möcht fliehen weit von hinnen,
    Wo im Land der Ewigkeiten
mich in Freuden Christ wird weiden.

3 Himmelreich, dein lichter Schein
vorleuchte meinen Füßen,
Daß ich schon im Vorhof dein
die Heimat möge grüßen,
    Daß ich nach der Irr im Frieden
ruh und schau was Gott beschieden.

4 Himmelreich, dein Harfenklang,
der Engel süße Lieder,
Deiner Heilgen Lobgesang
weckt Herz mir, Mund und Glieder,
    Daß schon hier in selgen Weisen,
Zion, ich dein Glück muß preisen.

5 Himmelreich, dein Abendmahl
wie trieft es von Wollüsten!
Da wird Hungr und Durst zumal
gestillt an Trostes Brüsten,
    Himmels Wein und Manna reine
labt die selige Gemeine.

6 Himmelreich, dein Freudenmeer
kommt über mich gedrungen,
Drin der Kreuzesschmerzen Heer
ist ewiglich verschlungen.
    Gott wischt ab vom Aug die Thränen,
füllt der Seel inbrünstig Sehnen.

7 Himmelreich, möcht ich mich doch
ergehn in deinen Auen,
Ausgespannt vom Leibesjoch
dein Herrlichkeit anschauen!
    O du seliges Ergetzen,
wann wirst du mich ewig letzen?

252. Himmlisches Freudenspiel.

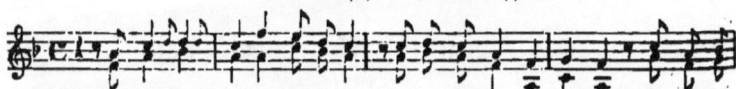

Ich weiß ein lieblich Engelspiel, da ist alls Leid zer = gang = en: In Himmel =

reich ist Freuden viel ohn En = des Ziel, da = hin soll uns ver = lang = en.

*) Dieser Schluß von „Sorge" an wiederholt sich in jeder Strophe.

2 Daß Gott uns durch die Gnade sein
wollt lieblich dahin weisen!
Nun steh auf, edle Seele mein,
kehr dich dahin,
sein Lob sollt immer preisen.

3 Der Winter kalt, der Sünden Zeit
die han nun bald ein Ende:
Kehr dich zu Gott, der dir vergibt,
darum ihn bitt
mit Herzen und mit Händen.

4 Du schläfst oder wachst, Nacht oder Tag,
so steh allzeit in Sorgen;
Bitt Gott daß er dir geben mag
viel Reu und Klag
den Abend und den Morgen.

5 Aus Herzen tief andächtiglich
sollt du mit Reuen sprechen:
Ach reicher Gott von Himmelreich,
nun wollest dich
an meiner Sünd nit rächen.

6 Ich weiß daß Gott ist also gut,
sein Gnad will er dir geben,
Kehrst du zu Christo deinen Muth:
wer also thut,
der kommt ins ewig Leben.

7 In himmelischer Heide grün
solln dein die Engel warten:
Wenn sich Gott hie mit dir versühn,
so sei gar kühn
und schau Gott, den viel zarten.

8 Da stehn der Heilgen Chör dabei
viel hoch auf Himmels Zinnen,
Und aller Engel Schaaren frei:
was Freud da sei,
das mag kein Herz besinnen.

9 Da steht ein edle Jungfrau fein,
die Gott gebar ohn Bschwere,
Die ziert im Himmel lichter Schein:
da sollt du sein,
die sagt dir gute Märe.

10 Christ leucht als Sonn, der Heilgen Kron,
in hohem Himmelreiche;
Er ist ob allem Wunder schön
ja zweifelsohn,
ihm ist doch keiner gleiche.

11 Da zeucht Gott von der Hande sein
ein Fingerlein von Golde:
„Sieh, edle Seele, das sei dein,
denn ich dir bin
in Ewigkeit gar holde.

12 Abe, ade zu guter Nacht!
von dir will ich nit scheiden;
Dies Reich hab ich dir je gemacht
und auch erdacht
in Wonn und allen Freuden.“

13 Des sei gelobt der HErre mein,
den ich also erbarme,
Daß ich von ihm erlöset bin
von großer Pein
am Kreuz mit seinen Armen.

———

253. Das Paradis.

Nie = mals so schön und klar   die Sonn ge = se = hen war   in ih=rem Glanze,   Als da durch Wun=derweis   ein neu=es Pa=ra=deis

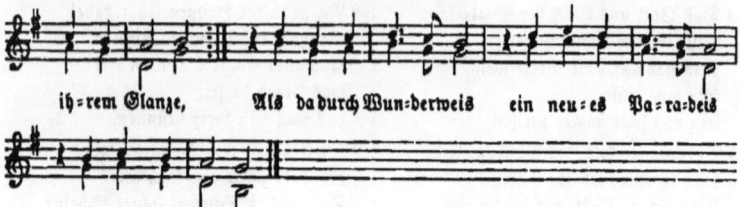

der HErr thät pflanzen.

2 :|: In diesem Paradeis
ist kein verbotne Speis,
kein Biß der Schlangen; :|:
Kein Tod noch erblich Sünd
allhie ein Wohnung findt,
kein Fleck bleibt hangen.

3 :|: Und dieser edle Gart
wird von Gott selbst verwahrt;
der Brunn zum Leben :|:
Durch seine Feuchtigkeit
thut ihm die Fruchtbarkeit
sehr reichlich geben.

4 :|: Wie ein gerüstet Heer,
so stehen hin und her
der Tugend Blumen; :|:
Ihr Schönheit und ihr Kraft
sie von dem Gnadensaft
des HErrn bekommen.

5 :|: Der edle Lebensbaum
steht zierlich und geraum
in diesem Garten. :|:
Sein edle süße Frucht
wer Jesum liebt und sucht
hat zu gewarten.

6 :|: Zu diesem Paradeis,
zu dem ich euch anweis,
geht mit Verlangen! :|:
Euch wird im Garten sein
der Gärtner Jesus fein
lieblich empfangen.

---

254. Die Ewigkeit.

O E=wig=keit!   o E=wig=keit! wie lang bist du, o

E=wig=keit! Doch eilt zu dir schnell un=ser Zeit, gleichwie das Heerpferd zu dem

Streit, Nach Haus der Bot, das Schiff zum Gstad, der schnel=le Pfeil vom Bo=gen

ab. Be=tracht, o Mensch, die E=wig=keit!

2 O Ewigkeit! o Ewigkeit!
wie lang bist du, o Ewigkeit!
Gleichwie an einer Kugel rund
kein Anfang und kein End ist kund,
also, o Ewigkeit, an dir
noch Ein= noch Ausgang finden wir.
Wie lang bist du, o Ewigkeit!

3 O Ewigkeit! o Ewigkeit!
wie lang bist du, o Ewigkeit!
Du bist ein Ring unendlich weit,
dein Mittelpunct heißt Allezeit,
Niemal der weite Umkreiß dein,
weil deiner nie kein End wird sein.
Betracht, o Mensch, die Ewigkeit!

4 O Ewigkeit! ꝛc.
Hinnehmen könnt ein Böglein klein
all ganzer Welt Sandkörnlein ein:
Wenns nur eins nähm all tausend Jahr,
nach dem wär nichts von dir fürwahr.
Betracht ꝛc.

5 O Ewigkeit! ꝛc.
In dir wenn nur all tausend Jahr
ein Aug vergöß ein kleine Zähr,
Würd wachsen Wassers solche Meng,
daß Erd und Himmel wär zu eng.
Betracht ꝛc.

6 O Ewigkeit! ꝛc.
Mit jedem Augenblick, o Christ,
so von Anfang gewesen ist,
Viel tausend tausend Jahr vergleich:
der Ewigkeit nichts findest gleich.
Betracht ꝛc.

7 O Ewigkeit! ꝛc.
Den Sand im Meer und Tropfen all
kann man begreifen mit der Zahl:
Allein schwitzt über dir umsonst
der Klugen Witz und Rechenkunst.
Betracht ꝛc.

8 O Ewigkeit! ꝛc.
Hör, Mensch, so lange Gott wird sein,
so lang wird sein der Höllen Pein,
So lang wird sein des Himmels Freud:
o lange Freud! o langes Leid!
Betracht ꝛc.

9 O Ewigkeit! ꝛc.
Kain fünftausend Jahr und mehr
schon in der Höll gepeinigt sehr,
Doch von der Ewigkeit, o Christ,
hiedurch gar nichts abgangen ist.
Betracht ꝛc.

10 O Ewigkeit! ꝛc.
O Mensch, oft dein Gedanken stell
ins ewigwährend Feur der Höll;
Auf Stund, Tag, lange Jahr dich wend:
o weh! es ist denn hie kein End.
Betracht ꝛc.

11 O Ewigkeit! ꝛc.
Auch oft, o Mensch, dein Gmüth erheb
zu Gott, sein Reich mit Fleiß erwäg,
Die Herrlichkeit, so zubereit
den Frommen in all Ewigkeit.
Betracht ꝛc.

12 O Ewigkeit! ꝛc.
   Wie schrecklich bist du in der Pein!
   wie lieblich in der Freude rein!
   Weil hie der HErr sein Gütigkeit,
   dort aber zeigt Gerechtigkeit.
      Betracht ꝛc.

13 O Ewigkeit! ꝛc.
   Was hilft jetzt, reicher Prasser, dir
   dein scheinbar Tisch und Purpurzier?
   Derwegen du must ewig sein
   in schwerer Marter, Qual und Pein.
      Betracht ꝛc.

14 O Ewigkeit! ꝛc.
   Lazarus, ein kleins arm und bloß,
   ruht ewig reich in Abrahms Schoß,
   Liebt und lobt Gott, das höchste Gut,
   in stätem Trost und Freudenmuth.
      Betracht ꝛc.

15 O Ewigkeit! ꝛc.
   Ein Augenblick währt alle Freud,
   dadurch man kommt ins ewig Leid;
   Ein Augenblick währt alles Leid,
   dadurch man kommt in ewig Freud.
      Betracht ꝛc.

16 O Ewigkeit! ꝛc.
   Verständig wird der dich betracht,
   des Fleisches Lüst er leicht veracht,
   Bei ihm die Welt kein Platz mehr findt,
   Lieb aller Eitelkeit verschwindt.
      Betracht ꝛc.

17 O Ewigkeit! ꝛc.
   Als dich Sanct Augustin betracht:
   hie brenn, hie schneid! zu Gott er sprach;
   Straf hie nach der Gerechtigkeit,
   verschon allein in Ewigkeit!
      Betracht ꝛc.

18 O Ewigkeit! ꝛc.
   Ich Ewigkeit dich Mensch ermahn:
   verfluch die Sünd, lieb Gott fortan!
   Denn ich der Sünd ein Straf und Pein,
   der Gotteslieb ein Lohn werd sein.
      Betracht ꝛc.

Anhang.

Quellen*).

Codex theol. in 8. ober 12. Nr. 19, Papierhanbschr. ber k. öffentl. Bibl. zu Stuttgart aus bem
    15. Jahrh. — Nr. 62. 63 nach Hoffm. v. F. Nr. 228 u. 49.

Codex germ. ber k. Bibl. zu München 444 von 1422. — Nr. 31 nach Hoffm. v. F. Nr. 248.

Pfullinger Handschrift, Papierhbschr. aus ber 1. Hälfte bes 15. Jahrh. in 4. auf ber k. öffentl. Bibl.
    zu Stuttgart: theol. et philos. Nr. 190. — Nr. 12. 41. 51. 118. 127. 158 nach Wackernagel Nr. 733.
    743. 730. 740. 735. 737 unb Hoffm. v. F. Nr. 28. 120. 47. 39. 227. 27.

Straßburger Cod. B. 121, Papierhbsch. in 4. aus ber 1. Hälfte bes 15. Jahrh. — Nr. 41. 49. 56. 103.
    140. 173. 178. 225. 247. 252 nach Wackern. Nr. 751. 761. 771. 782. 783. 780. 761. 752. 753. 781 u. Hoffm.
    v. F. Nr. 120. 190. 26. 41. 230. —. 121. 125. 51. 40.

Papierhbschr. ber Leipziger Universitätsbibl. Nr. 1305 in 4. aus ber 1. Hälfte bes 15. Jahrh. — Nr. 10
    nach Hoffm. v. F. Nr. 85.

Handschr. bes Jungfrauenklosters zu Jnzkofen bei Sigmaringen um 1470—1480. — Nr. 8 nach Hoffm.
    v. F. Nr. 70.

Breslauer Handschr. I. in 8. 113. aus bem 15. Jahrh. (Enbe?). — Nr. 9. 11. 42 nach Hoffm. v. F.
    Nr. 176. 60. 171.

Cod. monac. germ. 808, Papierhbschr. in 4. um 1505. — Nr. 3 u. 137 nach Wackern. Nr. 151. 152
    u. Hoffm. v. F. Nr. 232. 229.

Pergamenthbschr. ber Stabtbibl. zu Regensburg vom Anfang bes 16. Jahrh. — Nr. 250 nach Hoffm.
    v. F. Nr. 30 u. Uhland Nr. 334 ff.

Kloster Neuburger Hbschr. Nr. 1228 aus ber Mitte bes 16. Jahrh. — Nr. 6 u. 151 nach Hoffm. v. F.
    Nr. 211 u. Uhland Nr. 332.

---

*) Jeber Quelle find bie Nummern ber geistl. Volkslieber beigesetzt welche ich baraus geschöpft habe, aber
bloß biejenigen für welche bas Werk bie erste mir unmittelbar ober mittelbar zugänglich gewesene Quelle ist.
Wo ich bei einer Nr. bie Quelle nicht unmittelbar habe benützen können habe ich jebesmal meinen Gewährsmann
bafür bezeichnet. Die Zahl schlechthin bebeutet bas Lieb allein, bie Zahl mit bem Zeichen * Lieb u. Singweise, bie
Zahl mit bem Zeichen † bie bloße Melobie. Die Werke auf welche ich entweber wegen ber barin enthaltenen ge-
naueren Beschreibung ber Quelle ober auch als mittelbare Quellen verweise, sinb: 1) Das beutsche Kirchenlieb von
M. Luther bis auf Nic. Herman u. A. Blaurer. Von Dr. K. E. P. Wackernagel. Stuttgart, Liesching. 1841. gr. 8.
2) Schatz bes evangel. Kirchengesangs im ersten Jahrh. ber Reformation. Herausg. unter Mitwirkung Mehrer von
G. Freih. v. Tucher. Erster Theil. Lieberbuch. Zweiter Theil. Melobienbuch. Leipzig, Breitkopf u. Härtel. 1848.
2 Bd. gr. 8. 3) Geschichte bes beutschen Kirchenliebes bis auf Luthers Zeit, von Hoffmann v. Fallersleben. 2. ver-
mehrte u. erweiterte Ausg. Hannover, Rumpler. 1854. gr. 8. 4) Katholische Kirchenlieber, Hymnen, Psalmen, aus
ben ältesten beutschen gebruckten Gesang- u. Gebetbüchern zusammengestellt von Jos. Kehrein. Erster Banb. Würzburg, Stahel. 1859. gr. 8. auch unter bem Titel: Die ältesten katholischen Gesangbücher von Behe, Vessentveit,
Corner unb Anbern in eine Sammlung vereinigt von 2c. — Dasselbe Zweiter Banb. 1860. 5) Das katholische
beutsche Kirchenlieb in seinen Singweisen von ben frühesten Zeiten bis gegen Enbe bes siebzehnten Jahrhunberts.
Auf Grunb älterer Hanbschriften u. gebruckter Quellen von K. S. Meister. Erster Banb. Freiburg i. B. Herber.
1862. gr. 8. — In bem folgenben Quellennachweis finb bei jebem Liebe alle mir unmittelbar ober mittelbar zu Ge-
bote gestanbenen Quellen angegeben. — Einige Werke finb mir leiber erst nach bem Truck ber Lieber zugekommen,
so baß ich sie für biese selbst nicht mehr benützen konnte, namentl. Cost. 1600 u. Corner 1625. Doch finb baraus
zu entnehmenbe wesentl. Verbesserungen hinten am Schluße bemerkt.

18*

Eglin 1512. Trudwerk ohne Titel. Am Ende: Aus sonderer kunstlicher art, vnd mit höchstem fleiß seind diß gesangk bücher, mit Tenor, Discant, Baß vnd Alt Corrigirt worden, jn der Kaiserlichen vnnd deß hailigen reichs Stat Angspurg von durch Erhard öglin getruckt vnd volendet, ... in dem ro hunderteften vnnd zwelften jahre. .... in Quer 8. (f. Wackern. Bibliogr. Nr 50.) — Nr. 130 nach einer Abschrift des Hrn. Jul. Maier, Conservators der muf. Abtheil. der k. Bibl. zu München.

Straßburg 1522. Fünff vnd sechzig teutscher Lieder, vormals im truck nie vß gangen. (Am Ende:) Argentorati, apud Petrum Schoeffer. Et Matthiam Apiarium. — Ohne Jahrzahl, wahrscheinl. um 1522, in 6. (f. Wackern. Bibliogr. Nr. 121.) Mit 4 Stimm. Melodien. — Nr. 115 † nach einer von Hrn. J. Maier beforgten Abschrift.

Erffordt 1524. Enchiridion Oder ein Handbüchlein, eynem yetzlichen Christen faft nutzlich bey sich zu haben zur steter vbung vnnd trachtung geystlicher gesenge, vnd Psalmen, ... M. CCCCC. XXIIII. ... (Am Ende:) Gedruckt zu Erffordt zcum Schwartzen Hornn, ... — in 8. (f. Wackern. Bibliogr. Nr. 150.) Benützt für Melodien nach „M. Luthers geistl. Liedern 2c. v. Ph. Wackernagel. Stuttgart 1848."

Walther 1524. Geistliche gesangk Buchleyn Tenor Wittemberg. M. D. iiij. (so?) (mit 5 Stimmen von Joh. Walther.) in Quer 8. (f. Wack. Bibl. Nr. 163.) — Benützt nach v. Tucher 2. Th. u. M. Luthers geistl. Liedern 2c. v. Wackern.

Augsp. 1529/33. Form vnd ordnung Gaystlicher Gesang vnd Psalmen, ... Ohne Trucker u. Jahresz., nach Wackern. Bibliogr. Nr. 291 S. 113 zu Augspurg zwischen 1529 u. 1533 gedruckt, in 8. — Nr. 196 aus Wackern. Nr. 664.

H. Ottl 1534. Tenor. Der erst teil, Hundert vnd ainundzweintzig newe Lieder, von berumbtenn dieser kunst gesetzt, lustig zu singen, ... (Am Ende:) Gedruckt zu Nürenberg durch Jheroninum Fornschneyder. M. D. XXXiiij. Vorrede von Hans Ottl. — in 8. (f. Wackern. Bibliogr. Nr. 326.) — Nr. 135. † 118 † nach einer Abschrift des Hrn. J. Maier.

Newsidler 1536. Hans Newsidler. Newgeordnet Künstlich Lautenbuch ... Nürnb. 1536. (1535?) in 4. — Nr. 207 † nach C. F. Beckers Lieder u. Weisen vergangener Jahrhunderte. Leipzig 1853.

Straßb. 1537. Psalmen vnd geystliche Lieder, die man zu Straßburg, vnd auch die man inn anderen Kirchen pflegt zu singen. ... Straßburg durch Hans Preüssen, Inn verlegung Wolff Köpphel. Anno M. D. XXXVII in 8. (f. Wackern. Bibliogr. Nr. 364.) — Nr. 26a †.

Behe 1537. Ein New Gesangbüchlin Geystlicher Lieder [von Mich. Beh.] ...Leiptzigk durch Nickel Wolrab. 1537. in 8. (f. Wad. Bibl. Nr. 359.) — Nr. 82. † 210.* 220. † 229. 231. † Der Text von 210 u. 220 nach Wackern. Nr. 521 u. 520. Die Weisen v. Nr. 82. 210 u. 220 nach Meister Nr. 168. 209 u. 208. Texte u. Weisen auch nach der Ausgabe Behes v. 1567, daraus allein die Weise v. Nr. 229.

Souter Liedekens 1540. Souter Liedekens Ghemaect ter eeren Gods, op alle die Psalmen van Dauid: tot stichtinghe, en een gheestelijke vermakinghe van allen Christen menschen. ... Gheprent Thantwerpen ... By my Symon cock. Anno. M. CCCCC. ende. XL. in 8. (Auf der Univ. Bibl. zu Göttingen. Die übrigen Ausgaben f. in Wackern: Bibliogr. Nr. 1109—1116.) — Nr. 69. † 73. † 70. † 168. † 177. † 179. † 185. † 212. † 245. †

Klug 1543. Geistliche Lieder zu Wittemberg, Anno 1543. ... (Am Ende:) Gedruckt zu Wittembergk, Durch Joseph Klug, Anno M. D. XLiij. in 8. (f. Wack. Bibl. Nr. 467.) — Nr. 10. † 31 † u. 227 † nach Tucher Nr. 462.

Rhau 1544. Newe Deudsche Geistliche Gesenge CXXIII. Mit Vier vnd Fünff Stimmen. Für die gemeinen Schulen, ...Gedrückt zu Wittemberg, durch Georgen Rhau. 1544. in 4 (f. Wack. Bibl. Nr. 471.) — Nr. 77. † 95 † u. C. v. Winterfeld Der evang. Kirchengesang 2c. 1. Th. Lpz., 1843. Notenbeil. Nr. 4. 6.

Babſt 1545. Geiſtliche Lieder. Mit einer newen vorrhede, D. Mart. Luth. ... Leipzig. (Am Ende:) Gedruckt zu Leipzig durch Valentin Babſt ... 1545. in 8. (f. Wack. Bibl. Nr. 179.) — Nr. 113* (Text nach Wackern. Nr. 202, Mel. nach Tucher Nr. 386), 124 (nach Wack. Nr. 213), 150† u. 250† (nach Mittheilung des Freih. v. Tucher), 729† (nach Tuch. Nr. 166).

Straßb. 1545. Ein New Auserleſen Geſang büchlin, ... (Am Ende:) Getruckt zů Straßburg bey Wolff Köpfl, ... M. D. XLV. in 8. (f. Wack. Bibl. Nr. 190.) — Nr. 196† nach Tucher Nr. 168.

Parchim 1547. Geiſtlike Leder. Mit einer nyen Vorrede D. Martini Luthers. ... Gedrucket in ... Parchim, Dorch Jochim Löw. ... M. D. Xlvij. in 12. — Nr. 185.

Forſter 1549. Ein Außbund ſchöner Teutſcher Lieblein, zu ſingen, vnd auff allerley Inſtrument zugebrauchen, ſonderlich außerleſen. 1546. Tenor des erſten Teyls. ... Gedruckt zu Nürmberck, durch Johann vom Berg, Vnd Vlrich Newber. M. D. XLIX. 5 Theile. (Spätere Auſg. vom „Außzug guter alter vnd newer teutſcher Lieblein, ꝛc. Nürnberg bey J. Petreio. 1539.“) Herausgeber Gg. Forſter. (Quelle noch mehrerer Weiſen.) — Nr. 144.† 199,† 202,†

Wicel 1550. Psaltes ecclesiasticus. Chorbuch der Heiligen Catholiſchen Kirchen, Deutſch, itzund new ausgangen. Durch Georgium Vuicelium. ... In verlag Johan. Quentels, ... zu Cölen. Gedruckt durch Frantz Behem, zu S. Victor bey Mentz. Im Jar M. D. L. in 4. (f. Wack. Bibl. Nr. 586.) — Nr. 20, Str. 1. Nr. 88, 279 nach Wackern. Nr. 841. 137. 141.

Vogt 1550. Geiſtliche Ringeltentze. Aus der heiligen Schrifft, Vor die Jugent. 1550. (Herausgeber Balten Vogt. Am Ende:) Gedruckt zu Magdeburg, durch Hans Walther. in 8. — Nr. 8.† 128.* 132.† 131.* 155.*

Babſt 1557. Geiſtliche Lieder. Mit einer newen Vorrede, D. Mart. Luth. ..., (Am Ende des 1. Theils:) Gedruckt zu Leipzig durch Valentin Babſt. M. D. LVII. in 8. (2. Auſg. der von 1553. f. Wack. Bibl. Nr. 736.) — Nr. 136† nach Tucher Nr. 304. Aus dem 2. Theil, der den Titel hat: Pſalmen vnnd Geiſtliche lieder, ... Leipzig. M. D. LVII.

Nürnb. 1558. Geyſtliche Lieder. Mit einer newen Vorrede D. Mart. Luther. ... (Am Ende:) Gedruckt zu Nürnberg, durch Gabrielem Heyn. 1558. in 8. (2. Auſg. des Nürnb. Geſangbuchs von 1557, welches ein Nachdruck des Babſtiſchen v. 1553 iſt — f. Wack. Bibl. Nr. 748.) — Nr. 9*.† 150† u. 250.† 217.†

Triller 1559. Ein Chriſtlich Singebuch, fur Layen vnd Gelerten, Kinder vnd alten, daheim vnd in Kirchen zu ſingen, Mit einer, zweien vnd dreien ſtimmen, ... newlich zugericht, Durch Valentinum Triller. ... Gedruckt zu Breſlaw, durch Chriſpinum Scharffenberg. 1559. in Quer 4. (Faſt unveränderte newe Ausgabe des Schleſiſchen Singebüchleins Trillers von 1555, f. Wack. Bibl. Nr. 706.) — Nr. 111† u. 112.† 126.* 156* nach Tucher 2. Th. Nr. 313, 231, 34 u. 1. Th. Nr. 414. 417.

N. Herm. Evang. 1560. Die Sontags Euangelia, vber das gantze Jar, in Geſenge verfaſſet Für die Kinder vnnd Chriſtlichen Hauszveter, durch, Nicolaum Herman, im Jochims-thal. ... Nürnberg. (Am Ende: Gedruckt zu Nürnberg, durch Valentin Geyßler. in 8. (f. Wack. Bibl. Nr. 789.) — Nr. 37. 107.* 111.†

N. Herman Hiſt. v. der Sindflut ꝛc. 1563. Die Hiſtorien von der Sindflut ... Auch etliche Pſalmen vnd geiſtliche Lieder, zu leſen vnd zu ſingen in Reyme gefaſſet, Zur Chriſtliche Hauszvelt vnd jre Kinder, Durch Nicolaum Herman im Jochimsthal. ... Wittemberg 1563. (Am Ende:) Gedruckt zu Wittenberg: durch Georgen Rhawen Erben. 1563. in 8. (f. Wack. Bibl. Nr. 843.) — Nr. 9.† 117a.* 161a.* 191.†

Böhm. Br. 1566. Kirchengeſeng darinnen die Heubtartickel des Chriſtlichen glaubens kurtz gefaſſet vnd ausgeleget ſind: (von den böhm. Brüdern.) ... Anno Domini 1566. — (Hier mit dem Anhang mit dem Titel:) Geiſtliche Lieder, dere etliche von altersher in der Kirchen eintrechtiglich gebraucht, vnd etliche zu vnſer zeit ... in 4. (f. Wack. Bibl. Nr. 877.) — Nr. 71.† 239.† nach Tucher Nr. 147. 150.

Leisentrit 1567. Geistliche Lieder vnd Psalmen, der alten Apostolischer recht vnd warglaubiger Christlicher Kirchen, ... zusamen bracht durch Johann Leisentrit von Olmutz, ... — Das ander Theil Geistlicher lieder ... zusamenbracht Turch Johann: Leisentrit, ... — (Am Ende jedes Theils:) Gedruckt zu Budissin durch Hans Wolrab. M. T. Lrvij. (s. Wack. Bibl. Nr. 862 u. Kehrein 1, Bd. S. 48.) — Nr. 19. 82. 98. † 98. 105. 185. † 772. Die deutschen Terte nach Kehrein, die Weisen nach Meister. Nr. 19 nach Wack. Nr. 60.

Behe 1567. Ein New Gesangbüchlin Geistlicher Lieder, ... Gedruckt zu Meyntz, durch Franciscum Behem Anno M. D. LXVII. in 8. (Nachdruck des Beheschen Gesangbüchleins von 1537, s. Kehrein S. 47.) — Nr. 229. †

Hausgesenge 1570. Hundert Christenliche Haußgesenge, welche in andern Kirchen gesang nit begriffen seindt, vnd von frommen Christen mögen gesungen werden. ... Der Erste Theil. ... (Am Ende:) Gedruckt zu Nürmberg, durch Johann Koler. [1570.] (s. Wack. Bibl. Nr. 908 u. 909.) — Nr. 139. 240.

Knaust 1571. Gassenhawer, Reutter vnd Bergliedlin, Christlich moraliter, vnnd sittlich verendert, ... Durch Herrn Henrich Knausten ... Zu Franckfort am Meyn, 1571. in 8. (s. Wack. Bibl. Nr. 922.) — Nr. 182. 202. 219 nach Wackern. Nr. 718. 716. 719.

Vespasius 1571. Nye Christlike Gesenge vnde Lede, vp allerley arbt Melodien, der besten, olden, Tüdeschen Leder. ... Dörch Hermannum Vespasium, ... 1571. (Am Ende:) Gedrücket tho Lübeck, ... in 8. (s. Wackern. Bibl. Nr. 653.) — Nr. 131. 162. 164. 191. 210 nach Wack. Nr. 707. 698. 697. 704. 705.

Keuchenthal 1573. Kirchen Gesenge Latinisch vnd Deudsch, sampt allen Euangelien, Episteln, vnd Collecten, ... Witteberg. M. D. LXXIII ... in Fol. (Herausg. Joh. Keuchenthal.) (s. Wack. Bibl. Nr. 931.) — Nr. 89. † 97 ° nach Tucher 2. Th. Nr. 136 u. 207, 1. Thl. Nr. 128.

Straßb. 1573. Psalmen, Geystliche Lieder vnd Lobgesänge. D. Mart. Luth. Auch Anderer Gottseliger Lehrer ... Gedruckt zu Straßburg M. D. LXXIII. (Am Ende:) Gedruckt zu Straßburg, durch Theodosium Rihel. in 12. (s. Tucher 2. Th. S. 323.) — Nr. 228 † nach Tucher Nr. 31.

Leisentrit 1573. Geistliche Lieder vnd Psalmen der alten Apostolischer recht vnd warglaubiger Christlicher Kirchen ... zusammen bracht, gemehret vnd gebessert Durch ... Johan: Leisentrit ... (Am Ende:) Gedruckt zu Budissin ... 1573. in 8. — Nr. 3. † 43. 164 † 225 †.

Mathesius 1580. Schöne geistliche Lieder, Sampt Etlichen Sprüchen vnnd Gebetlein, mit kurtzer außlegung. Item: Epitaphia oder Grabschrifften, des alten Herrn M. Johan: Mathesij seligen. Alles mit fleiß zusammen gebracht, vnd einfeltigen Christen zu nutz inn druck verfertiget. Turch Felicem Zimmermannum Joachimicum. ... M. D. LXXX. (Am Ende:) Gedruckt zu Nürmberg bey Katharina Gerlachin, vnnd Johann von Bergs Erben. in 8. — Nr. 226. ° 227. (nicht erste Quell.).

Hecyrus 1581. Christliche Gebet vnd Gesäng auff die heilige zeit vnd Fayertage vber das gantze Jar. ... Gedruckt zu Prag durch Michael Peterle, 1581. in 8. — Der Verf. ist der Zueignung zufolge „Christophorus Hecyrus, sonst Schweher, Pastor der Catholischen Pfarrkirchen der Kön. Statt Caben," von welchem Leisentrit (vgl. auch dessen Brief an Hecyrus im 2. Th. seines Gesangbuchs) viele Lieder aufgenommen hat. — Nr. 222. †

Ambraser L. B. 1582. Lieder-Büchlein, Darinn begriffen sind Zwei hundert vnd sechtzig Allerhand schöner weltlicher Lieder, Allen jungen Gesellen vnd züchtigen Jungfrawen zum newen Jahr, in Druck verfertiget. Auffs newe gemehret mit viel schönen Liedern, die in den andern zuvor außgegangenen Drucken nicht gefunden werden. ... M. D. LXXXII. — Neu abgedruckt in der Bibl. des lit. Vereins in Stuttgart. XII. St. 1845 unter dem besond. Titel: Das Ambraser Liederbuch vom Jahre 1582. Herausgegeben von Jos. Bergmann. Stuttgart 1845. in gr. 8. — Darin 1 geistl. Lieder, für welche alle es nicht erste Quelle ist, darunter Nr. 200.

Beh. v. Winnenberg 1582. Christliche Reuter Lieder. Gestellet durch Herrn Philipsen den Jüngern,
Freiherrn zu Winnenberg vnd Beihelsteyn ... Zu Straßburg bei B. Jobin,
1582. in fl. 8. — Bloß für die Melodien von Belang, für deren keine in diesem
Werke vorkommende es erste Quelle ist.

Leisentrit 1584. Catholicum Hymnologium Germanicum orthodoxae vereque Apostolicae
Ecclesiae, ... a ... Joanne Leisentritio ... — Catholische Geistliche Lieder
vnd Psalmen, der Alten Apostolischer recht vnd warglaubiger Christlicher
Kirchen, ... zusammenbracht, wiederumb vbersehen, gemehret vnd gebessert.
Durch ... Johann : Leisentrit ... (Am Ende :) Gedruckt zu Budissin, sonst Bautzen
genannt, ... M.D.LXXXIIL (?) (f. Kehrein I. Bd. S. 51.) in 8. — Nr. 2 nach Kehrein.

Leipzig 1586. Geystliche Lieder. ... Leipzig, M. D. Lrrvj. — Der Ander Theil ... Leipzig,
M. D. LXXXVI. (R. G.:) Gedruckt zu Leipzig, durch Zachariam Berwaldt.
... (f. Wack. Das deut. K. L. 1. Bd. Leipzig. 1864. S. 559.) in 4. — Nr. 116 nach
Heßm. v. B. Nr. 243.

München) 1586. Gesang vnd Psalmenbuch. Auff die fürnembste Fest durchs gantze Jar, ... 1586.
Gedruckt zu München, bey Adam Berg. in 8. (f. Kehrein Bd. I. S. 57.) —
67. † 81. † 86. 105.* u. 273. * 180. † 209.* 211. 213. 215. *

Selneccer 1587. Christliche Psalmen, Lieder, vnd Kirchengesenge, ... Durch D. Nicolaum Selnec-
cerum ... Gedruckt zu Leipzig durch Johan: Beyer, Im Jahr M. D. Lxxxvij.
... in 4. Mit Mel. (f. Wack. Bibl. Nr. 906.) — Nr. 181.

Liererbuch d. Kath. Tirs Niederdeutsche Handschrift aus dem Nonnenkloster Niesing zu Münster,
vor 1588. auf deren Deckel die Jahrzahl 1588 eingeprägt ist, mit Liedern, welche meist von
der Nonne „Catherina Tirs" † 1604 geschrieben sind, so weit also allem
Anschein nach höheren Alters, vielleicht schon aus dem Anfang des 16. oder Ende
des 15. Jahrh. — Abgedruckt in „Niederdeutsche Lieder und Sprüche aus dem
Münsterlande. Nach Handschriften aus dem XV. u. XVI. Jahrh. herausg. von
Dr. B. Hölscher, 2c. Berlin, 1851. Herts. in gr. 8. — Nr. 23. 60. 73. 70. 166. 169.
177. 179. 180. 187. 218, alle aus Hölscher.

Elero 1588. Cantica sacra, ... edita ab Francisco Elero Vlysseo. Accesserunt in
fine Psalmi Lutheri, & aliorum ejus seculi Doctorum, itidem Modis
applicati. Hamburgi Excudebat Jacobus Wolff. Anno M. D. XIIC.
— Die deutschen Lieder bilden einen besondern 2. Theil mit eigenem Titel. in gr. 8.
(f. Wack. Bibl. Nr. 1002 u. Tucher 2. Th. S. 324.) — Nr. 121. †

Dil. 1589. Ein schönes Christlichs vnnd Catholischs Gesangbüchlein, ... Gedruckt zu
Dilingen, durch Johannem Mayer. D. M. LXXXIX. in 12. (f. Wack.
Bibl. Nr. 1010.) — Nr. 25.

Sudermann 1596. Gsangbuch Newer geistlicher Lieder zum erkantnus des heilmachers Jhesu
Christi, vnd Jedermann zur besserung dienstlich. Auch darin die gmeine
Irrthumb vnd abgötterey der Welt entdeckt werden. Ephes: 5. [folgen
die Worte Eph. 5, 13 u. 14. — 20.] D. S. — [Voraus auf 75 Blättern :]
A. Prudentij Diurnal. Tägliche Gsangbuch welchs Prudentius vor Tausent Jaren
beschrieben, Auß dem Latin verteutscht. durch A. Reißner. Durch Daniel Suder-
man. Anno 1596, zu Straßburg geschrieben, vnnd gemehret. — Handschr.
in Fol. (f. Wack. T. v. K. L. 1. Bd. Lpz. 1841. S. 361.) — Nr. 130. 239.

Calvisius 1598. Harmonia Cantionum Ecclesiasticarum. Kirchengesenge vnd Geistliche
Lieder, D. Lutheri vnd anderer frommen Christen. ... Mit Vier Stimmen
contrapuncts weise richtig gesetzt, vnd in gute Ordnung zusammen
gebracht, Durch Sethum Calvisium ... Editio secunda emendatior
et auctior, ... 1598. In verlegung Jacobi Apels Buchh. (Am Ende :)
Gedruckt zu Leipzig, durch Frantz Schnelboltz ... — 7. Ausg. der von 1597
(f. Wack. Bibl. Nr. 1050) mit 127 Liedern in 8. — Nr. 130. †

81. 81.   Fliegende Blätter oder Einzeldrucke des 16. Jahrh. von 1510 biß zum Ende des Jahrh. — Nr. 1. 55. 57. 112. 115. 126. 17*. 118. 156. 160. 226. 227 nach Wackernagel und Hoffmann v. Fallersleben.

Costanz 1600.   Catholisch Gesangbüchlein, in fünff vnderschidliche Theil abgetheilt ... Getruckt zu Costanz am Bodensee, bey Nicolao Kalt. 1600. — Nr. 17. † 19. 20.* 27. 37.* (19. †) (50. *) 76. 77. 57.* (89.) 121. 213. †

Beutiner 1602.   Catholisches Gesang=Buch. ... Durch Nicolaum Beuttner von Gerolzhoven ... Grätz, bey Georg Müller 1602. (f. Hoffm. v. F. Verrede S. VIII. u. Meister S. 62.) — Nr. 57. † 70.* 75. † 95.* 231. Die Texte aus Hoffm. v. F. Nr. 321. 307. 96. Die Weisen aus Meister (leider nur nach der Ausg. v. 1718) S. 305. 314 (u. 230).

Widemann 1604.   Geistliche Psalmen vnd Lieder, wie sie beß Jars vber auff alle Fest=, Sonn vnnd Feyertag zu Weickersheim in der Gravenschafft Hohenloe rc. gebraucht werden, rc. mit vier Stimmen componirt Durch Erasmum Widemannum ... M. DCIIII. (Am Ende:) Gedruckt zu Nürnberg, durch Valentin Fuhrmann. Anno M. DCIIII. in 8. — Nr. 55.

M(ünchen) 1604.   New außerlesene Liedlein ... München 1604. — Nr. 35 nach Geistl. Volkslieder rc. Paderborn 1850.

Gesius 1605.   Ein ander new Opus Geistlicher deutscher Lieder ... Mit vier vnd fünff Stimmen ... gesetzt, durch Bartholomaeum Gesium ... Frankfurt an der Oder ... 1605. in 4. (f. Tucher 2. Th. S. 378.) — Nr. 65. † 199.* 219 † nach Tucher 1. Th. Nr. 160 u. 2. Th. Nr. 139. 22. 311.

Leipzig 1605.   Geistliche Lieder vnd Psalmen, ... Leipzig, ... M. DC. V. in 4. (f. Wac. rc. 1. Bd. S. 637.)

Sigefrid 1605.   Kirchen Gesäng, Psalmen vnd Geystliche Lieder, ... Mit Vier Stimmen, Contrapuncts weise also gesetzt, ... Componirt vnd gestellt Durch Cornelium Sigefridum ... Getruckt zu Straßburg, durch Antonium Bertram. M. DCV. in 8. (f. Wac. rc. 1. Bd. S. 635.) — Nr. 42. †

M(eynz) 1605.   Catholisch Cantual oder Psalmbüchlein: Darinnen ... Jetzt von Newem vberseben, verbessert ... Ein jedes mit seinen Noten vnnd Melodey: ... Gedruckt in ... Meynz, durch Balthasar Lippen, Jm Jahr 1605. in 8. (f. Kehrein 1. Bd. S. 57 u. Meister S. 61.) — Nr. 14. 15.* 19. † 31. † 11.* 49. † 63. † 61.* 85. 99. 183. Die Texte aus Kehrein und die Weisen aus Meister vgl. mit der Ausg. v. 1627.

Prätorius 1607.   Musae Sioniae Michaelis Praetorii C. Geistlicher deutscher in der Christlichen Kirchen üblicher Lieder vnd Psalmen mit II. III. IV. V. VI. VII. VIII. Stimmen. Fünfter Theil. 1607. (Wolfenbüttel.) in klein 4. (f. Tucher 2. Theil Seite 328.) — Nr. 37. † 100. 101 (beide letztere nach Tucher 1. Theil Nr. 140 u. 181).

Nürnberg 1607.   766 Geistliche Psalmen, Hymnen, Lieder vnd Gebet, ... M. DC. VII. (Am Ende:) Gedruckt vnnd verlegt zu Nürnberg, durch Valentin Fuhrmann, ... M. DC. VII. in 8. (f. Wac. Bibl. Nr. 1066.) — Nr. 135. 186. 217.

Andernach 1608.   Catholische Geistliche Gesänge, Vom newen Namen Jesu, vnd der Hochgelobten Mutter Gottes Mariae rc. Von der Fraternitet S. Ceciliae Zu Andernach in Lateinisch vnd Teutsche verß Componirt vnnd Collegirt. ... Gedruckt zu Cölln, Durch Gerhart Grevenbruch. Anno M. DC. VIII. in 12. (f. Meister Seite 65.) — Nr. 10. † 19.* 21.* 32.* 33. 34.* 45. 81.* 108.* 151. 166.* 214.* 230.*

Prätorius 1609.   Musae Sioniae Michaelis Praetorii C. Deutscher geistlicher in der Christlichen Kirchen üblicher Psalmen vnd Lieder mit IV Stimmen. Sechster Theil. Wolfenbüttel 1609. Jn Fürstlicher Druckerey in Verlegung Autoris. in 4. (f. Tucher 2. Th. S. 329.) — Nr. 13. † 16.* 27.* 41. † 84. † 127. † 129.* 130.*

Prätorius 1609.   Desgleichen. Siebenter Theil. in 4. (f. Tucher Seite 329.) — Nr. 2. † 116. † 131. † 133.* 111.* 173. † 181.* 199.* 200. † 221. † 237. †

Prätorius 1610.   Musae Sioniae Michaelis Praetorii C. Deutscher Geistlicher in Kirchen vnd

Häusern gebreuchlicher Lieder vnd Psalmen auff die gemeinen vnd andere
Melodyen, wie die an vnterschiedenen Oertern vnd Ländern in Kirchen vnd
Häusern gesungen werden (vnd noch zu den vorhergehenden VI vnd VII
Theile gehörig) mit vier Stimmen, in Contrapuncto simplici Nota contra
Notam ... gesetzet. Achter Theil. 1610. (Wolffenbüttel.) in l. (s. Tucher 2. Th.
Seite 379.) — Nr. 123. * 187 † u. 219. † 193 * (nach Tucher). 206 * (Mel. nach Tucher).
274. 236. * 241. * 213. * 244. *

Cölln) 1610.   Alte Catholische Geistliche Kirchengesäng, auff die fürnemste Feste, ... Auß Beuelch
Deß ... Herrn Eberharten Bischoffen zu Speir, ... Gedruckt zu Cölln:
Durch Arnoldt Quentel. M. DCX. ... in 12. — Nr. 182. † (Die Terte nach
Kehrein vnd die Weisen nach Meister.)

Nürnberg 1611.   Ein vberauß schönes Newes Geistlichs Lieberbüchlein, darinnen 40. gar newe,
sehr trostreiche Geistliche Lieder zu finden seyn, welche sonst in keinem andern
Gesangbuch stehen. Allen frommen Christen zu lieb also zusammen gedruckt.
... Gedruckt zu Nürnberg, durch Johann Lantzenberger, 1611. in 8. — Nr. 195.
203. 205. 223. 247. 238. 246.

Costanz) 1613.   Catholisch Gesangbüchlein, ... Getruckt zu Costanz am Bodensee, bey Jacob
Straub, 1613. in 12. (s. Meister S. 71.) — Nr. 35. † (28. *)

München) 1613.   Catholisch Gesangbüchlein, ... Gedruckt zu München, bey Anna Bergin, Wittib.
Im Jahr 1613. in 12. (ohne Singweisen) — Nr. 76. 215.

Augspurg (1601) 1616.   Christlichs Handtbüchlein Von Allerhand Geistreichen Gebett, Psalm vnd Gesängen,
mit inuerleibten schönen Sprüchen H. Schrifft, auff gewise Zeiten gerichtet,
vnd in dreissig vnderschidliche Locos mit Figuren ordenlich abgetheilt. Durch
Johann Philipß Apffelfelbern, Burgern zu Augspurg. — (Am Ende:)
Gedruckt zu Augspurg Bey Johann Schultes. — Nach der 1616 datirten
Zueignung schon 15 Jahre zuvor in Druck gegeben, nun vermehrt. — Nr. 169. 212.

Paderb. 1616?   Catholisch Cantual oder Psalm Buch, Darinnen viel Lateinische vnnd Teutsche
alte Catholische Gesäng begriffen, ... Theil eines grösseren Büchleins in kl. 8.
10 Bogen von A—K. S. (1) — 151, ohne Register u. alles folgende, in der von der
Stadtbibl. zu Leipzig angehörigen ehemals C. F. Beckerischen Bibl. (s. Wad. T. b. K. B.
1. Bd. Leipzig 1964. Nr. 427). Auf der 1. Seite steht unten mit Tinte von C. F.
Beckers Hand: „Paderborn, durch Matthäum Pontanum. 1616." Es ist mir aber
sehr zweifelhaft ob dies richtig ist, denn obige Überschrift ist fast ganz dieselbe wie
in dem zum Meynzer Cathol. Mannual von 1627 gehörigen Cath. Cantual, mit dem
es auch in Ordnung, Zahl, Tert u. Weisen der Gesänge sowie in der Seitenzahl biß
zu besten S. 135 fast ganz übereinstimmt. Daher habe ich es auch bei den einzelnen
Liedern nicht unter den Quellen benannt.

Cölln) 1619   Alte Catholische Geistliche Kirchengesäng, ... Gedruckt zu Cölln ... M. DCXIX. in 12.
(s. Kehrein S. 59.) — Nr. 23. 46. † 58. 151. 194 * (Terte nach Kehrein, Melodien n. Meister).

Cölln) 1621.   Alte Catholische Geistliche Kyrchengesäng, ... Gedruckt zu Cölln, Durch Arnold
Quentel. Anno M. DC. XXI. in 12. — Nr. 21.* 23. † 46. 51.* 58 † (53. †) 197.* 213. †

Dil. 1624.   Catholische Kirchen-Gesäng ... Dilingen in der Mayrischen Druckerey bey
Erhardt Lochnern MDCXXIV. in 12.

Nürnberg 1621.   834 Geistliche Psalmen Hymnen Lieder vnd Gebett ... Nürnberg, Durch Abraham
Wagenmann gedruckt vnnd verlegt. M. DC. XXIIII. in 4.

Vogler 1625.   Catechismus In ausserlesenen Exempeln, kurtzen Fragen, schönen Gesängen,
Reymen vnd Reyen für Kirchen vnd Schulen von newem fleissig auffgelegt
vnd gestelt Durch R. P. Georgium Voglerum Engensem ... Würtzburg
Bey Johann Volmari A° MDCXXV. in 8. (s. Meister S. 72.) — Nr. 17. *
28. * 48. * 119. * 211.

Corner (Gr.) 1625.   Groß Catolisch Gesangbuch Darinen in die vierhundert Andächtige alte vnd
new gesäng vnd rüff, ... Alles mit sonderm fleiß, aus dem mehrern bißhero

gedruckten gesangbüchern zusam getragen, theils auch von newem gestelt durch
Dauid Gregorium Cornerum. ... Bey Georg Endtner dem Jüngern Bürger
in Nurnberg. [Zueignung „Datum Wien" ꝛc. 1625.] — Der Titel des von Hoffm.
v. F. Vorrede S. IX. angeführten Exemplars ist etwas verschieden und hat statt obiger
Angabe des Druckers folgende: Gedruckt im Bambergischen Dombröst. Freyen
Hofmarck Fürth, bey Georg Endtern. M. DC. XXV. in 8. Im übrigen aber,
scheinen beide ganz gleich zu sein. Der leptere Titel mag wol von einer in Fürth errich-
teten Filiale der Endterischen Druckerei herrühren. — Nr. 5.° a. † 60.° 66. † 67.° 71.°
72.° 74. 75. 90.° 83. 90. 94.° 99. † 100/1a. † 110. † 121. † 146.° 147. † 212.° 216.°
220. 221.° 223. 234.°

Nürnb. 1626. 847 Geistliche Psalmen, Hymnen, Lieder vnd Gebet, ... Gedruckt vnd verlegt zu
Nürnberg, durch Johann Friderich Sartorium. M. DC. XXVI. in 8.

Tillingen) 1627. Himmelglöcklein, Das ist: Catholische, Außerlesene, Geistliche Gesäng, auff alle zeit
deß Jahrs. An Jepo zum Drittenmal gedruckt, ... Gedruckt zu Dillingen in
der Academischen Truckerey, bey Jacob Sermodi. M. DC. XXVII. in 12.

Meynz) 1627. Catholisch Manual oder Haubbuch, darinn begriffen seyndt: Die Euangelia mit
den Episteln deß ganpen Jahrs. Cantuale oder Psalmbüchlein Teutscher
vnnd Lateinischer, meistentheils alter Gesäng sampt dem Catech. Musico. ...
Jept von newem vbersehen, vermehret ... Getruckt zu Meynp, bei Anthonio
Strohedern, im Jahr 1627. in 8. — Nach den Evangelien ꝛc. das „Catholisch
Cantual oder Psalmbuch" mit newen Seitenzahlen. — Nr. 183. †

B(amberg) 1628. Catholisches Gesangbuch ... Mit 4. Stimmen componirt, ... Durch Johann
Dogen ... Getruckt zu Bamberg, durch Augustinum Crinesinm. Anno
M. DC. XXVIII. ... in 8. — Nr. 53.° 61. 91. 103. † 106.° 174° u. 175. † 245. †

Heydelberg (H.) 1629. Catholische alt vnd newe Gesäng, ... Jept widerumb von newem 1629 Gedruckt
zu Heydelberg, bey David Fuchsen. in 12. (s. Hoffm. v. F. Vorrede S. IX.) —
Nr. 35 (nach Hoffm. v. F. Nr. 251.)

Würzburg (W.) 1630. Geistliche Catholisch außerlesene Gesäng, ... Auß sonderm Befelch, Deß ... Herrn
Philippi Adolphi, Bischoffen zu Würzburg, ... Sampt einem General
Baß zu der Orgel, vnd jepo new in Truck außgangen ... Gedruckt in ...
Würzburg, bey Elias Michael Zinck. Anno M. DC. XXX. in 12. (Vorrede
des Bischoffs Philips Adolph v. 11. Dec. 1626, wonach das Gesangbuch als eine newe
Ausg. des von 1627 erscheint.) — Nr. 21. † 22. † 28.° 36.° 39.° 17.° 50.° (83. †) 91. †
92.° 98 † u. 101.° 102. † 112.° 109. † 175. 176.°

Corner (Cr.) 1631. Groß Catolisch Gesangbüch Darin fast in die fünff hundert Alte vnd Newe
Gesäng vnd Ruff, in ein gut vnd richtige Ordnung auß allen biß hero auß-
gangenen Catholischen Gesangbüchern zu sammen getragen vnd iepo auffs
Newe Corrigirt worden. Durch P. Dauid Gregorium Cornerü ... Getruckt
in verleguug Georg Enders des Jünger See: Erben in Nürmb. A° 1631.
in 8. (s. Kehrein S. 30 u. Meister S. 75.) — Nr. 22. 65.° 66. 108.° 131.°

Meynp (M.) 1631. Catholische Kirchen Gesänge, ... Auß Befelch Deß ... Herren, H. Eberhardten,
Bischoffen zu Speier, ... Aniepo mit vielen newen Gesängen vermehret. ...
Gedruckt zu Meynp, Durch Hermann Meres, Zu Verlegung Johann Kreps ...
Anno M. DC. XXXI. in 12. (Von andern „Speier 1631" bezeichnet. Newe ver-
mehrte Auſg. von Cölln 1619, 1618 u. 1621.)

Clauder 1631. Psalmodiae novae pars nova, Sive Selectissimorum Hymnorum Centuria
II. ... Das ist: Das ander Hundert Christlicher, Ausserlesener, vnd Anmutiger
Gebet-Lieder, ... Von M. Josepho Claudero, ... Altenburgi, Exscripta
typis ... per Joh. Meuschken. Anno, ... (1631.) in 12. — Nr. 205a. †

Nürnb. 1631. Geistliche Lieder, vnnd Psalmen, ... Mit einem absonderlichem Appendice oder Anh.,
Christlicher, vnd theils zuvor im Truck nie außgangener Gesänger: Sampt einer

Vorrede, M. Cornelii Marci, ...in Nürnberg. Gedruckt bey Wolffgang Endter.
• M. DC. XXXI. in 12. — Nr. 68.

Cölln (E.) 1634. Catholische Kirchen Gesäng, ... Jetzo auffs new vberfehen, ... mit new Gesängen vermehrt, ... An. M. DC. XXXIV. Getruckt zu Cölln, Bey Peter von Brachel, ... in 12. — Nr. 45. † 59. • 81. 96. † 103. • 98. • 123. † 158. † 251.

Cölln (E.) 1838. Geiftlicher Pfalter in welchem Die außerlefenfte alt: vnd newe kirchen vnd hauß-gefang neben ben lieblichsten Pfalmen Danids verfaßet feindt. Cölln M. DC. XXXVIII. In verlegung Peter Greuenbruchs. in 12. — Nr. 77. • 30. • 52. 76. † 120. • 170. • 254. †

Nürnb. 1639. 864. Geiftliche Pfalmen, Hymni, Lieder vnd Gebet, ... Nürnberg In Verlegung Wolffgang Endters Jm Jahr 1639. in 12. — Nr. 232. 235.

Breßlau 1644. Geiftliche Kirchen- vnd Hauß-Mufic; ... Breßlaw ... (1644.) in 8. — f. unten Breßl. 1668.

Wirzburg (W.) 1649. Alte vnd Newe GEiftliche Catholische außerlefene Gefäng, 2c. Aus fonderm Befelch, beß ... Herrn Johannis Philippi, beß H. Stuhls zu Mäintz Ertz-bischoff, ... Bifchoffs zu Wirtzburg, 2c. Sambt einem General Baß zu der Orgel, vnd widerumb new in Truck anßgangen. (Gedruckt zu Wirtzburg, bey Elias Michael Zincken, Jm Jahr 1649. in 12. (f. Meifter S. 40.) — Neuer Abbruck des GB. von 1627 (1630), von dem es nur wenig in Lesarten abweicht. —

Tübingen 1650. Mangelhaftes Gefangbuch. Vorans die Lieder des großen Würtembergifchen Kirchen-gefangbuchs von 1583 (1586) um 3 vermehrt, alfo 111 ftatt 108; aber die 5 erften Blätter mit dem Titel fehlen. 326 S., dann das Regifter 3 Bl. Von S. 327 an „Viel Schöne, lehrhaffte vnd troftreiche geiftliche Lieder: Hertzliche Gebett, vnd Danckfagungen, fo in andern Gefangbüchlin nicht bald zu finden." Nr. I—CVI. S. 327 biß 181, worauf 5 S. Regifter. Dann folgt J. Habermanns „Chriftliches Kleinot vnd Gefchmeibt" „Tübingen, Bey Philibert Brunnen, Jm Jahr 1450 [1650]." wahrfcheinlich zum Gefangbuch gehörig. in 8. — Nr. 210.

Khuen 1650. Tabernacula Paftorum Die Geiftliche Schäfferey, Mit villerley Newen Gefäng-lein. ... Getruckt bey Lucas Straub, In Verlegung Johann Wagners Buch-führers in München. Anno M. DC. L. (von Jo. Khuen.) in 12. — Nr. 238. †

Gotha 1651. Cantionale facrum, Das ift: Geiftliche Lieder, ... Mit 3. 4. 5. oder mehr Stimmen ... [I. Theil.] Vnd zum andernmal gedruckt zu Gotha Durch Johann Michael Schalln. im Jahr 1651. in 8. — Nr. 1006. †

Waldt-Vög. 1657. Gaiftliches Waldt-Vögelein, Das ift Vnterfchiedliche, Geiftliche .. vnd in brey Theil verordnete Gefänglein, ... Authore M. Guolffgango Christophoro Agricola. Anno 1657. (Gedruckt zn Wirtzburg, bey Jacob Hertzen. ... in 12. (mit 4ftimm. Mel.) — Nr. 1. 159. •

Reiß 1663. Geiftlicher Parabeißvogel. Reiß 1663. in 8. (Hoffm. v. F. Vorr. S. IX.) — Nr. 110 nach Hoffm. v. F. Nr. 320.

St. Goar 1666. Chriftliches Catholifches zu St. Goär übliches Gefang-Buch, mit vorgefetzten Melo-beyen ... mehrentheils dem Wienerifchen, Davibifche Harmonie genannt, nach-gedruckt ... Erftlich gedruckt zu Wien, ... 1659. Vnd jetzo mit verfchiedenen Liedern vnd Pfalmen vermehrt, nachgedruckt zn Augfpurg. Bey Simon Vtzfchneider, ... Jm Jahr Chrifti 1666. — Auf dem Kupferblatt vor dem Titelbl. in einem Wappen „Rhein-felfifch Teutfches Catholifches Gefangbuch 1666." in 12. (f. Meifter S. 41.) — Nr. 172.

Breßlau 1668 (1611). Vollftändige Kirchen- Vnd Hauß-Mufic, Darinnen außerlefene Gefänge, Pfalmen und Hymni, ... So mehrentheils Anno 1611. zu Görlitz in Druck außge-gangen: Anietzo aber ... zum Achten mal außgefertiget, und mit vielen Geift-reichen Gefängen,' nebft ihren Melobeyen, vermehret und gebeffert. ... Breßlau, In der Baumannifchen Erben Druckerey druckts Joh. Günther Rörer. — Ohne Jahr (wahrfch. 1668) in 8. Die Ausgabe, welche mit den Liedern des Matthäus Apelles v. Löwenftern vermehrt wurde, erfchien zuerft 1644 (f. Bach. D. v. K. L. I. Bd. Leipzig 1841. S. 735).

Bamberg (B.) 1670. Bamberger Gesangbuch, ... anjeßo vermehrt. ... Bamberg In Verlegung Johann
Elias Höffling, ... 1670. in 12. (mit Mel. in Disc. u. Baß.) — Nr. 40. 55. † 122. * 190. †

Würßb. (W.) 1671. Catholisch bewehrtes Kirchen-Gesangbuch ... Würßburg, ... 1671. in 12. (Mel. mit
Baß. Nicht frdiere Ausg. des GB. von 1619, wie Meister S. 47 sagt.) — Nr. 205. * 253. *

Mäynß 1686. Mäynßisch Gesangbuch, ... Auß sonderem Befehl Weiland beß ... Herrn Johann
Philipps, Deß Heiligen Stuls zu Mäynß Erß-Bischoffs, ... geleutert und
verbessert, ... Jeßo auffs neue in Mäynß Gedruckt und verlegt von Christoph
Küchlern, Im Jahr Christi 1686. in 12.

Bamberg (B.) 1690. Bamberger Gesangbuch, ... anjeßo zum zweittenmahl vermehret. ... Bamberg ...
[wie 1670] 1691. in 12. (Mel. mit Baß) — Nr. 79. * 192. *

T. n. a. Sing-Schul. Die neue aufgerichtete Sing-Schul. (Meine Beschreibung dieses Büchleins ist mir
abhanden gekommen; es ist wahrscheinlich aus der 2. Hälfte des 17. Jahrhunderts.) —
Nr. 4. 125. 141. 147. 190.

Würßb. (W.) 1708. Neue, außerlesene und Andächtige Gesänger, Welche zu Auffmunterung der zarten
Gemüther, und Vermehrung deß Lob Gottes, und seiner werthen Mutter
Mariae, So jeßo Christlichen Liebhabern zu sonderem Gefallen von neuem
diesem Gesangbuch (den Würßburger Alten u. Neuen Geistl. Cath. u. außerlesenen
Gesängen) beygedruckt worden. ... Würßburg, Gedruckt bey Martin Franß
Herß, Im Jahr 1708. in 12. — Nr. 7. 20. * 149. * 152. 163. 190. * 201. 201.

Würßburg (W.) 1709. Anhang außerlesener und andächtige Gesänger, Welche . . . . (fast wie 1708) worden.
Würßburg, durch Johann Michael Kleyern, 1709. in 12. — Nr. 26. 152. †
163. † 201. †

Würßburg (W.) 1710. Andächtige und außerlesene Gesänger, Welche . . . . Mutter, Mit schönen, anmuthigen und nunmehro verbesserten Melodeyen, auch anderen neuen Gesängen
vermehret, Allen Christlichen Liebhabern zu Gefallen auffs new, und zum
fünfftenmahl in Druck gegeben. ... Würßburg, bey Johann Michael Kleyer, ...
1710. in 12. — Nr. 7. * 26. * 201. †

Beuttner 1718. Catholisches Gesang-Buch, ... Durch N. Beuttner, ... Gräß bei benen Widman-
stätterischen Erben, Anno 1718. (s. oben zu 1602.)

heiml. Psalterspiel. Heimliches Psalterspiel. Handschrift ohne Ort u. Jahr. — Nr. 11. † 12. † 54. † 56. †
117b. † 118. † 137. † 140. † 143. † 145. † 157. † 161b. † 162. † 166. † 167. * 171. † 181. †
195. † 203. † 205. † 218. † 235. † 237. † 240. † 247. † 248. † 251. * 252. †

Schles. B. L. 1842. Schlesische Volkslieder mit Melodien. Aus dem Munde des Volks gesammelt
und herausg. von Hoffmann v. Fallersleben und Ernst Richter. Leipzig,
Breitkopf u. Härtel. 1842. in gr. 8. — Nr. 1c. † 61. † 165. †

Geistl. B. L. 1850. Geistliche Volkslieder mit ihren ursprünglichen (?) Weisen gesammelt aus münd-
licher Tradition u. seltenen alten Gesangbüchern (vom Freih. v. Harthausen).
Paderborn. F. Schöningk. 1850. in Quer 4.

Fränk. B. L. 1855. Fränkische Volkslieder mit ihren zweistimmigen Weisen, wie sie vom Volke gesungen
werden, aus dem Munde des Volkes selbst gesammelt u. herausg. von
F. W. Freih. von Ditfurth. Erster Theil: Geistliche Lieder. Leipzig,
Breitkopf u. Härtel. 1855. in gr. 8. (leider, wie es scheint, zu wenig beachtet.) —
Nr. 1b. † 52. † 114. * 153. * 172. * 225. † 233. †

Quellennachweis

für die einzelnen Lieder und Singweisen.

T. bedeutet Text, W. Weise.

---

1. T. Geistl. Waldt=Vögelein 1657.
   W. 1. Heiml. Psalterspiel. — 2. v. Ditfurth 1855. 1. Th. 1. Abth. Nr. 88. — 3. Schles. Volksl. 1842. Nr. 291 I. — G. W.=W. hat für das Ganze eine andere Mel.
2. T. Leisentrit 1584 I. Überschrift: Ein Schönes altes Liedt auff das newe Jahr vnd H. Drey König tagen. W. M. Practorius 7. Th. 1609 Nr. 229. Bei Leis. andere Mel.
3. T. Ende des 15. oder Anfang des 16. Jahrh. Cod. Monac. germ. 808. Überschrift: Ich weiß ein feines pauren magetlein. Geystlich.
   W. Leisentrit 1573 I.
4. T. Fliegendes Blatt in Fol o. O. u. J. nach Wackern. Bibliogr. Nr. 48 um 1510. — Liederbüschr. der Brüder Brentano um 1524. — Überschrift: Der kempffer gaistlich. — In jeder Strophe ist nach der 1. Zeile die 3. wiederholt, wahrscheinlich also wurden in der weltl. Mel. die beiden letzten Zeilen wiederholt.
   W. Die neue aufgerichtete Sing=Schul?
5. T. u. W. Corner 1625 u. 1631.
6. T. s. zu Nr. 151.
   W. Corner 1625 u. 1631. Die 2 letzen Zeilen werden eigentlich wiederholt.
7. T. Würzburg 1708 u. 1710.
   W. Würzburg 1710.
8. T. Hdschr. zu Inzkofen um 1470/80.
   W. (Nachbildung) Geistl. Ringeltentze 1550.
9. T. 15. Jahrh. Bresl. Hdschr. I. 8°. 113. Überschrift „In hoc anni circulo," mit dem latein. Text Str. 1, 3 u. 11. Diesem entsprechend müßten die 1. u. 6. Zeile gleich lauten.
   W. N. Herman Historien v. d. Sündflut 1563. (Nachbildung.)
10. T. aus einem Wechselgesang beim Kindelwiegen mit, wie es scheint, Resonet in laudibus, in der Hdschr. der Leipz. Univ. Bibl. Nr. 1305 aus der 1. Hälfte des 15. Jahrh.
    W. der 4 ersten Zeilen von Resonet in laudibus: Klug 1543, Babst 1545 ꝛc. mit Änderung der vorletzten Note, wie schon R. i. l. selbst in Andernach 1608 und „Lobet u. dancket dem Kindelein" in Cölln 1621, Meyntz 1631 u. Cölln 1634.
11. T. Breslauer Hdschr. I. 8a. 15. Jahrh.
    W. Heiml. Psalterspiel.
12. T. Pfullinger Hdschr. 1. Hälfte des 15. Jahrh.
    W. Heiml. Psalterspiel.
13.⎫ T. latein. Cölln (Speier) 1600 (Wack. D. d. K. K. 1. Bd. 1564 S. 209.), Andernach 1608, M. Prätorius
    ⎪ 6. Th. 1609 Nr. 54., Cölln 1621 ꝛc.
14.⎭ deutsch Meyntz 1605. Vgl. Prätorius, Cölln 1619, 1621, Würzburg 1630, Corner 1625 u. 1631, Meyntz 1631, Cölln 1634. — Überall außer W. u. P. „Groß und herlich ꝛc."
    W. Prätorius a. a. O. (Die röm. kath. GBB. haben verschiedene Abweichungen.)

15. T. Meyntz 1605 u. 1627 („Ein alt Catholisch Christgesang vor Zeiten in Thüringen gebräuchlich."),
C. 1619, 1621 u. 1634, Er. 1625 u. M. 1631.

    W. M. 1605 u. 1627; etwas abweichend C. 1621 u. 1634, Er. 1625 u. M. 1631. — Dieselbe Melodie wie Nr. 230.

16. T. Prätorius 6. Th. 1609. Nr. 48.

    W. ebendas. Nr. 46 zu dem Liede „Uns ist ein Kindlein heut geborn." Nr. 48 in etwas anderer, weniger einfachen Form.

17. T. Vogler 1625, Bamberg 1628, Würzburg 1630. Bei Corner 1631 mit noch 13 andern, meist dem Liede „Ein Kind geborn zu Bethlehem . . . . O Gott mein Lieb!" entnommenen Strophen.

    W. ebendas. Ursprünglich zu „Ein Kind . . . . O Lieb! (ob. O Gott mein Lieb!)" oder „Puer natus . . . (Deus) amor" in Cost. 1600, C. 1610, 1619, 1621 u. 1634, Würzburg 1630, M. 1627 u. 1631. Dieselbe Weise im ganzen zu „Amor Jesu continuus" in Andernach 1608.

18. T. Andernach 1608.

    W. ebendas. — In 4 theiligem Tacte zu dem Liede gleiches Anfangs in C. 1619 u. 1621, W. 1630, M. 1631, Corner 1631 2c., auch in v. Ditfurth 1855.

19. } T. latein. 1. Str. (?) bei Prätorius 6. Th. 1609 Nr 40; Str. 1—3 bei Leisentr. I. 1567; ganz in Cost. 1600, Anb. 1608, C. 1621, Corner 1625 u. 1631, W. 1630, M. 1631.

20. } deutsch 1. Str. Wicel 1550 und (?) Präter.; Str. 1—3 M. 1605; ganz Cost. 1600, Anb. 1608, C. 1610, 1619, 1621, Corn. 1625 u. 1631, W. 1630, M. 1631 2c.

    W. Prätorius 1609, M. 1605 u. 1627 ganz wie über dem lat. Text — Cost. 1600, C. 1621, Corn. 1625 u. 1631, W. 1630, M. 1631, Vogler 1625 (zu „O Spiegel der Dreyfaltigkeit"), etwas abweichend Anb. 1608, wie über dem deut. Text. — Vgl. die vielleicht ursprünglichere Weise Böhm. Brüd. 1566 zu „Der eingeborne Gottes Sohn" bei Tucher Nr. 305.

21. T. C. 1621 u. M. 1631 je 15 Str., C. 1638: 11 Str., W. 1630 u. Bamb. 1670: 3 Str. In C. 1621 u. M. 1631 ist der Abgesang lateinisch: Quapropter 2c., in C. 1635 lat. u. deutsch. — Vgl. C. 1634 u. Geistl. B. L. 1850 (hier „Das Heil der Welt, e. l. K.").

    W. W. 1630 u. B. 1670 zu „Ecce nova gaudia," C. 1634. — Im ganzen gleich in Er. 1631 zu: „Ach Jesu gib mir Reichtum gnug", C. 1621 u. M. 1631.

22. T. Er. 1631 u. C. 1638 je 6 Str., W. 1630: 3 Str. — Str. 1 aus Er., 2 aus C. u. W., 3 u. 4 aus C., 5 aus Er. u. C., 6 aus Er. — Die 3. u. 4. Zeile jeder Str. aus Er. außer der 2., wo sie vom Herausgeber eingefügt sind; C. u. W. haben durchgehends wie in Str. 4.

    W. W. 1630, C. 1638. Vgl. Er. 1625 u. 1631 zum lat. Text.

23. T. C. 1619, 1621, W. 1630, Er. 1631, M. 1631, C. 1634. — niederdeutsch schon vor 1588 in der Hdschr. der Kath. Tirs ohne die 2. u. 5. Str. und mit Einschaltung einer Str. zwischen unsrer 3. u. 4. — Str. 5, 3. 2—4 sind überall lateinisch. — Auch in den Niederländ. geistl. Liedern des 15. Jahrb. aus gleichzeitigen Handschriften herausg. v. Hoffmann v. Fall. Hann. 1854. mit 12 Str., von denen nur die 1., 5., 3. u. 6. unsrer 1., 2., 3. u. 4. entsprechen.

    W. ebendas. außer der Hdschr., in C. 1619 fehlerhaft; in C. 1621 u. M. 1631 zu dem Liede: „Eh Gottes Sohn geboren ward."

24. T. u. W. Andern. 1608 mit noch einer 5. Str. Der Text auch in der Cöllner Ausg. 1543 von Taulers Werken, dem das Lied, in dieser Form wol mit Unrecht, zugeschrieben wird. Die Weise urspr. 3. 1 u. 2 in Noten sacher u. 3. 3 u. 4 in N. doppelter Geltung, so daß in gegenwärt. Form 3. 3 u. 4 eigentl. in ⅜ u. ½ ta-teln bestehen müßten.

25. T. Dil. 1589, Cost. 1600, C. 1610 u. 1619, Cost. 1613, W. 1630, überall Str. 1, 2 u. 4; Er. 1625 u. 1631 Str. 1, 2, 4, 3 u. noch eine 5.

    W. a) zu einem niederdeutschen In dulci jub. aus Ms. germ. 8°. 190 der f. Bibl. zu Berlin (in Hoffmann v. Fall. In dulci jub. 2c. 2. Ausg. Han. 1861), von der 5. 3. an mit Wiederholung.
    b) Str. 1537, Kluge 1543 u. in den übr. alten luth. u. röm. Gesangb. mit Noten. Welche von beiden Weisen die ältere ist möchte schwer zu entscheiden sein.

26. T. W. 1708.

    W. W. 1710.

27. T. Prätorius 6. Th. 1609 Nr. 85. In Cost. 1600, Anb. 1608, C. 1610, 1619 u. 1634, M. 1627,

Dill. 1627, W. 1630 ist der Anfang bloß latein., der Schluß bloß deutsch; bei Cr. 1625 u. 1631 der Schluß bloß deutsch. Andern. 1608 steht vor dem 1. Theil bis „Kindelein" Chorus Latinus und vor dem 2. Th. Teutscher Chorus.

    H. Prätorius. In M., W. u. Cr. mehrfache Abweichungen. Cost., A. u. C. haben eine andere Weise.

28. T. W. 1630, auch Vogler 1625 u. v. Ditfurth 1855. Etwas abweichend in Cost. 1613, Dil. 1624 u. 1627, Cr. 1625 u. 1631, noch mehr abweichend mit dem Anfang „Dich grüßen wir, o J." in B. 1628, C. 1634 u. C. 1638.

    W. W. 1630; in den übrigen im wesentl. gleich; bei B. 1625 zu „Erstanden ist der heilig Christ; Cr. 1625 ohne W. — Es liegt wol die Weise des Wechselgesangs Fit porta Christi pervia u. Diei solemnia zu Grunde: And. 1608, Cost. 1613 (hier umgekehrt: D. s. — F. p. Ch. p.), Cr. 1625 u. 1631 (1631 Im Ton: Begr. f. d. e. J.), M. 1631.

29. T. W. 1708, 1709 u. 1710.

    W. W. 1708 u. 1710.

30. T. C. 1638. Vgl. W. 1671 u. 1721 (bei v. Ditfurth 1855), Geistl. BL. 1850.

    W. C. 1638, etwas abweichend in W. 1671 u. Münster 1677 (bei Meister), noch mehr 1850; schöne andere Weise 1721 (1855).

31. T. Cod. germ. Monac. von 1422. „Das ist das temp magnum nomen." Ohne Bezeichnung der Singweise u. ohne „Chor."

    W. der 4 ersten Zeilen nach Resonet 2c. Kluge 1543 u. Babst 1545, der übrigen nach Magnum nomen 2c. Meynß 1605 (f. zu Nr. 13).

32. | T. lat. And. 1608; mit wenigen Abweichungen auch Lieberb. der Kath. Tirs vor 1588.
33. | deutsch And. 1608. Zeile 5: Se Se Soes Soes Soes.

    W. A. 1608, wo in d. 1.3.d. 5.R., wahrscheinl. aus Versehen, fehlt; im wesentl. gleich LB. der Kath. Tirs.

34. T. And. 1608, C. 1619, 1621 u. 1634, Cr. 1625 u. 1631, W. 1630 (ohne Str. 6), M. 1631. Vgl. Geistl. BL. 1850 u. Fränk. BL. 1855.

    W. ebendas.

35. T. M. 1604 u. 1613, Cost. 1613, C. 1619 u. 1621, Dil. 1624, Cr. 1625 u .M. 1631 bloß Str. 1. 2. 3. 6 u. 11. — C. 1638 Str. 1. 3. 2. 4. 6. 7. 10 u. 11, zwischen 2 u. 4 noch eine andere. — Dill. 1627 Str. 1. 7. 3. 6. 11 u. noch 7 andere. — Bamb. 1628 Str. 1. 2. 3. 4. 11 u. 10, dann noch 4 andere. — H. 1629 u. W. 1630, sowie v. Ditfurth 1855 aus dem Munde des Volkes Str. 1—12, aber 2 nach 3. — Cr. 1631 Str. 1—12 u. noch eine zw. 3 u. 4.

    W. Cost. 1613, C. 1619, 1621 u. 1638, B., W., Cr. u. M.

36. T. W. 1630, Cr. 1631 (bloß Str. 1—3), C. 1638. Vgl. Geistl. BL. 1850 „Komm, Kind, es muß sein" mit seiner liebl. Mel.

    W. ebendas.

37. | T. deutsch N. Herman Evang 1560, C. 1634 u. 1638. — Lat. u. deutsch Cost. 1600, Prätorius
38. | 5. Th. 1607 Nr. 93, And. 1608, C. 1610, 1619 u. 1621, W. 1630, Cr. 1625 u. 1631, M. 1631. Die röm. GBB. haben meist noch 2 Str.

    W. Prätor., Cost. u. die übrigen; M. 1605 zu „Alle Welt springe u. lobsinge," deshalb etwas abweichend. Außer diesem u. And. 1608 haben es die röm. GBB. in 3theiligem Tact, der aber schwerlich so unzweifelhaft, als es Meister S. 192 annimmt, der ursprüngliche ist.

39. T. u. W. W. 1630.

40. T. u. W. B. 1670 u. 1691, W. 1709; v. Ditfurth 1855 aus dem Volksmunde Str. 1—3.

41. T. von Heinrich v. Laufenberg zwischen 1415 u. 1458: Straßb. Cod. B. 121; Pfullinger Hdsch. W. Prätorius 6. Th. 1609. Nachbildung.

42. T. Bresl. Hdsch. I. 8°. 113. Ende des 15. J.

    W. Sigesfrid 1605 zu „Singen wir aus Herzengrund." — Vgl. And. 1608, C. 1610, 1619 u. 1621, Cr. 1625 u. 1631, M. 1627, B. 1628, W. 1630, M. 1631 zu „In natali Dom." — Vogler 1625 u. Cr. 1631 zu „Jesus das zarte Kindelein"— C. 1619 u. 1621, M. 1631 u .C. 1634 zu „Als Maria die Jungfrau schön" — C. 1634 zu „Als Gott Mensch geboren war" — M. 1631, C. 1621, M. 1631 zu „Laßet uns loben mit süßem Ton" — C. 1621, M. 1631 zu „All Augen hoffen in dich, HErr." — Vgl. auch Tucher Nr. 257 u. 288. u. Bemerk. dazu.

43.⎫ T. lat. Leisentrit 1573 I., M. 1605 u. 1627, Anh. 1608, Prätorius 6. Th. 1609 Nr. 44, C. 1621,
    Gr. 1625, W. 1630, Cr. 1631.

44.⎭ deutsch M. 1605, Prätorius 1609 u. M. 1627.

    W. M. 1605 u. 1627, Prätorius 1609, C. 1638 zu „Uns ist geboren ein Kindlein klein,
    ist klarer 2c." — mehr abweichend Anh. 1608, C. 1610, 1019 u. 1621, Cr. 1625 u. 1631,
    W. 1630.

45. T. Anh. 1608, C. 1619, 1621 u. 1634, Gr. 1625 u. 1631, M. 1631. — Mit Zusatz einer 5. Zeile
    C. 1638 u. Fränk. Bl. 1855.

    W. C. 1634.

46. T. C. 1621, M. 1631.

    W. aus C. 1619 (C. 1621 u. M. 1631) u. C. 1634 zusammengesetzt; etwas abweichend W. 1630,
    auch Cr. 1625.

47. T. W. 1630, C. 1634. — Abweichend schon unter den „Niederländ. geistl. Liedern des 15. Jahrh."
    (s. zu Nr. 23) Nr. 1 u. 2 mit je 6 Str. u. im Liederb. der Kath. Tirs vor 1588 mit 10 Str.

    W. W. 1630; vgl. Anh. 1608 zu „Als Maria die Jungfrau schon" u. C. 1634.

48. T. Vogler 1625, W. 1630, Cr. 1631, C. 1638.

    W. ebendas.

49. T. von Heinr. v. Laufenberg 1439: Straßb. Cod. B. 121.

    W. M. 1605, Prätorius 6. Th. 1609 Nr. 39. Nachbildung, l. s. f. die 2. Zeile des Latein. 4 silbig u.
    3. 4 ff. trochäisch sind. — Lat. (Cost. 1600, Anh. 1608 zu „Puer natus amabilis — Das süße
    liebe Jesulein"), Cost. 1613, C. 1621, Cr. 1625, W. 1630, Gr. u. M. 1631, C. 1634.

50. T. W. 1630 u. Cost. 1600.

    W. ebendas. Vgl. zu Nr. 49.

51. T. C. 1621, W. 1630, Cr. 1631, M. 1631, C. 1634 (in den 3 letzten „Es führt drei König
    Gottes Hand"). In C. 1621 u. W. ist nach Str. 1 noch eine Str. eingeschaltet, C. 1621 hat noch
    eine 10. — C. 1634 hat Str. 1—7.

    W. ebendas.

52. T. C. 1638.

    W. aus dem Munde des Volkes Fränk. Bl. 1855.

53. T. B. 1628, W. 1630, M. 1631, C. 1634 u. 1638, Fränk. Bl. 1855 aus dem Munde des Volkes.

    W. s. zu Nr. 106.

54. T. Pfullinger Hdschr. 1. Hälfte des 15. J.

    W. Heiml. Psalterspiel.

55. T. fl. Bl.: Nürnb. durch Val. Newber, ebendas. durch Frid. Gutknecht (nach Wack. Bibl. Nr. 640
    um 1554) u. Augsp. durch Mich. Manger — aus Hoffm. v. F. als Umdichtung wahrsch. des
    weltl. Liedes: „Es steugt ein kleines Waldvögelein." Wenig abweichend Dill. 1627 (Es steg e. W. l.)
    ähnlich Beuttner 1602 (1600), C. 1625 u. 1631. (Es flog ein Täublein weiße.)

    W. zu einem jüngeren abweichenden Texte „Es flog ein Engel in Eile" in B. 1670.

56. T. Straßb. Hdschr. 1. Hälfte des 15. J.

    W. Heiml. Psalterspiel.

57. T. wahrsch. 1. Hälfte d. 16. J.: 6 fl. Bl. um 1535 — aus Hoffm. v. F. u. Wackern. Auch Bonn
    1584, C. 1610 (?), 1619 u. 1621, Cr. 1625 u. 1631 (Es wollt ein 2c.), Dill. 1627, M. 1631.

    W. wahrsch. die des weltl. Volksl. „Es wollt ein Jäger jagen" aus dem 16. Jahrh. — Beuttner 1602
    u. Cr. 1625 zu „Heiliger Herr S. Lorenz," zu dem sie sich auch bei Cr. 1631 fast ganz gleich-
    lautend findet (s. unsere Nr. 90, deren Abweichung vielleicht bloß auf einem Druckfehler beruht); etwas
    abweichend C. 1610 2c. (s. Nr. 152) u. mit wesentl. Verschiedenheiten Cr. 1625 u: 1631.

58. T. mit dem Anfang „Ave Maria gratia plena" C. 1619, 1621, 1634 u. 1638, Vogl. 1625,
    Cr. 1625 u. 1631, B. 1628, H. 1629, W. 1630, M. 1631, in allen mit vielen versch. Lesarten.

    W. C. 1621 u. 1634, B., W. u. Cr.

59. T. u. W. C. 1634.

60. T. u. W. Cr. 1625 u. 1631.

61. T. Anfang-Lieder... Straubing, bey Andre Sommer. 1590. bei Uhland Nr. 343 aus (Ph. M. Körners)

Paſſionsblumen, Augsb. 1544 (13 Str.: 1, eine weggelaßene, 6—9, 11°, 10—12 u. eine weggelaßene); B. 1628
(11 Str.: 1—3, die 2. der Anſ.-L., 6—9, 11°, 12, 13); Schleſ. Bl. 1842 (13 Str.: 1, 4—6, die 2. der
Anſ.-L., 11°, 7—12, die 13. der Anſ.-L.).

   W. Schleſ. Bl. 1842. — B. 1628 hat die für das 5 ſtroph. Lied gleiches Anfangs gewöhnl. Weiſe.

62. T. Stuttgarter Hdſchr. 15. Jahrh. — Ob das Lied mit Str. 5 ſchließt iſt nicht erſichtlich, da in der
   Hdſchr. das folgende Blatt fehlt.
   W. Münch. 1586 — Nachbildung.

63. T. Stuttg. Hdſchr. 15. Jahrh. Vgl. „Wer ſich des Maiens wolle" in M. 1605 ꝛc., dann „Wer nu
   wölle meyen gen" aus dem 14. Jahrh. u. „Ich weiß mir einen meyen" aus dem 15. Jahrh. bei
   Wackern. Nr. 109 u. 736 und Hoffm. v. F. Nr. 50 u. 51.
   W. zu „Wer ſich ꝛc." M. 1605 u. 1627 u. Gr. 1625; etwas abweichend B. 1628, W. 1630, Gr. 1631,
   dann zu „Gegrüßet ſeiſt du Maria" Vogl. 1625.

64. T. M. 1605 u. 1627, Gr. 1625 u. 1631 („Ein uralter Ruf von Chriſto").
   W. ebendaſ.

65. T. u. W. Gr. 1631.

66. T. Gr. 1631 („Der Augſpurgiſche Ruff vom ꝛc.") 23 Str., von denen 8—13 u. 23, worin die einzelnen
   Wunden verehrt u. angerufen werden, ausgelaßen ſind.
   W. Gr. 1625 u. 1631. wenig abweichend Beuttner 1602. Vgl. „Es ſteh ein Roſe vom Himmel
   herab," „O du heilig Dreifaltigkeit" u. „In unſern Nöthen bitten wir (Nr 211)."

67. T. u. W. Gr. 1625 u. 1631.

68. T. Nürnb. 1631 Anhang: „Von den theuren Ez. Ch. Zachar. 13."
   W. Geſius 1605.

69. T. niederdeutſch im Liederbuch der Kath. Tirs vor 1588: „Ic wil mede und ic wol mede"
   (Ic will auch u. ic wil auch) — ähnlich in den Niederländ. geiſtl. Liedern des 15. Jahrh. (ſ. oben
   Nr. 23) „Wel heen, wel heen ende ic wil mi" Nr. 45, 10 Str., u. „Ir wil mer ende ic wil mer"
   Nr. 46, 8 Strophen.
   W. von „Een ribber eü een meyſken ionc": Souter Liedekens 1540 zum 11. Pſ.

70. T. vielleicht ſchon nebſt der Weiſe aus dem 14. J.: Beuttner 1602.
   W. Beuttner 1718 (1602).

71. T. Gr. 1625 mit eigner Weiſe und 1631 „Im Ton: Singet zu Gott mit Lobeſchall." (Schon B. 1602.)
   W. ebendaſ.

72. T. u. W. Gr. 1625 u. 1631.

73. T. niederdeutſch im Liederbuch der Kath. Tirs vor 1588: „Innichlike wol wy heven an."
   W. von „Sorghe ghi moet beſiben ſtaen": Souter Liedekens 1540 zum 25. Pſ. Statt der einen
   Note Zeile 1, 4, 3. 3, 6 u. 3. 4, 4 ſtehen urſpr. mehrere auf einer Silbe gebunden.

74. T. Gr. 1625 u. 1631.
   W. Böhm. Brüder 1566 Anhang. Die bei Gr. angegebene Weiſe „Am Weihnachtabend in der Still'
   iſt dieſelbe, nur wenig verändert: Anb. 1608 (zu „Ich lag in einer Nacht u. ſchlief"), Goſt. 1613,
   C. 1619 u. 1621, B. 1630, Gr. 1631 u. M. 1631. Vgl. „Was wolln wir aber heben an"
   oder „Kommt her zu mir, ſpricht Gottes Sohn" (ähnlich Anb. 1609 zu „Chriſt ſprach zur Menſchenſeel
   vertraut") und Nr. 75, welche Weiſe, etwas abweichend, Gr. 1625 zu Nr. 74 hat.

75. T. Gr. 1625 u. 1631 mit der Überſchrift „Kurzer Paſſion Chriſti." Schon Beuttner 1602, wahrſch.
   etwas abweichend, nach Meiſter S. 311.
   W. Beuttner 1718 (1602) u. etwas abweichend Gr. 1625 zu unſerer Nr. 74. Vgl. zu Nr. 71.

76. T. Coſt. 1600: Str. 1—5, 7 u. 9. — M. 1613, C. 1619, B. 1628, W. 1630, Gr. 1625 u. 1631
   u. C. 1634: Str. 1—5, 12, 10, 11, 7, 8, 14—18 (C. 1631 ohne 18). — Fränk. Bl. 1855: Str. 1—5,
   12, 10, 11, 7, 8, 14—19. — C. 1638: Str. 1—5, 12, 10, 11, 7, 8, 11 u. 16. — Geiſtl. Bl. 1850:
   Str. 1, 4, 5, 12, 10, 11, 7, 8 u. 16. — Coſt. 1613 u. Dil. 1624: Str. 1—5, 7, 8, 6, 9, 10, 12, 13
   n. nochmals 3. — Dill. 1627: Str. 1—5, 7, 8, 6, 9, 10, 12, 13, 11, nochmals 7 u. 8 etwas abweichend,
   14, 15, 17, 16, 18. — Aub. 1608 „O hoch u. heilges Kreuze": Str. 1, 2, 4 u. 3.
   W. C. 1638. Vgl. M. 1671 und dieſem ähnlich Fränk. Bl. 1855. — In den übrigen viererlei
   verſchiedene Weiſen.

77. T. Coll. 1600, M. 1605, C. 1610, 1619, 1621 u. 1634, Coll. 1613, Gr. 1625 u. 1631.

W. Rhau 1544, 2. Stimme eines 5 ſtimm. Sahes v. L. Senfl zu „Gelobet ſeiſt du Chriſte" und 4 ſtimmig v. Th. Stolher zu „Unſer große Sünde" — ebenſo, nur mit hinzugefügtem „Chriſte el., Kyr. el., Ch. e., R. e." in „Hundert vnd fünfftzehen guter newer Lieblein ... (v. J. Ott Nürmb. 1544)", Tenor eines 5 ſtimm. Sahes v. L. Senfl u. 2. Discant eines 6 ſtimm. Sahes v. M. Eckel mit einigen Änderungen nach Maßgabe des Sahes; ferner in H. Ditt 1534, Tenor eines 4 ſtimm. Sahes v.A.v.Bruck mit noch bedeutenderer Einwirkung des Sahes, zu „O du armer Judas" — faſt gleich Triller (1555) 1559 zu „Lob und Dank wir ſagen dir," Loſſius Pſalmodia Witeb. 1561, Harmoniae hymnor. Gorlic. 1599 u. Anb. 1608 zu „Laus tibi Christe", Leiſ. 1567 ꝛc. I. zu „Wir danken dir lieber HErre," Prätor. 6. Th. 1609 Nr. 116 zu „Ehre ſei dir Chriſte," Coll. 1600 u. in den übr. röm. GVB. zu mehrerlei Texten — Loſſius 1561 u. in den ſpäteren luth. GVB. zu „Ach wir armen Sünder."

78. T. u. W. B. 1601.

79. T. niederdeutſch im Liederbuch der Kath. Tirs vor 1588: „Boven allen cederen bomen." Eins mit dem Niederländiſchen „Ghelovet fiſt du cederboom" in den „Niederl. geiſtl. Liedern des 15. Jahrh." (ſ. Nr. 20), woraus ich einige Lesarten u. die Str. 12 u. 18 genommen habe; darin fehlt die lehte Str., vor der 23. aber findet ſich noch eine andere.

W. von „Och fal ick al mijn leven": Souter Liedekens 1540 zum 84. Pſ. Die über der 6. Silbe der 1. u. 3. Zeile ſtehenden 5, bez. 8 Noten ſind vereinfacht.

80. T. Gr. 1625 u. 1631.

W. ebendaſ.; ähnlich Beuttner 1718 (1602) zu „Ich weiß ein eblen Weingartner."

81. T. Anb. 1608. — Reiß 1663: 27 Str. — M. 1586 u. Coll. 1600: 28, C. 1610, 1619, 1621 u. 1634: 29, Gr. 1625 u. 1631: 30 Str. ohne unſre 2. u. 3.

B. M. 1586, Coll. 1600, A. 1608, C. 1610, 1619 u. 1621, Gr. 1625 u. 1631, M. 1631.

82. T. Leiſentrit 1567 I. Die 1. Str. ſchon im 13. Jahrh.

W. Behe 1537, Klug 1543, Babſt 1545 ꝛc., wenig abweichend Leiſ. 1567 I., auch ſchon Cod. germ. 716 zu München aus dem 15. Jahrh. (ſ. Meiſter Seite 332); übr. luth. u. röm. GVB.

83. T. Gr. 1625 u. 1631.

W. W. 1630. Die früheren Quellen ſ. zu Nr. 87.

84. T. (Gr. 1634 u. 1638. Bei Gr. 1631 ſind Str. 2—5 einem 9 zeiligen Liebe gleichen Anfangs als Str. 10—16 eingeſchaltet (unſrer Nr. 85.)

W. von einem andern Liebe gleiches Anfangs bei Prätorius 6. Th. 1609 Nr. 138, als die ſchwäbiſche u. fränkiſche Form der Mel. bei Tucher Nr. 36. — Vgl. Meiſter zu Nr. 169 u. 170.

85. T. Str. 1, 4, 5 u. 9 Widemann 1604 (6 Str., deren 4. unſrer 6. u. 7. entſpricht, die 5. unſrer 8.); Str. 1—5, eine andere 9., dann 11 M. 1605, C. 1610 u. 1619 u. 1631, Gr. 1625; Gr. 1631 (hier 17 Str., deren 10—16. die 2—8. Str. unſrer Nr. 84 ſind, die übr. wie Gr. 1625). — Str. 10 iſt eingeſchoben.

W. Widemann 1604; ähnlich M. 1605, Anb. 1608 (das vom Liebe nur Str. 1—3 hat), C. 1621, Gr. 1625, B. 1628 (zu dem 17 ſtrophigen Liebe gleichen Anfangs), M. 1631.

86. T. M. 1586 (Str. 1—12, dann 7 hier weggelaßene Str., danach 14—18), Coll. 1600, C. 1610, 1619 u. 1634 (Str. 1—13), Gr. 1625 u. 1631 (Str. 1—13 u. die 11. in der Anm.), Dill. 1627 u. C. 1638 (12. Str.).

W. (C. 1634 u. 1638. — In den übrigen dieſelbe Weiſe wie Nr. 215.

87. T. Coll. 1600, Anb. 1608, Coll. 1613, C. 1619, 1621 u. 1634, Gr. 1625, Dill. 1627, M. 1627 u. 1631, B. 1628, W. 1630, Gr. 1631, — überall „Freu dich, du Himmel Königin."

W. ebendaſ. Nach Coll. 1600 ſollte die 7. Note der 1. Zeile a ſein.

88. T. Vicel 1550 („Freuet euch alle Chriſtenheit," ohne Str. 7). Vgl. Leiſentrit 1567 I, 1573 I, M. 1586, Coll. 1600, Anb. 1608, C. 1610 u. 1619 u. die ſpäteren GVB., alle außer unſrer Anfangszeile mehrfach u. auch unter ſich abweichend (noch mehr M. 1605). — M., Coll., C. u. andere haben zwiſchen der 5. u. 6. Str. noch theils 3 theils 4 andere als 6., 7., 8. u. 9., von denen ich die 9. als 7. aufgenommen habe; unſre 6. iſt überall die vorlehte Str.

W. Leiſentrit.

89. T. nach „Königin in dem Himmel" in Coll. 1600, M. 1605, C. 1610, 1619 u. 1634, Gr. 1625, B. 1628, W. 1630, Gr. 1631. Str. 6 als beſonderes Lied auch in Keuchenthal 1573 u. Prät. 6. Th. 1609.

W. nach „Freu dich, du liebe Christenheit" Keuchenth. 1573 u. Prät. 1609 in Verbindung mit „O sponsa Christi laetare — Jesus Christus unser Heiland" in „Kirchen Gesäng, ... 1569. Getruckt zu Franckf. a. M. durch Joh. Wolffkum." Wenig abweichend zu „Königin der Himmel" oder „in dem Himmel (den Himmeln)" in Leif. 1573, M. 1586, Cost. 1600 u. 1613, C. 1621, Vogl. 1625, Cr. 1625, B. 1628, W. 1630, Cr. u. M. 1631.

90. T. Cr. 1625 u. 1631 „Im Ton: Hätten wir so wahr Gotts Hulde."
　　W. von „Heiliger Herr S. Lorenz" Cr. 1631; dieselbe wie „Es wollt gut Jäger jagen" — f. oben zu Nr. 57.

91. T. B. 1628, W. 1630, C. 1638, St. Goar 1666, Geistl. BL. 1850.
　　W. W. u. C. Die zuerst 1650 vorkommende lutherische Mel. „O Jesulein süß" ist die nämliche.

92. T. W. 1630, C. 1631 (Überschrift: Unser Frawen Oster Frewdt), C. 1634 u. 1638, Geistl. BL. 1850, Fränk. BL. 1855.
　　W. W., Cr. u. C. Vgl. Fr. BL. — Bei Cr. u. C. 1631 folgt die 2. u. 4. Zeile auf die 1. u. 3. ohne vorgängiges Hallel., dieses wird dagegen nach der 2. u. 4. 3. je zweifach gesungen.

93. T. C. 1634 u. 1638 (hier 6 vierzeil. Strophen mit anderer Weise).
　　W. C. 1634.

94. T. u. W. Cr. 1625 u. 1631. — Nach Str. 15 folgt in 1625 eine in 1631 — ob absichtl. oder nicht? — ausgelassene 16. Str.: „Sie sucht den HErrn in großer Lieb, Jesus kam selber bald zu ihr." 1631 ist die nächste, unsre 16., als 17. gezählt.

95. T. Beuttner 1602.
　　W. Wittemb. 1544 („Christ der ist erstanden" in 6 stimm. Tonsatz, in welchem unsre Weise als 5. Stimme eingeflochten ist; die letzte Zeile, hier „Halleluljah," ist etwas erweitert. Ferner Beuttner 1718 (1602), dessen Abbruck bei Meister S. 230 in der letzten Zeile offenbar fehlerhaft ist, so daß ich die sonst unzuverläßigen „Cantica spiritualia ic. 1. Bd. Augsb. 1845" Nr. 121 habe zu Hilfe nehmen müßen. — Die Weise ist entweder eine Nachbildung von „Jesus ist ein süßer Nam" oder die gehört urspr. dem Liede: „Christ ist erstanden" an. In diesem findet sie sich schon in „Schöne auserlesene Lieder, ... H. Findens, ... (Nürnb.) 1536." Nr. 1. (f. Koch, Gesch. d. deut. Kirchenliedes 4. Bd. S. 303) u. zu „In dich hab ich gehoffet, HErr" in „Das Groß Kirchen Gesangbuch ... Straßb. 1560."

96. T. C. 1634. Überschrift „Frewd der Menschen."
　　W. W. 1630 zu „Wir loben dich Gott Sabaoth" (unsere Nr. 104), C. 1634.

97. T. Keuchenthal 1573, Prätorius 6. Th. 1609. — Dieselben 5 Str. in der Ordnung 2, 3, 4, 5, 1 mit wenigen Abweichungen u. noch weiteren 4 Str., dreizeilig ohne den Abgesang, der die 6. Str. bildet, in M. 1605 u. Cr. 1625 u. 1631, überall als alt bezeichnet. Ob der in denselben daneben vorkommende Text Resurrexit Dominus der urspr. ist mag dahin gestellt bleiben. Daß das Lied „Betracht wir heut zu dieser Frist" im Gesangb. der Brüder in Böhmen u. Mähren v. 1544 die lat. Überschr. hat scheint mir nicht entscheidend.
　　W. Keuchenth. u. Prätor. u. mit dem lat. Text M. 1605 u. 1627, Cr. 1625 u. 1631. Fast ganz übereinstimmend zu „Quidvis amor suffert Dei — Die Liebe Gottes alles leidt" Aub. 1608.

98. T. Leisentrit 1567 I, 1584 I (in beiden bloß Str. 1, 2 u. 5), C. 1610, 1619, 1634 u. 1638 (hier ohne Str. 5.), M. 1613 (Str. 1, 2, 5 u. eine ähnl.), Cr. 1625 u. 1631, Dill. 1627, W. 1630.
　　W. Nürnb. 1558 (wahrsch. schon Babst 1545) mit der 1. Str. des Textes. In den röm. GBB. ist auf „Christ ist erstanden" verwiesen außer C. 1634, wo sie selbst, abweichend, steht.

99. T. M. 1605 u. 1627, „im Ton: Christus ist erstanden," mit noch einer Str. zwischen der 16. u. 17.
　　W. Cr. 1631, Nachbildung.

100.） T. lat. Prätorius 5. Th. 1607, Cr. 1625 u. 1631.
101.） deutsch desgl.
　　W. a. Cr. 1625 u. 1631. — b. von Melchior Franck: Gotha 1651.

102. T. W. 1630, C. 1634 u. 1638, St. Goar 1666 bloß Str. 1—8; Cr. 1631. — C. 1638 ohne Weise, nach der 1. Zeile: Jo Triumph :|: u. nach der 2.: Singt, klingt Jo Triumph.
　　W. W. 1630, M. 1686 mit noch 5 weiteren Hallel. — (Cr. 1631 im Ton: Gegrüßet seist du, o Jesulein, oder Surrexit Christus hodie. — C. 1634 hat eine andere Weise mit je einem Hall.

103. T. Straßb. Hdschr. aus d. 1. Hälfte des 15. J.

W. B. 1628, C. 1634 u. 1638.

104. T. u. W. W. 1630, C. 1634: „ W. l. v. G. Sabaoth."

105. T. Leisentr. 1567 I (zweitig ohne Hallel.), M. 1586, Cost. 1600 u. 1613 (1613 Str. 1—27), Dill. 1627, C. 1619, 1621 u. 1634, Cr. 1625 u. 1631, M. 1631 (in den letzten 6: „Singen" [Cr.: Singet] zu G."): zwischen der 39. u. 40. noch 1 Str.

W. M. 1586, Cost. 1600 u. 1613, C. 1621 u. 1634, Cr. 1625 u. 1631, M. 1631; Vogler 1625 (zu „Gelobt sei u. gebenedeit"); B. 1628 (zu „Dich Gott Vater wir lobn u. ehrn").—Vgl. „Nun gib uns Gnad zu singen" Nr. 213, „O Königin gnädigste Frau" W. 1630, Cr. 1631 u. C. 1634 u. „Von weinetwegen sind wir hie" Nr. 216.

106. T. B. 1628, W. 1630, Cr. u. M. 1631, C. 1634 u. 1638, Fränk. Bl. 1855 aus d. Munde d. Volks. W. ebendas.; in den Fr. Bl. aber andere Mel.

107. T. von Nic. Herman Sont. Euang. 1560: 44 Str., von denen weggelassen sind die 7.—16., 19.—21. (weshalb die 18. etwas geändert werden mußte), 24.—28., 40.—43. W. ebendas., „Lobt Gott ihr Christen alle gleich," dann in N. Hermans Hist. 2c. 1563 zu „Graff Andres Schlick der edle Herr."

108. T. Cr. u. M. 1631, C. 1634: 34 Str., wovon die 2.—12., 14.—17., 19., 22.—24. u. 33. weggelassen sind. Dagegen sind eingeschaltet die 2., 4., 5., 7.—10., 12., 14. u. 23. — Mit eigner Mel. W. Cr. 1631.

109. T. And. 1608. W. ebendas.

110. T. Reiß 1663 („Die heilige rein und auch die fein") 9 vierzeil. Str., welche nach der wahrscheinlich späteren Fasung bei Cr. 1625 u. 1631 in 2 zeilige, wahrsch. mehr urspr., zerlegt sind. — Bei Cr. „ein alter Ruf" 48 Str. mit unsrer Anfangszeile. W. Cr. 1625 u. 1631. Die verletzte Note ist urspr. c, was aber im 2 stimm. Satze nicht paßte.

111. T. von Nic. Herman Sont. Euang. 1560: „Ein lied von S. Dorothea, welches ist ein unterweisung eines Christlichen Jungfrewleins, Im thon Inn Dorothee feste congaudete." In der Ausgabe v. 1592 folgt hierauf „Oder: Lobt Gott jr frommen Christen." — Noch in den früheren luth. GBB., auch Cr. 1625 u. 1631. W. Triller (1555) 1559 zu „Gott hat den Menschen für allen", auff die noten, In dorotheae feste oder auff den thon, Wol auff jr frome Christen, 2c." welch letzteres Lied ohne Zweifel eins ist mit „Lobt Gott ihr s. Ch.," also die Weise von „Gott grüß dich Brnder Veite." — Die Weise „In Dorotheae festo" findet sich in Hermans Historien 2c. 1563 zu dem Liede „Von wunderlichen Dingen," hat aber wenig anziehendes.

112. T. 1) Str. 1. Str. 2, 3. 1 u. 2. Str. 4, 3. 1 u. 3. Str. 5 aus dem 13 strophigen Liede gleiches Anfangs: Flieg. Bl. um das Jahr 1526 oder 1527 „In der wevß, got grueß dich bruoder sevte." (Wackern. Nr. 415), hier Str. 1. Str. 2, 1 u. 2. Str. 7, 1 u. 3. Str. 8. — 2) Str. 6. Str. 7, 3. 1—3, 6 u. 7 aus dem 8 strophigen 9 zeil. Liede „Christe freundlicher Ritter" im „Außbund Etlicher schöner Christlicher Geseng ... 1583." (Wack. Nr. 654), hier Str. 6, 1—7 u. 9. Str. 8, 1—3. Str. 3, 6 u. 7. — Das übrige eingeschaltet. W. s. zu Nr. 111.

113. T. von D. Martinus Luther: Babst 1545, auch schon Erffordt 1524 u. J. Walther Wittemb. 1524. W. ebendas. — Nach Wackern. in „Mart. Luthers geistl. Liedern 2c. Stuttg. 1848." lautet im Enchiridion die letzte Zeile: a a a b c d o d.

114. T. u. W. aus dem Volksmund in den Fränk. Bl. 1855 auf die „Vierzehn Heiligen," 13 Str., von denen die 5.—10. u. 12. weggelassen, die 2., 3., 4., 11. u. 13. theilweise geändert sind; die 6. ist eingeschoben.

115. T. aus Wackern. Nr. 679. Fl. Bl. wahrsch. um 1550: 1) mit dem Liede „Ach Herre Gott, mich treibt die not" zusammen: Nürnberg durch Fried. Gutknecht. 2) Nürnb. durch Val. Newber. 3) mit „O Herr ich klag das ich mein tag": Regenspurg durch H. Khol. 4) Straubing durch H. Burger. (Wack. Bibliogr. Nr. 616—621.) W. Straßb. (65 teut. Lieder) 1522 Nr. 13 in 4 stimm. Satze von V. Arthopius. Fast gleich H. Ottl 1534 mit 4 stimm. Satz v. L. Senfl. Der gegenwärtige 4 stimm. Satz ist aus L. Lossiens Kern des teut. Kirchengesangs Nr. 308.

116. T. Leipz. 1586, faſt ganz gleich Leipz. 1605 u. Nürnb. 1607. — 4 zeilig ohne die 1. Zeile jedes Verſes
auf einem Fl. Bl. „Zu Eisleben druckts Andreas Petri." (Hoffm. v. Fall. Nr. 212.) — Vgl. „Ich
weit eyn roſelyn, es iſt hüpſch und fyn" in Höllchers Niederdeut. geiſtl. Liedern u. Sprüchen ꝛc. 1854.
Nr. 41. — Es findet ſich auch auf 2 Fl. Bl. um 1560 (Wad. Bibliogr. Nr. 402 u. 403), ja, wenn ich
nicht irre, ſchon in Valent. Holls Handſchr. (Wad. Bibl. Nr. 215) v. 1524—1526.
W. Prätorius 7. Th. 1609 Nr. 200, — ſonſt auch zu „Ich hab mein Sach Gott heimgeſtellt"
oder „In trauriger Pein ich jetzt muß ſein." (ſ. Tucher zu Nr. 149.)

117. T. von Nic. Herman Hiſtorien ꝛc. 1563, auch Leiptzig 1563 (daraus bei Wad. Nr. 502), — zuerſt
Wittemb. 1562.
W. a) ebendaſ. b) Heiml. Pſalterſpiel.

118. T. Pfullinger Hbſch. 1. Hälfte d. 15. J.
W. Heiml. Pſalterſp.

119. T. Vogler 1625, W. 1628, Cr. 1631 („Ein neuer Ruf auff ꝛc.").
W. ſ. zu Nr. 28. — Vergl. im Ton: Erſtanden iſt der h. Chriſt.

120. T. u. W. C. 1638. Überſchrift: Benedic anima mea Dominum. 2. u. 1. Zeile durchaus „hilariter
hilariter."

121. T. Coſt. 1600 mit eigner Weiſe, Cr. 1625 u. 1631 (Im Ton: Singet zu Gott mit Lobeſchall). —
Coſt. hat Str. 24,1: „Du Schnepfer ſo Gnad th. g." („Schöpfer" bei Cr. offenbar Druckf.), damit
aber wird die Str. unevangeliſch, hat daher wegzufallen.
W. Cr. 1625 u. 1631.

122. T. S. Goar 1666, W. 1670.
W. W. 1670. — S. G. hat eine andere.

123. T. Prätorius 8. Th. 1610 Nr. 141. Im Ton: Wach auf meins Herzen Schöne.
W. von „Wach auf, meins Herzen Schöne" nach der Erinnerung aus Nicolais „Eyn feyner kleyner
Almanach voll ſchöner lieblicher Volkslieder ꝛc. Berlyn 1777." — Bei Präter. eine verwandte
andere Melodie.

124. T. von D. Martinus Luther: Babſt 1545, ſchon Kluge 1535. „Ein lied von der heil. Chriſtl. Kirchen,
Aus dem rij. Cap. Apocal."
W. Eler 1588, Melodeyen Geſangbuch ꝛc. Hamb. 1604, Prätorius 8. Th. 1610. — Nachbildung
der Weiſe „Ach Lieb mit Leid, wie haſt dein Pſcheid" in Öglin 1512 u. Forſter 1549.

125. T. D. n. a. Sing-Schul.
W. C. 1634. Nachbildung.

126. T. Triller (1555) 1559 („Ein Klage des alten Adams"). Fl. Bl. um 1557 (Wackern. Nr. 680 —
„Ein Klaglied des alten Menſchen. Im Ton: Ein Maidlein ſprach mir freundlich zu.")
W. von „Ein M. ſ. m. f. z.": Triller (1555) 1559, Prätorius 7. Th. 1609.

127. T. Pfullinger Hbſch. 1. Hälfte des 15. Jahrh. 7 Str., von denen 3—7 weggelaſen ſind, dafür
die 3. eingeſetzt.
W. Prätorius 6. Th. 1609 Nr. 81. Nachbildung.

128. T. Fl. Bl. 1) „Vier geiſtliche Reyenlieder, ..." gedruckt zu Nürnberg durch Kun. Hergotin,
durch F. Gutknecht u. 2 ſach durch D. Newber zwiſchen 1528 u. 1538 (ſ. Wad. Bibliogr.
Nr. 339—342). Nach Heffm. v. F. Nr. 210. 2) W. Vogt 1550 (Überſchrift: „Ein Ringeltanz.")
3) Nürnb. 1558 („Ein ſchöner Abendreihen."). In 1) u. 2) mit der Unterſchrift: Jacob Kliber
zu Nürnberg."
W. W. Vogt 1550.

129. T. Prätorius 6. Th. 1609 Nr. 195. Daniel Rumpf iſt als Verfaſer angegeben.
W. ebendaſ.

130. T. u. W. Prätorius 7. Th. 1609. Nr. 142, ebendaher der 4 ſtimm. Satz. Val. Triller iſt als
Verfaſer angegeben, auch vdrſch. alſo ſteht das Lied auch in deſſen Singebuch.

131. T. niederdeutſch „Om dynent willen byn ich hyr:" H. Veſpaſius 1571; hochdeutſch Prätorius
7. Th. 1609 Nr. 58 u. Nürnb. 1631. Dort mit der Überſchrift: Van den woldaren, vns van
Chriſto wedderwaren.
W. Prätorius 1609.

132. T. W. Vogt 1550 („Ein ander Ringeltanz." Verfaser „Jacob Kliber zu Nürnberg."), Nürnb. 1558 (Ein anderer Abendreihen." Anfang „Wie stehet ihr allhie"). — Schon in den vier geistl. Reyenliedern (s. oben Nr. 128).
 W. W. Vogt 1550.
133. T. u. W. Prätorius 7. Th. 1609 Nr. 229 (von W. Triller?).
134. T. u. W. W. Vogt 1550 („Ein ander Ringeltanz, von Christe.") — Str. 2 u. 3, 3. 2 u. 1 urspr. wie in den übrigen Gesätzen. — W. von „So stampen wir den Hirse."
135. T. Nürnb. 1607.
 W. H. Ottl 1534. Vgl. Nr. 242.
136. T. D. Sudermann 1596. „Ein new geistlich lied, Gott anzuruffen. Im thon, Ich band dir lieber Herre ꝛc. Mitt lieb bin ich vmbfangen ꝛc. Ach Mensch besser dein leben ꝛc. Ich verstünd euch newe mehre ꝛc. Ich hort ein Magdlein ꝛc. Hinweg ist mir ge ꝛc. Wol mit betrübtem hertzen ꝛc. Da sond de ma pensee. Ps. 130. frantzösisch." — Nürnb. 1607. „Im Thon: Lobt Gott ihr frommen Christen, ꝛc." — Evangelische Bearbeitung eines Marienliedes, das sich in Valent. Holle Handschr. von 1521—1526 (Wack. Bibl. Nr. 715) findet.
 W. Babst (1553) 1557, Nürnb. 1558.
137. T. Cod. Monac. germ. 808 um 1505. Urspr. an die h. Jungfrau Maria gerichtet.
 W. Heiml. Psalterspiel.
138. T. Oglin 1512. Er. 1631 etwas abweichend. Urspr. an die h. Jungfrau gerichtet. Anfang „Dich muter gottes ruf wir an."
 W. Oglin 1512.
139. T. Hauszgesenge 1570, Calvisius 1598 (1597) u. anb.
 W. Calvisius 1598, Prätorius 7. Th. 1609, J. H. Schein Cantional 1627.
140. T. Straßb. Hdschr. B. 121 aus der 1. Hälfte d. 15. J. Bei Hoffm. v. F. als Umrichtung von „Es taget in dem Osten."
 W. von „Het baghet in den oosten": Souter Liedekens 1540 zum 1. Ps.
141. T. u. W. Prätorius 7. Th. 1609 Nr. 67. — In einem Nürnb. GB. v. 1611(s. Tucher zu Nr. 370) und in späteren ist P. Speratus als Verfasser bezeichnet, wol irrig. — W. von „Ich armes Maidlein klag mich sehr."
142. T. u. W. W. 1630, Er. 1631, C. 1638.
143. T. aus dem 13. Jahrh. nach Wackern. Nr. 104 (aus den altdent. Blättern). Die 4 letzten Zeilen sind zugesetzt.
 W. Heiml. Psalterspiel.
144. T. D. u. a. Sing-Schul.
 W. von „Ich hört ein Fräulein klagen": Forster 1549. 3. Th. Nr. 61. — Dieselbe liegt offenbar der Kirchenweise „HErr Christ, der einig Gotts Sohn" zu Grunde.
145. T. aus dem 14. Jahrh. nach Wack. Nr. 112 und Hoffm. v. F. Nr. 72 (in beiden aus W. Wackernagels altdent. Lesebuch).
 W. Heiml. Psalterspiel.
146. T. u. W. Er. 1625 u. 1631 ohne die letzte Zeile der 3. Str.
147. T. Die u. a. Sing-Schul. „Im Ton: Woher kommt mir doch diese Zeit."
 W. Er. 1625 u. 1631.
148. T. Fl. Bl. Ende des 16. Jahrh. (Hoffmann v. F. Nr. 211).
 W. H. Ottl 1534. Vgl. Souter Liedekens 1540 die Weise von „Rije God wien sal ie claghen" zum 67. Ps. und Prätorius 7. Th. 1609 Nr. 62 zu dem Liede „Ach Gott wem soll ichs klagen daß ich so elend bin" (Tucher Nr. 306).
149. T. u. W. Würzb. 1708 u. 1710.
150. T. Fl. Bl. „by Vincentz im Hof" um 1590. (Uhland Nr. 331 B., Hoffm. v. F. Nr. 103.)
 W. Babst 1545 u. 1548, Nürnb. 1558 (hier mit wenigen Abweichungen, vielleicht Druckfehlern). Wahrscheinl. „König Ludwigs von Ungern Melodei" nach der Angabe in „Eyn gesangbüchlyn ... Marpurg M. D. xlix." (Marburger Gesangbuch von 1549 ꝛc. herausgegeben ꝛc. v. C. Ranke. Marb. 1867) Nr. 64.

151. T. nach „Gegrüßet seist du, edleste Königin" („Das Salve regina.") Andern. 1608, C. 1619
   Vogler 1626, B. 1628, W. 1630, Cr. 1631, C. 1634 u. 1638.
   W. B. 1625; bei den übr. im wesentl. gleich.
152. T. W. 1708 u. 1710.
   W. W. 1709 u. 1710.
153. T. u. W. aus dem Volksmunde Fränk. VL. 1855. — Mit einigen Abweichungen und anderer Weise
   Geistl. VL. 1850.
154. T. Kloster Neuburger Hdschr. Mitte des 16. Jahrh. (Mone Anzeiger VIII, 333, 311, danach Uhland
   Volksl. Nr. 332 u. Hoffm. v. F. Nr. 211). Nach diesen 5 Gesätzen folgen noch 2 Abtheilungen von
   je 5 Gesätzen 6—10 u. 11—15, welche recht wol als besondere Lieder behandelt werden können. Die
   2. Abtheilung ist unsere Nr. 8; die 3. „Ich wil mir ein schislein bauen."
   W. von „S. Martin laßt uns singen": Cr. 1631.
155. T. u. W. B. Vogt 1550: „Der 23. Psalm in einen Ringeltanz verfasset." Als Verfasser ist Jacob
   Kliber zu Nürnberg bezeichnet. — Str. 5 u. 9 sind eingeschaltet.
156. T. von B. Triller (1555) 1559, Nürnb. 1631, Breßlau (1644) 1668 (hier ohne die 12. Str.).
   W. Triller (1555) 1559, Prätorius 7. Th. 1609 Nr. 201.
157. T. aus d. 14. Jahrh. nach Wad. Nr. 113 u. Hoffm. v. F. Nr. 17 (in beiden aus den altdeut. Blättern). —
   1. Str. urspr. lat.: Jesu dulcis memoria.
   W. Heiml. Psalterspiel.
158. T. Pfullinger Hdschr. 1. Hälfte des 15. Jahrh.
   W. C. 1634. Nachbildung durch Hinzufügung der 4. Zeile. Vgl. Nr. 47. — Den 1 stimm. Satz verdanke
   ich Hrn. OACRath Frh. von Tucher.
159. T. u. W. Geistl. Waldt-Vög. 1657. Anfang „Jesus Maria, Seelenfreud." — Die Weise bei
   dem vorausgehenden Liede „Jesus Maria gaudium."
160. T. Fl. Bl. wahrsch. aus b. Anfang b. 16. Jahrh. (Wad. Nr. 182, Hoffm. v. F. Nr. 102). Leisentr.
   1584 I, M. 1586, Cost. 1600, C. 1610, 1619 u. 1631, Cost. 1613, M. 1613 rc., überall mit
   einzelnen Abweichungen, zum Theil mit mehr oder weniger Strophen; noch mehr abweichend Widemann
   1604 u. Nürnb. 1607, hier mit 10 Str.
   W. M. 1586 u. Cost. 1600 u. 1613; mehr oder minder abweichend, besonders in den 2 letzten Zeilen,
   Prätorius 6. Th. 1609 Nr. 51, M. 1605, C. 1610, 1619, 1621 u. 1631, B. 1628, W. 1630,
   Cr. u. M. 1631. S. die Bemerkung zu Nr. 95.
161. T. von N. Herman Historien rc. 1563.
   W. a) ebendas. — b) Heiml. Psalterspiel.
162. T. niederdeutsch „Leefflick hefft sick gesellet:" H. Vespasius 1571. Überschrift: Leefflick hefft sich
   gesellet, Geistlick verandert, darinne sick ein Christ gantz vnd ghar ergifft, vnd syn gantze Leuendt
   dem gödigen Christo beuelet.
   W. Heiml. Psalterspiel.
163. T. W. 1708, 1709 u. 1710, Fränk. VL. 1855.
   W. W. 1709 u. 1710, Fr. VL. 1855.
164. T. niederdeutsch H. Vespasius 1571. Überschrift: Van Edler aerdt, Geistlick: ...
   W. Leisentrit 1573 I. Vgl. Fränk. VL. 1855.
165. T. aus dem Fuldaer Gesangbuch v. 1695, dem Psälterlein Cölln 1722 u. einem sl. Bl. gedruckt
   zu Rottweil 1747 mit Abweichungen aus dem Volksmund (Schles. VL. 1412) zusammengestellt
   im Volksblatt für Stadt u. Land v. Ph. Nathusius 1855 Nr. 63. Den 4. Vers habe ich aus den
   schles. VL. eingeschoben. Vgl. M. J. C. Schadens Geistreicher u. erbaulicher Schrifften,
   3. Bd. Franck. u. Leipzig (1722 od. 1721) S. 475.
   W. Schles. VL. 1842.
166. T. niederdeutsch im Lieberbuch der Kath. Tirs vor 1588: „Van vronden wol ik syngen."
   W. Heiml. Psalterspiel.
167. T. u. W. Heiml. Psalterspiel.
168. T. niederdeutsch im Lieberbuch der Kath. Tirs vor 1588: „Warumme solde ick truren truren."
   W. von „Daer sprupt een boom aen ghenen dal": Souter Liedekens 1540 zum 86. Ps.

169. T. Chriſtlichs Handtbüchlein. Augſp. 1616 (1601).
    W. von „Maria iſt geboren": Er. 1631, B. 1670 u. M. 1686; zu „Maria wir verehren": W. 1630 u. E. 1634.

170. T. u. W. E. 1638 u. S. Goar 1666. — Vgl. das Lied „Wie lieblich biſt doch du" M. 1686 als Überſetzung von „O quam amabilis" u. „O wie lieblich biſt du" W. 1710. — Die Weiſe gehört wol urſprüngl. zum Liede „Sanct Ann die edle Frau", von der ſie etwas abweicht, in W. 1630, Er. u. M. 1631, E. 1631.

171. T. „Ave Morgenſterne", Lobgeſang auf die h. Jungfrau Maria zwiſchen 1414 u. 1423 in Hoffmann v. F. Nr. 63 u. Wack. Nr. 123.
    W. Heiml. Pſalterſpiel.

172. T. auf die h. Jungfrau Maria Fränk. Bl. 1855. Vgl. Geiſtl. Bl. 1850. — Str. 5 iſt eingeſchaltet.
    W. ebendaſ.

173. T. Straßb. Hdſchr. aus der 1. Hälfte des 15. Jahrh.
    W. von „Zart ſchöne Frau:" Prätorius 7. Th. 1609 Nr. 145 zu dem Liede „O Menſch, nun ſchau."

174. T. B. 1628, W. 1630, Er. 1631 (hier das folgende Lied Nr. 175 angehängt), E. 1634 u. 1638. — In evangel. Geſangbüchern wird das Lied Joh. Matth. Meyfarth (geb. 1590, † 1612) zugeſchrieben, es findet ſich aber meines Wiſſens hier erſt ſpäter und mit der in unſrer Anmerkung gegebenen 9. und 10. Strophe.
    W. B. 1628, W. 1630 (zu „Cur mundus militat"), Er. 1631, E. 1634.

175. T. W. 1630, Er. 1631 (als 10.—14. Str. unſrer Nr. 174), E. 1634 u. 1638.
    W. ſ. Nr. 174.

176. T. W. 1630 („Taſſelb auf Teutſch." Vorher „Von Verachtung der ſchnöden Welt. Cur mundus militat."), Er. 1631 („Von der Welt Eitelkeit"), Nürnb. 1631 Anhang, 1639. In letzteren beiden ſind noch 2 Str. angehängt. Die 7. u. 8. habe ich weggelaſſen.
    W. W. u. Er.

177. T. niederdeutſch „Ick hebbe vernomen und tys alſo" im Liederbuch der Kath. Tirs vor 1588, 18 Str., von denen die 9., 9., 14., 15., 17. u. 19. weggelaſſen, die 10. u. 11. (unſre 9. u. 8.) umgeſtellt ſind.
    W. von „Dat had een meyſſen een ruyter wat lief": Souter Liedekens 1540 zum W. Pſ.; die Noten der 1. Silbe der 3. Zeile ſind vereinfacht.

178. T. von Heinr. v. Lauffenberg 1421 im Straßb. Cod. B. 121.
    W. nach einer Mittheilung des Freiherrn v. Laßberg im Anzeiger für Kunde des deut. Mittelalters herausg. v. Frh. v. Auffeß 1832. S. 240 als die älteſte Singweiſe welche im Munde des deutſchen Volkes ſeit 600 Jahren in den Entlibucher Bergen der Schweiz geſungen wird.

179. T. niederdeutſch „Myn herte is van ſorgen vry" im Liederbuch der Kath. Tirs vor 1588.
    W. von „Die mi eens te drincken gaue": Souter Liedekens 1540 zum 137 Pſ.

180. T. W. 1708, 1709 u. 1710.
    W. W. 1708 u. 1710.

181. T. u. W. Prätorius 7. Th. 1609 Nr. 128.

182. T. H. Knauſt 1571. Überſchrift: „Es wolt ein Jäger jagen, von dem G., h. und l."
    W. wahrſcheinlich dem weltl. Volkslied „Es wollt ein Jäger jagen" angehörig, zu dem Liede „Es wollt gut Jäger jagen": E. 1610, 1619, 1621 u. M. 1631, ohne Zweifel etwas verderbt; ich habe die rhythmiſchen Unebenheiten auszugleichen verſucht. Vgl. Nr. 57 u. 90.

183. T. M. 1605 u. 1627: „Ein alt Catholiſch Proceſſion Geſang."
    W. M. 1627.

184. T. Selneccer 1587 mit einer andern Singweiſe.
    W. Heiml. Pſalterſpiel.

185. T. niederdeutſch „O Minſche, wil gedencken": Parchim 1547, Lübeck 1556 (ſchon 1545); hochd. Nürnb. 1607 u. 1626.
    W. des Liedes „Wir wollen heute loben" bei Leiſentrit 1567 u. 1573 I, Er. 1625 u. 1631; „Wir wollen all heut l." Andern. 1608; „Wir w. alle l." Bamb. 1628.

186. T. niederdeutſch „Ihr boven in den hemel" im Liederbuch der Kath. Tirs vor 1588

mit noch 6 andern Versen, welche nach Hölscher6 einleuchtender Vermuthung wol ein selb-
ständiges Lied sind.

W. von „Het waren brie ghespeelkens“: Souter Liedekens 1540 zum 109. Pf. — In den 2 letzten
Zeilen sehr ähnlich den noch gangbaren Volksweisen „Es wollt ein (wollt gut) Jäger jagen“ (Fränk.
Wl. 1855 II. Th. C. 25. Geistl. W. L. 1850 S. 155, 158), „Es gieng sich ein Jäger jagen“ (Schles.
Wl. 1842 Nr. 178), „Sie stand auf hohem Berge“ und „Schönster Schatz auf Erden“ (Fränk.
Wl. II. S. 18 u. 69.)

187. T. niederdeutsch „Ic haen verloren eyn leiff“ im Liederbuch der Kath. Tirs vor 1588. Ganz
freie Umdichtung des weltl. Liedes „Nach grüner Farb mein Herz verlangt.“
W. Prätorius 8. Th. 1610 Nr. 188 zu unserm Liede Nr. 249.

188. T. u. W. Andern. 1608.

189. T. Gesius 1605 (14 Str., von denen die 4 letzten nach Tuchers Nr. 460 Vorgang weggelassen sind);
Prätorius 7. Th. 1609 Nr. 65 u. Breßlau (1644) 1668 (7 achtz. Str.).
W. Gesius.

190. T. Die n. a. Sing-Schul. „Im Ton: Woher kommt mir doch diese Zeit.“
W. B. 1670.

191. T. niederdeutsch „Och vngeual, wo mennichmael“: H. Vespasius 1571. Überschrift: Och Winter
koldt, ꝛc. Geistlich: Is eines Christen Leedt, de dörch bedröch gekamen is.
W. N. Herman Historien ꝛc 1563.

192. T. u. W. B. 1691 unter den Liedern von der Mutter Gottes.

193. T. Prätorius, der sich im Register mit M. P. C. selbst als Verfasser bezeichnet, 8. Th. 1610;
Nürnb. 1639 unter dem Titel „Klaglied üb. d. Trübseligkeit dieser Zeiten,“ mit mancherlei Abweich.
W. Prätorius.

194. T. Anb. 1608, C. 1619 u. 1634 (Überschr.: „Von den heil. Jungfrauen“), W. 1680 („Von der
Nachfolgung des Leidens Christi, ein schöner Dialoglamus zwischen Christo u. der christl. Kirchen“),
Cr. 1625 u. 1631 („Wie ein christliebende Seel Christo sein Kreuz nachtragen muß“), Dill. 1627
ohne Str. 18, C. 1638 („Gespräch Christi u. der Seel“). — Das Lied findet sich am frühesten im
Liederbuch der Kath. Tirs vor 1588, wo es anfängt „Here up dyn cruce, myn leve brudt“, in
4 zeil. Strophen, übereinstimmend mit den unsern, ohne deren 1. Zeile u. ohne Str. 17, 18. Anb. 1608
kommt der urspr. Fassung am nächsten, nach dieser ist die in den GBB. mißverstande Str. 11 J. 3
berichtigt. — 1. J. in A. 1608 „Christ sprach ꝛc.“
W. C. 1619, 1621 u. 1634 (hier auch zu „Christ spricht: O Seel, o Tochter mein“), Cr. 1625,
M. 1630, Cr. u. M. 1631. — Anb. 1608 hat eine andere Weise (s. zu Nr. 74).

195. T. Nürnb. 1611 u. 1039 („Im Ton: Ach Herre Gott, dein göttlich Wort“).
W. Heiml. Psalterspiel.

196. T. Anhang von Augspurg 1529/33, 26 Str., deren 2., 6.—16. u. 21. weggelassen sind: „in dem Thon
der Zehen gebott Gottes“.
W. Straßb. 1545, Marschal 1606.

197. T. C. 1621 („Ein schön newes Christlich Gesang in der Fasten, wie ꝛc.“ u. M. 1631.
W. ebendas. u. C. 1634 (hier zu „Sei gelobt u. gebenedeit“).

198. T. handschriftlich hinter der „Kirchenordnung Der Grave vnnd Herrschafften Mümpelgardt vnnd
Reichenweiler“ von 1560 in 4., im Besitze des Hrn. Pf. Löhe zu Neuendettelsau.
W. Heiml. Psalterspiel.

199. T. Prätorius 7. Th. 1609 Nr. 129: 9 Str., deren 4.—6. weggelassen sind, weßhalb 4,1 geändert
werden mußte statt „Nun w. i. m. e.“ — Str. 2, J. 5 ob. 6 fehlt, wenn meine Abschrift richtig,
daher habe ich J. 5 eingeschaltet.
W. Forster 2. Th. 1549 (1540) Nr. 57.

200. T. zusammengesetzt aus Hausgesenge 1570, Hdschr. der Heidelb. Bibl. in Görres Altteut. Volks-
und Meisterlieder Frkf. a. M. 1817, Ambraser Liederb. 1582, Leipz. 1605 u. Prätorius 7. Th. 1609
Nr. 179; denn HG. 1570 ist nicht die älteste Form, das Lied kommt schon in Fl. Bl. 1551, 1556 u. 1560
vor (s. Wack. Bibliogr. Nr. 605, 729, 799 u. 800, ja, wenn ich nicht irre, schon in Valent. Holls Hdschr.
v. 1524—1526 (W. Bibl. Nr. 215).

W. Prätorius 7. Th.
201. T. W. 1708 u. 1710. — W. W. 1710.
202. T. H. Knauft 1571. Überschrift: „Jn|sbruck ich muß dich laffen, Chriftlich vnd moraliter geendert."
W. Forfter (1539) 1549. 1. Th. Nr. 36.
203. T. Nürnb. 1611 u. 1639. — W. Heiml. Pfalterfp.
204. T. u. W. W. 1708, 1709 u. 1710.
205. T. Nürnb. 1611 u. 1639 („Jm weltlichen Ton: Von Grund des Herzen mein."). Tüb. 1650.
W. a) Clauder 1631 zu einem andern Liede gleiches Anfangs. — b) Heiml. Pfalterfp.
206. T. Prätorius 8. Th. 1610, Nürnb. 1639.
W. Prät.
207. T. Heidelb. Hdfchr. Görres 1817.
W. Newfidler 1536 zu „So wünfch ich ihr ein gute Nacht," Frh. v. Binnenberg 1582 (Text „So wünfch ich euch eyn gute nacht"). — Unfre Bezeichnung ift der Anfang des von Ph. Nicolai nach diefer Weife gefungenen Liedes.
208. T. W. 1671 u. M. 1686 („Von der fchmerzl. Kreuzigung Chrifti Jefu."). Keufche Meerfräulein ... Würzb. 1710, — Fränk. W. 1855 ohne Mel. aus einem alten gefchriebenen Liederbuch u. Keufche Meerfr. W. 1619, woraus ich den Text genommen, da die Abweichungen in 1671 u. 1686 zum Theil minder fchön find; in diefen der Anfang „Kommt her z. B. C."
W. W. 1671 u. M. 1686 (hier die letzte Zeile wie Münfter 1677).
209. T. Münch. 1586 („Das W. v. den Kirchfahrten, auch in der Kirchen zu fingen.") u. 1613, Coft. 1600 u. 1613, C. 1610 u. 1619, Vogler 1625, Cr. 1625 u. 1631 („Das heilig W. v. in ein Ruff."), M. 1627, B. 1628, W. 1630: überall ohne die 7. Str. — Beuttner 1602 Str. 1—9 u. eine 10. Schlufftrophe — Dill. 1627 Str. 1—6, 8 u. 9 — C. 1634: 18 Str. — C. 1638 Str. 1—9. — Das 9 ftrophige Lied gleiches Anfangs unter den Vier Gefftl. Reyenliedern (f. oben zu Nr. 12v) u. bei Babft 1545 (Wad. Nr. 617) ift offenbar eine neuere Bearbeitung.
W. M. 1586, Coft. 1600 u. 1613, C. 1621 u. 1634, Cr. 1625, M. 1627 u. 1631, B. 1628, W. 1630 u. Cr. 1631 — ebenfalls urfprünglicher als die bei Babft 1545.
210. T. Behe 1537 u. 1567 (als Litanei zur Zeit der Bittfahrten, auf den Tag Marci u. in der Kreuzwochen), Leifentr. 1567, 1573 u. 1584 II, M. 1605 u. 1627, Cr. 1625, Cr. 1631 („Ein alt Catholifch Bittlied ...") u. Corners Geiftl. Nachtigall Wien 1658 („Ein Phralte, dem gemeinen Volck vnd frommen Bauren in Öfterreich wolbekandte Litaney."). —
W. Behe, M. u. Cr.
211. T. München 1586 u. C. 1634: 33 Str., davon 1, 3, 4, 26—33 (bei uns 1—3, 5—11, 13) — C. 1610 u. 1619: 25 Str., davon 1, 3, 4, 17—25 — Cr. 1625, Dill. 1627 u. Cr. 1631: 21 Str., daven 1—3, 16—21 (bei uns 1—11, 13) — B. 1628: 10 Str. (unfre 1.—3., 6.—11. u. 13.). — Auszug daraus von 5 Str. (unfre 1, 9.—11. u. 13.) M. 1627, B. 1630, C. 1634 u. 1638." — Andrer Auszug von 5 Str. Vogler 1625: 2, 4—8, 3, 1—4, 1 u. 5, 1—1 (bei uns 9, 4—8, 10, 1—4, 12 u. 13, 1—1).
W. Vogler 1625. Ähnlich M. 1586, Beuttner (1602) 1718, C. 1610, 1619, 1621 u. 1634, M. 1627, B. 1628, W. 1630, Cr. 1631, dann zum Liede „Freut euch, ihr lieben Seelen" M. 1605, And. 1608, M. 1627.
212. T. Cr. 1625 u. 1631: 15 Str.; nach deren 4. find 7 Str., von denen wir nur die 11. als unfere 5. beibehalten haben, aus dem Liede „Gelobt fei Gott der Vater" eingefchaltet, mit den durch das Verdmaß gebotenen Änderungen.
W. ebendaf. Wahrfcheinl. gehört fie urfpr. einem 8 zeiligen Liede mit je 7 u. 6, bez. 8 Silben und angehängtem Kyrieleifon an.
213. T. aus dem Liede „Nun gib uns Gnad zu fingen": Münch. 1586 (146 Str. „Jm Thon: Wol auff zu Gott mit lobes fchall."), DiL 1589 (145 Str. ohne Mel.), Coft. 1600 (142 Str.), C. 1610, 1619, 1621 u. 1634 u. M. 1631 (143 Str.), Cr. 1625 u. 1631 (124 Str.), Dill. 1627 (145 Str.). Von der Gefamtzahl der 150 Str. wie fie Kehrein Bd. II Nr. 530 aus M., C. u. Cr. zufammengeftellt hat, find in unfer Lied aufgenommen Str. 57—71, 74—76, 112, 113, 118, 122, 127, 136—138, 142, 145—150.
W. Coft. 1600, C. 1610, 1619, 1621 u. 1634, M. 1631. — Vgl. „Wolauf zu Gott mit lobefchall" Nr. 105 u. „Gib uns Gnad zu betrachten" And. 1608.

214. T. u. W. Anb. 1608. — Bgl. die Mel. von „Es floß ein Rose von Himmel herab" Münch. 1586,
C. 1610, 1619 u. 1621, M. u. Cr. 1631, von „Es kam ein schöner Engel" Beuttner (1602) 1718, von
„O du heilig Dreifaltigkeit" C. 1610, 1619, 1621 u. 1634, Cr. u. M. 1631, u. von „Sei hochgelobt und
benedeit" M. (1602) 1718 u. Cr. 1631.

215. T. Münch. 1586 u. 1613 (Str. 1—20, 1613 ohne 17), C. 1610 u. 1619 (Str. 1—4, 12—20), 1634
(Str. 1—14, 20), Cr. 1625 u. 1631 u. S. Goar 1666 (Str. 1—5, 12—30, 1631 u. 1666 mit dem
Anfang „Wir fallen nieder a. u. K.", 1625, 1631 u.1666 mit „Kyrie eleison" statt „Allel."), Dill. 1627
Str. 1—8, 10—20 (nach 3. 1 „Kyrie el.", nach 3. 2 „All. Gel. s. G. u. M.") — in M., C. u. Cr. als
Ruf nach vollbrachter (Cr. 1631 vor oder nach verbrachter) Kirchfahrt bezeichnet.
W. M. 1586, C. 1621 u. 1634 u. M. 1631 zu „Wir fallen nieder auf u. K., Mariam anzu-
rufen hie" — M. 1586, C. 1621, Cr. u. M. 1631 zu „Es freuet sich billig jung u. alt"
— Cr. 1625 u. 1631, C. 1634 zu unserm Text.

216. T. u. W. Cr. 1625 u. 1631 (26 Str.) u. S. Goar 1666.

217. T. Nürnb. 1607; als Verfasser ist Johann. Halbmeyr, Pfarrer zu Bendenheim angegeben.
W. Nürnb. 1558 zu unserm Liede Nr. 128.

218. T. nach dem Liede des 12. Jahrh. „Kurze des Waldes" (Back. Nr. 91, Hoffm. v. F. Nr. 6) ergänzt
von Wilh. Wackernagel (in Hoffm. abgedruckt).
W. Heiml. Psalterspiel.

219. T. Knaust 1571.
W. Gesius 1605; Prätorius 8. Th. 1610 Nr. 232. — Die meines Wissens älteste Quelle v. 1545
ward mir erst nach dem Druck zugänglich.

220. T. Cr. 1625 u. 1631. — W. Behe 1537 u. 1567. Bei Cr. 1625 die Weise unsers „Erschienen ist
der herrlich Tag."

221. T. Cr. 1625 u. 1631. — W. ebendas. Vgl. Nr. 238.

222. T. Leisentrit I 1567 u. 1584, Leipzig 1605 (1 zeilig im Ton: Vom Himmel hoch da komm ich her).
W. Hecorus 1581.

223. T. Cr. 1625 u. 1631. — W. f. zu Nr. 105.

224. T. Prätorius 8. Th. 1610 mit eigner Weise.
W. Prätorius 7. Th. 1609 Nr. 182.

225. T. von Heinr. v. Laufenberg 1429: Straßb. Cod. B. 131.
W. Fränk. Bl. 1855. Nachbildung durch Erweiterung der 2 letzten Zeilen.

226. T. v. Joh. Mathesius („Ein Wiegenlied für gottselige Kindermaidlein u. andere christliche Personen,
so der lieben Kindlein warten, damit sie zu schweigen oder einzuwiegen."): Fl.Bl. mit Nr. 227 zusammen
„Gedruckt zu Nürnberg durch F. Gutknecht" um 1560 (Back. Nr. 477), Straßb. 1573
(Tucher Nr. 608), Mathesius 1580, Nürnb. 1593.
W. Straßb. 1573, Mathesius 1580, Zweybrüdisch GB. 1587, Nürnb. 1593.

227. T. von Joh. Mathesius („Ein Kinder Joseph, nicht in der Kirchen, sonder im Hause zu singen, die
Christen Kinder mit zu schweigen oder einzuwiegen."): Fl. Bl. um 1560 (s. zu Nr. 226), Mathesius
1580, Nürnberg 1593.
W. nach Kluge 1543, Babst 1545 mit Weglassung der 5. u. der 2 (3) letzten Zeilen und mit Ver-
dopplung der 7. Zeile; fast ganz so zu unserm Liede in „Christlich neu vermehrt- und gebessertes
Gesangbuch ... Erffurth, 1663."

228. T. Wicel 1550, Leisentrit 1567 I u. II u. 1573 II, C. 1610, 1619 u. 1634.
W. Leis. 1567 u. 1573 II, Andern. 1608, C. 1610, 1619 u. 1621, M. 1631.

229. T. Behe 1537 u. 1567 („Ein Bittlied zu singen zur Zeit der Bittfahrten im Anfang der Procession.")
Leisentrit 1567 u. 1573 I, Dil. 1589, M. 1605 u. die folgenden röm. kath. GBB. —
M. 1613, Cr. 1625 u. 1631, B. 1628 u. W. 1630; „I. G. R. wallen w." — 12 Str., von denen die
5. u. 6. weggelassen sind; M. 1613, B. 1628, W. u. Cr. 1631, M. u. Cr. 1631 zu unserm Liede die letzten 13. Str.
W. Erffordt 1524, Kluge 1543, Babst 1545, Kirchenordn. des Pfalzgr. Wolfgang Zweybr. 1557,
Nürnb. 1558, Leisentr. 1567 u. 1573 I, Bamb. 1628 zu dem Liede „Dies (L. „Das") sind
die heiligen zehen Gebott" (Cff. „auff den thon, In Gottes namen fareun wyr.") — Behe 1537
u. 1567, Dil. 1589, Beuttner (1602) 1718, M. 1605, C. 1610, 1619, 1621 u. 1634,
Cr. 1625, M. 1627, W. 1630, Cr. u. M. 1631 zu unserm Liede — Anb. 1608 zu „Jesu
salvator saeculi — Jesu Seligmacher der Welt." — Ich gebe die Melodie nach Babst, Zweyb.,
Nürnb. u. Leisentrit.

230. T. Andern. 1608: 8 Str., deren 4.—6. weggelassen sind.
W. ebendas. Vgl. Nr. 15.

231. T. Beuttner 1602 („In seinem alten Ton").
W. des Liedes gleiches Anfangs, Litanei zur Zeit der Bittfahrten, auf den Tag Marci und in der
Kreuzwoche, dessen 3 erste an eine die heilige Dreieinigkeit gerichtete Verse von Luther bearbeitet auch in die
luth. GBB. übergegangen sind: Behe 1537 u. 1567, Leisentrit 1567 u. 1573 II, in Verbindung
mit C. 1610, 1619 u. 1621, W. 1630, Cr. u. M. 1631. — Dieselbe Weise in etwas abweichender
strengerer Form, wahrscheinl. auch von Luther bearbeitet, kommt vor bei Walther 1524, Kluge 1543,
Spangenberg u. Babst 1545 2c.

232. T. Nürnb. 1639 („Im Ton Ter Tageweis").
W. Präterius 7. Th. 1609 Nr. 64. In dem 4 stimm. Satze bei Tucher Nr. 221 ist die 2. Note des Discants f ein Druckfehler.
233. T. Nürnb. 1611 („Im Ton: Gott grüß dich, feines Liebelein") u. 1639. — Vgl. Fränk. VL. 1855: „Sterben ist ein harte Buß."
W. Fr. VL. 1855. Vielleicht gehört sie urspr. unserm Liede an.
234. T. u. W. Er. 1625 u. 1631.
235. T. Nürnb. 1639 („Im weltlichen Ton: Von Grund des Herzen mein").
W. Heiml. Psalterspiel.
236. T. Präterius 8. Th. 1610 Nr. 196. Nachbildung von Nr. 237: F. A. ist als Verfasser bezeichnet.
W. ebendas.
237. T. Nürnb. 1611. Das heplsame Kleynod Pietamant ... Durch M. Joh. Doucerum. Leipzig (1620 — Gebetbuch für Böhmen). Nürnb. 1631 Anhang n. N. 1639 (ohne Str. 10).
W. Heiml. Psalterspiel.
238. T. Nürnb. 1611. Die u. a. Sing-Schul.
W. Kbuen 1650 (Text 12 zeilig, 4 mal je 2 vierstlb. Zeilen u. 1 siebenslb.)
239. T. Sudermann 1596 („Im thon, Wie man den Feltinger Angst, Oder, N. h. z. J. (Kh., ...") 19 Str., von denen die 5.—9., 15.—17. ausgelassen sind.
W. ursprünglich weltlich zu „Nun wollt ihr hören neue Mähr vom Buchsbaum und vom Felbinger," daher der Felbinger genannt: Böhm. Br. 1566. Schon Gaßt 1515, Nürnb. 1535 2c., in weniger singbarem Rhythmus.
240. T. Tübingen 1650 Anhang, Bayreuth (Vorrede von G v. Lilien) 1672.
W. Heiml. Psalterspiel.
241. T. Prätorius 8. Th. 1610 Nr. 194. Augsp. (1601) 1616 („Im Ton: Hilf Gott daß mir gelinge, oder Ich stund an einem Morgen"), C. Rauch. (Ein Schatz-Kasten voller Cleinodien, von allerley schönen Trostsprüchen, ... Königin Gräz. 1618. in 4. mit einer 4. Str.
W. Prätor. 1610.
242. T. Augsp. (1601) 1616 („Im Ton: Ich gieng einmal spazieren").
W. von „Ich ghine al ghister avont so heymelije op een oort": Souter Liedekens 1540 zum 27. Pf. — Vgl. Nr. 135.
243. T. u. W. Präterius 8. Th. 1610 Nr. 274. Verfasser des Liedes Dan. Rump.
244. T. u. W. ebendas. Nr. 279. Verf. derselbe.
245. T. M. 1613, Er. 1625, B. 1628 u. Er. 1631 (hier mit noch 14 Str. zwischen Str. 23 u. 24).
W. von „Een nieuwe liet heb ic ghe bant": Souter Liedekens 1540 zum 33. Pf. — B. 1628 eine andere minder bedeutende Weise. — Er. „Im Ton: Ter grimmig Tod mit seinem Pfeil."
246. T. Augsp. (1601) 1616. Nürnb. 1611. Tüb. 1650. (In diesen beiden: Ich weiß ein ewiges H.) Bayr. 1672. (N. 1611: „Im Ton: Es liegt ein Schlößlein in Österreich.")
W. der Erinnerung nach aus Nicolais Almanach 1777 (s. oben zu Nr. 123).
247. T. von Heinr. v. Laufenberg 1430: Straßb. Cod, B. 121.
W. Heiml. Psalterspiel.
248. T. niederdeutsch „Och wer ick in myn vaterlant" im Liederbuch der Kath. Tirs vor 1588; urspr. niederländisch „Ochwaer ic in mijns vaderlant" (s. Niederl. geistl. Lieder des 15. Jahrh. [oben Nr. 23] Nr. 43).
W. Heiml. Psalterspiel.
249. T. niederdeutsch „Na Ewyger fröuwdt myn Hert vörlangt": H. Vespasius 1571. Überschrift: „Dat mennichvoldyge lyent vnde Wedderwerdicheit in disser bösen Herberge der Werlet, malet dath ein Christen vaken süchtet, na dem rechten Vaderlandt, in dem anderen feuente: Im Tone. ..." — Hochdeutsch Prätorius 8. Th. 1610 Nr. 188, Augsp. (1601) 1616 u. Nürnb. 1631 mit noch einer 6. Str. (Lobpreisung).
W. Prätor. 1610.
250. T. Regensb. Hdschr. Anfang des 16. J. mit noch 2 weiteren Str.
W. s. zu Nr. 150.
251. T. u. W. Heiml. Psalterspiel.
252. T. Straßb. Hdschr. 1. Hälfte des 15. J., in Wackernagels „Kleinem Gesangb. Stuttg. 1858" dem H. v. Laufenberg zugeschrieben.
W. Heiml. Psalterspiel.
253. T. Würzb. 1671, M. 1686, W. 1704, 1708, 1709 u. 1710, Fränk. VL. 1855. — („Von der unbefleckten Empfängniß Mariä, der Mutter Gottes.")
W. W. 1671, 1704 2c., Fr. VL.
254. T. C. 1634 (schon 1625?) u. 1638 (hier ohne Str. 15 u. 16; mit manchen Abweichungen unter dem Namen Tan. Wülfers (geb. 1617, † 1665) von dem wahrsch. bloß die Änderungen herrühren, in „Ter irdischen Menschen Himmelische Engelfreude..." v. D. Beer (Nürnb.) 1690 u. in andern luth. GGB.
W. C. 1638. Eine andere in C. 1631 u. wiederum eine andere in Brauns Echo hym. coel. Sulzbach 1675 u. Bamb. 1691.

Melodieenregister.*)

*) Von den beigesetzten Zeichen bedeutet 1) die Klammer ( ) daß das Lied in der Sammlung nicht vorkommt, — 2) die Klammer [ ] daß die Weise auch unter dem Namen des bezeichneten, aber hier nicht aufgenommenen Liedes sich findet. — 3) das Zeichen † eine andere oder geänderte Lesart des Anfangs. — 4) das Zeichen * daß die Weise der Nr. eine Nachbildung der bezeichneten Weise ist.

Liederregister.*)

*) Die Klammern bedeuten eine verschiedene Lesart der betreffenden Nr.

Hommel, geistl. Volksl.

20